dtv

W0094993

Stellen Sie sich eine vertikale Achse in Ihrem Körper vor, die Ihre tiefsten Wurzeln mit Ihren höchsten Zielen verbindet. Dies ist der Baum Ihrer Individualität. Nun stellen Sie sich diesen Baum umgeben von konzentrischen Ringen vor: Familie, Freunde oder die Natur. Das ist der Kreis Ihrer Beziehungen. Wie die Archetypen von Lebensbaum und Lebenskreis individuelle seelische Wahrheiten widerspiegeln und das persönliche Wachstum beflügeln können, zeigt Chris Hoffman in diesem inspirierenden Buch. Basierend auf Weisheitslehren aus aller Welt hat er ein Selbstfindungsmodell entwickelt, das hilft, krank machende Denk- und Verhaltensmuster zu korrigieren und die Entwicklung unserer Persönlichkeit in harmonischer Balance zu fördern: unsere innere Unabhängigkeit ebenso wie unsere Beziehungsfähigkeit, unsere Autorität wie unsere soziale Kompetenz. Bewusst eingesetzt, dient es als »Kompass« für eine erfüllende Lebensgestaltung.

*Chris Hoffman* ist Psychotherapeut, Berater und Dichter. Er hält Vorträge und Seminare in Firmen und Schulen ebenso wie am C.G.-Jung-Institut in Colorado und an Universitäten.

# Chris Hoffman

# Lebensbaum und Lebenskreis

## Eine Entdeckungsreise zu den Wurzeln der eigenen Persönlichkeit

Aus dem Englischen von
Svenja Geithner

Deutscher Taschenbuch Verlag

Deutsche Erstausgabe
Juli 2002
Deutscher Taschenbuch Verlag GmbH & Co. KG, München
www.dtv.de
© 2000 Chris Hoffman
Titel der amerikanischen Originalausgabe:
The Hoop and the Tree.
A Compass for Finding a Deeper Relationship with all Life
Erschienen bei Council Oak Books, San Francisco, USA 2000
© der deutschsprachigen Ausgabe:
2002 Deutscher Taschenbuch Verlag GmbH & Co. KG, München
Das Werk ist urheberrechtlich geschützt.
Sämtliche, auch auszugsweise Verwertungen bleiben vorbehalten.
Umschlagkonzept: Balk & Brumshagen
Umschlaggestaltung: ARTPOOL München, unter Verwendung einer
Illustration von Rainer Tögel, ARTPOOL München
Satz: Offizin Wissenbach, Höchberg bei Würzburg
Gesetzt aus der Sabon
Druck und Bindung: Druckerei C. H. Beck, Nördlingen
Gedruckt auf säurefreiem, chlorfrei gebleichtem Papier
Printed in Germany · ISBN 3-423-36292-8

# Inhalt

## Lebensbaum und Lebenskreis:
## Die verborgene Struktur des Selbst 153

## Der Weg zur Ganzheit 191

# Die Form aller Formen

Wir Menschen lieben es, Geschichten zu erzählen. Wir erkunden mutig die Welt und ihre Geheimnisse – die äußere Welt von Wissenschaft, Fakten und Daten oder die innere Welt der Gefühle, Gedanken und Träume –, und wir kehren von diesen Erkundungsreisen zurück, um einander darüber zu berichten. Keine unserer »Geschichten« enthält die absolute Wahrheit. Ein alter Indianer vom Stamme der Zuñi hat einmal gesagt, es gebe keine Wahrheiten, nur Geschichten. Die Wahrheit liegt jenseits des Erzählbaren. Doch Geschichten lehren und helfen uns, dieses kostbare Leben, das uns geschenkt wurde, zu leben. Wir berichten einander, was wir über den Anbau von Getreide gelernt haben, über die beste Methode, einen Computer zu programmieren, Brot zu backen oder einen Schraubenschlüssel zu gebrauchen. Wir tauschen uns darüber hinaus über die Möglichkeiten aus, durch die emotionalen und spirituellen Stromschnellen des Lebens zu navigieren: Geburt, Initiation, Hochzeit, Fruchtbarkeit, Verlust, Erfolg, Tod. Das sind die Erzählungen, an denen wir uns in unserem eigenen Leben orientieren. Sie entstammen der Wissenschaft, Geschichte, Literatur und den großen spirituellen Traditionen der Welt. Diese mündlich oder schriftlich weitergereichten Vorlagen, an denen wir unser Leben ausrichten, besitzen die Macht, unser Schicksal zu formen.

Dieses Buch handelt von einer unverwüstlichen Geschichte, einer Geschichte, die über die Jahre hinweg in zahlreichen Versionen und Sprachen erzählt worden ist. Es ist die Geschichte von etwas, das wir uns alle wünschen: ein ausgeglichenes und erfülltes Leben zu führen. Sie ist eine Metapher für die verborgene Struktur von Gesundheit und Ganzheit – sowohl im Universum als auch in der menschlichen Psyche und Seele, eine Metapher für die Schönheit, die allen Dingen im Kern innewohnt.

Es liegt bereits viele Jahre zurück, dass ich das erste Mal auf diese Metapher stieß. Damals schenkte ich ihr keine große Beachtung, aber sie setzte sich in mir fest wie ein Samenkorn in der Erde. Über die Jahre hinweg, in denen ich versuchte, meinen Klienten in sozialen und seelischen Fragen zur Seite zu stehen und meinem eigenen Leben einen Sinn zu verleihen, ist die Saat in einem Ausmaß aufgegangen und gewachsen, dass sie mir nun enorm hilft bei meinen Bemühungen, ein nützliches und liebendes Mitglied der menschlichen Gesellschaft zu sein.

Die Metapher offenbarte sich mir in einer Erzählung der Oglala-Lakota.

Im Sommer 1873 zog eine Gruppe von Lakota-Indianern langsam über die Hochebenen Nordamerikas in Richtung der Rocky Mountains. Eines Abends saß ein neunjähriger Junge mit einem befreundeten älteren Mann beim Essen im Zeltlager, als er plötzlich eine Stimme vernahm, die zu ihm sprach: »Die Zeit ist gekommen. Jetzt rufen sie dich.« Diese Stimme war so laut und so wirklich, dass der Junge sich erhob und aus dem Tipi trat, um ihr zu folgen. Beim Hinausgehen begannen ihn beide Oberschenkel zu schmerzen, und, so seine eigenen Worte, »es fühlte sich an, als sei ich aus einem Traum erwacht, von einer Stimme keine Spur.« Der Ältere war erstaunt und beunruhigt über das Verhalten des Jungen, denn er hatte nichts gehört.

Am nächsten Tag brach der Junge mit einigen Altersgenossen zu einem Ausritt auf. Als er von seinem Pferd absaß, um an einem Bach zu trinken, knickten plötzlich seine Beine unter ihm weg. Er war nicht länger imstande zu laufen. Seine Gefährten mussten ihm zurückhelfen zu den Zelten, und den folgenden Tag war er gezwungen, in einem Ponywagen zu reisen; Arme, Beine und Gesicht waren so stark geschwollen, dass er sich nicht mehr bewegen konnte.

Als er an jenem Abend im Tipi seiner Familie lag, hatte er eine Vision. Durch den Eingang sah er, wie zwei Männer von den Wolken herabkamen, kopfüber, wie schräg nach unten fliegende Pfeile. Als sie landeten, riefen sie ihm zu: »Beeil dich! Komm! Deine Ahnen rufen dich!« Dann wandten sie sich um und schossen zurück in den Himmel hinauf.

Als der Junge sich erhob, um ihnen zu folgen, waren die Schmerzen in seinen Beinen verflogen. Er trat vor das Tipi hinaus, als eine kleine Wolke herabsegelte und ihn hinauf in den Himmel trug. Dort gaben ihm die Geistwesen eine außergewöhnliche Reihe von Erfahrungen ein. Als er wieder auf die menschliche Bewusstseinsebene zurückkehrte, stellte er fest, dass er zwölf Tage fort gewesen war. Obwohl sein Körper noch geschwollen war, fühlte er sich geheilt und heiter. Und kurze Zeit später war auch sein Körper wieder genesen.

Es dauerte viele Jahre, bis der Junge seine Vision akzeptierte. Er sprach mit keiner Menschenseele auch nur ein Wort darüber, bis er siebzehn war. Als er sich schließlich einem angesehenen Medizinmann anvertraute, sagte ihm der Ältere, er müsse seine Vision vor dem ganzen Stamm darstellen. Die Zeremonie geriet zu einem großartigen Schauspiel, an dem zahlreiche Menschen und sechzehn Pferde beteiligt waren – je vier von einer Schattierung für eine der vier Himmelsrichtungen: schwarze, weiße, rotbraune und falbfarbige.

Nach dieser Zeremonie hatte die Furcht, die ihn so lange Jahre geplagt hatte, den Jungen verlassen; sämtliche Mitglieder der Gemeinschaft empfanden ein Glücksgefühl, und viele von denen, die krank gewesen waren, waren nun wieder wohlauf. Sogar die Pferde schienen gesünder und glücklicher.

Der Name des Jungen war Black Elk. Die Vision, die ihm als Neunjährigem zuteil geworden war, bestimmte sein Leben, und er wurde zu einem weisen und angesehenen Älteren, der seinen Stammesgenossen sein ganzes Leben über hilfreich zur Seite stand. Vieles von dem, was er bei seiner Vision geschaut hatte, war mit Worten nicht auszudrücken. Und doch verfügte er tatsächlich über die Gabe, das, was er von der atemberaubenden Ganzheit des Universums erspäht hatte, zu vermitteln. Wie John Neihardt, der mit Black Elk gesprochen hat, poetisch zusammenfasst, hatte Black Elk folgendes Erlebnis:

Dann aber stand ich auf dem höchsten von allen diesen Bergen, und ringsum unter mir in der Tiefe lag der ganze Erdkreis. Und während ich dort stand, sah ich mehr, als ich sagen kann, und ich verstand mehr, als ich sah; denn ich schaute auf heilige Weise die Gestalten aller Dinge im Geiste, und die Gestalt aller Gestalten, wie sie zusammen leben müssen, gleich wie ein Wesen. Da sah ich, dass der heilige Ring meines Volkes einer von vielen Ringen war, die einen Kreis bildeten, weit wie Tageslicht und wie Sternenlicht. In der Mitte aber wuchs ein üppig blühender Baum zum Schutze all der Kinder einer Mutter und eines Vaters. Und ich erkannte all dies als heilig.

Black Elk wurde berührt und geheilt von etwas, was man die verborgene Struktur des gesamten Universums nennen könnte. Sie erschien ihm in dem Bild oder der anschaulichen Metapher des Baums und des Kreises. Dieses Bild von Baum und Kreis ist kein zufälliges. In den Jahren, seit ich die Geschichte von Black Elk gelesen habe, habe ich entdeckt, dass das Bild nicht nur in der Mythologie der Lakota-Indianer auftaucht, sondern durchgängig in den großen traditionellen Weisheitslehren der Welt – und in der Tat auch in der modernen Psychologie und Systemtheorie –, und zwar als ein Spiegel der verborgenen Struktur von Ganzheit und Gesundheit, sowohl im Universum als auch in der menschlichen Psyche und Seele.

Überdies künden die Weisheitslehren davon, dass dieses Muster der Ganzheit in jedem von uns schlummert und vergleichbar einer Saat wartet, bis der Boden bereit ist, Blumen und Früchte hervorzubringen.

Baum und Kreis könnte man als die Verkörperung zweier »seelischer Dimensionen« bezeichnen, die voll entwickelt und miteinander ins Gleichgewicht gebracht werden müssen, damit die Seele ganz ist. Das Bild von Baum und Kreis wirkt darüber hinaus als geheimer Schlüssel, der die Tür zu der riesigen Bandbreite spiritueller und mythologischer Traditionen auf der Welt öffnen kann, ohne die großartige menschliche Vielfalt zu entwerten oder zu schmälern.

## Die seelischen Dimensionen von Baum und Kreis

Um zu begreifen, wie das Modell von Baum und Kreis Ganzheitlichkeit verbildlicht, ist es hilfreich zu verstehen, was diese beiden »Dimensionen« verkörpern.

Sämtliche großen traditionellen Weisheitslehren zeigen uns, wie wichtig es ist, einen Zustand der Verbindung mit dem Göttlichen anzustreben oder einen Zustand der Weisheit oder der Erleuchtung, der jedoch letztlich mit Worten nicht zu beschreiben ist. All diese Traditionen lehren ebenfalls, wie wichtig Beziehungen sind. Diese beiden Arten der Lehre treffen sich in dem Bild von Baum und Kreis.

Die Dimension des Kreises hängt mit Beziehungen in all ihren Erscheinungsformen zusammen. Wenn Menschen sich mit der Familie zum Essen treffen oder um zu singen oder zu Füßen eines Geschichtenerzählers zu sitzen, dann bilden sie spontan einen Kreis. Das mag der Grund sein, warum Bilder eines Kreises sowie Gegenstände oder Eigenschaften, die wir mit einem Kreis assoziieren, gängige Metaphern für Beziehungen sind. Wir sprechen vom »engsten Kreis« oder unserem »Familienkreis«. Amerikanische Ureinwohner ehren all ihre Verwandten durch kreisrunde Medizinräder und Schwitzhütten. Taoisten verwenden den bekannten Kreis mit dem Yin-Yang-Symbol, um das im richtigen Verhältnis zum natürlichen Lauf des Lebens stehende Sein und Fließen zu veranschaulichen.

Das häufig kreisförmige Mandala (der Sanskrit-Ausdruck für einen »magischen Kreis«) erscheint in sämtlichen Kulturen und zu allen Zeiten als eine Möglichkeit, Ganzheit darzustellen. Ein Mandala enthält konzentrisch angeordnete Figuren, strahlenförmige oder sphärische Muster und Kreise mit einem sichtbaren Mittelpunkt. Gängige Beispiele sind die Sonnenscheibe und verschiedene Arten von Rädern, eingeschlossen Medizinräder und das buddhistische Rad der Wiedergeburt. Es gibt sogar getanzte Mandalas, wie etwa traditionelle Kreistänze oder Bewegungsfolgen in der meditativen chinesischen Kampfkunst des Tai-Chi-Chuan.

Obschon das typische Mandala ein Kreis ist, sei es ein Rad oder ein wie auch immer gearteter Ring, gibt es noch andere verwandte oder analoge Formen des »magischen Kreises«, die dieselbe Funktion besitzen, selbst wenn sie nicht rund aussehen. Das Quadrat, das gleichseitige, waagerecht liegende Kreuz sowie das Bild der Vierheit oder Vierzahl sind Verwandte des Kreises.

Wir benutzen die Vierheit der vier Himmelsrichtungen –

Norden, Süden, Osten und Westen –, um den Kreis des gesamten Horizontes zu beschreiben. Weitere Beispiele für die Vierheit sind unter anderem die vier Jahreszeiten, die vier Elemente, die vier Erzengel und die vier Evangelisten.

Die Dimension des Baumes hängt zusammen mit dem Streben nach höheren Zielen und einem Vordringen in die Tiefe, um die individuelle Entwicklung voranzutreiben. Wir bestätigen diesen Zusammenhang zwischen individueller Entwicklung und dem Baum in unserer Alltagssprache, wenn wir altüberlieferte Sprichwörter zitieren, wie »Der Apfel fällt nicht weit vom Stamm« oder »Die Frucht ist dem Baum ähnlich« (jüdisches Sprichwort).

Die Dimension des Baumes ist eine vertikale. Traditionelle Weisheitslehren und zeitgenössische spirituelle und psychologische Praktiken assoziieren mit dieser Dimension auch dem Baum verwandte Bilder wie Berge, Leitern und Säulen. Allen baumähnlichen Symbolen wohnt der dem Baum eigene Aspekt des Senkrechten inne, wobei allerdings jeweils bestimmte Eigenschaften des Baumes im Vordergrund stehen. Der Berg verkörpert vornehmlich den Aspekt der Mitte sowie der Verwurzelung oder Erdung; bei der Leiter springen besonders Auf- und Abstieg ins Auge; bei der Säule die Verbindung von Oben und Unten. Wir erklimmen den »Baum« im Zuge einer Entwicklung, die in ihrem höchsten Stadium spirituelle Reife bedeutet.

Der Baum umfasst aber auch den Abstieg in die Tiefen der Seele und deren Entfaltung. Bilder des Hinabsteigens entlang der Baumdimension hängen zusammen mit dem Erforschen unserer »Wurzeln«, sowohl im Sinne der Vorfahren (Stammbaum) als auch im Sinne der Erforschung tiefer liegender Schichten, wie sie die Tiefenpsychologie betreibt. Ein Baum kann nur hoch emporwachsen, wenn er kräftige und weit ausgreifende Wurzeln hat.

Stellen Sie sich einmal eine senkrechte Achse vor, die durch die Mitte Ihres Daseins verläuft, von tief unten im Boden bis zu Ihrem höchsten Ziel oder zu Ihrem Bild des Göttlichen. Rufen Sie sich eine Zeit in Erinnerung, zu der Sie sich besonders gut geerdet und verwurzelt gefühlt haben. Denken Sie an Ihr höchstes Streben und daran, wie es sich anfühlt, sich nach diesem Ziel zu strecken. Das ist der Baum, der Ihnen Wurzeln gibt, Sie zentriert und Ihnen den Weg zu Produktivität und Erfolg weist. Stellen Sie sich den Baum nun umgeben von einem horizontal liegenden Kreis vor, durch dessen Mittelpunkt sich der Stamm des Baumes bohrt. Denken Sie an Ihre Familie oder irgendeine andere Gruppe von Menschen zurück, in deren liebendem Kreis Sie sich aufgehoben fühlen. Rufen Sie sich einen Moment ins Gedächtnis, in dem Sie von der Schönheit der Natur umgeben waren. Der Kreis bringt Sie mit dem Rest des Universums in Kontakt. Kreis und Baum zusammen sind ein bildhaftes Muster oder Modell für die Ganzheit des Universums wie auch Ihrer eigenen Ganzheit. In dieser schlichtesten, abstrakten Form ähnelt dieses Modell einem Gyroskop.

Ein Gyroskop besteht aus einer senkrechten Achse und einem darum kreiselnden Ring, wobei es sich selbst im Gleichgewicht und aufrecht hält, komme, was wolle. Diese fast an ein Wunder grenzende Stabilität können Sie bereits selbst spüren, wenn Sie mit einem Spielzeugkreisel experimentieren. Gyroskope sind in der Tat so stabil, dass höher entwickelte Modelle in der Luft- und Seefahrt im Innern von Navigationsinstrumenten zur Anwendung kommen. Ein Kreis aus Beziehungen um den wachsenden Persönlichkeitskern eines Individuums bildet dieselbe Form. Unsere Vorfahren stellten sich diese Form als einen von einem Kreis umschlossenen Baum vor. Und diese beiden seelischen Dimensionen bilden ein inneres Gyroskop für das Leben jedes Einzelnen. Haben Sie den Kreis- und den Baumaspekt in sich entwickelt und stehen diese in einem ausgewogenen Verhältnis zueinander, so können sie Ihnen helfen, stabil, ausgeglichen und »im Fluss« zu bleiben.

»Es gibt keine Wahrheiten, nur Geschichten«: Der Baum und der Kreis sind Metaphern, genau wie das Gyroskop eine Metapher ist. Es sind keine greifbaren »Dinge«, doch gemeinsam verkörpern sie ein grundlegendes Muster von im Universum wirkender Energie. Es ist unmöglich, völlig präzise zu bestimmen, was jedes einzelne »bedeutet«, da beide unendlich subtile Muster sind. Aber es ist sehr wohl möglich, das Reich, über das jedes von ihnen herrscht, zu beschreiben und zu begreifen.

Zusammenfassend ließe sich sagen, dass der Baum der autonome Aspekt des ganzen oder heilen Selbst ist und mit dem Wachstum durch Versenkung und dem Streben nach Höherem in Verbindung steht, während der Kreis den Beziehungsaspekt verkörpert und damit das Wachstum durch das Sich-Öffnen des Selbst. Der Baumvektor strebt nach oben, zu höheren Zielen, während der Kreisvektor Verbindungen schafft. Keine dieser beiden Dimensionen von Ganzheit ist in und aus sich selbst heraus vollständig; noch ist eine »besser« als die andere. Sie sind verschieden, und sie ergänzen einander.

Die Psychologie lehrt uns, dass jede Person – gleich ob Mann oder Frau – eine weibliche und eine männliche Seite besitzt. Der Kreis wird mit der weiblichen Seite der Psyche assoziiert und mit Verhaltensweisen wie dem Miteinbeziehen der Umwelt und der Kooperation. Der Baum wird mit der männlichen Seite und mit Verhaltensweisen wie Selbstbehauptung assoziiert. Poetisch ausgedrückt könnte man sagen, dass der Kreis eine weibliche Note hat, der Baum eine männliche. Beide sind nötig, müssen sich vereinen und im

# Das Baum-und-Kreis-Modell

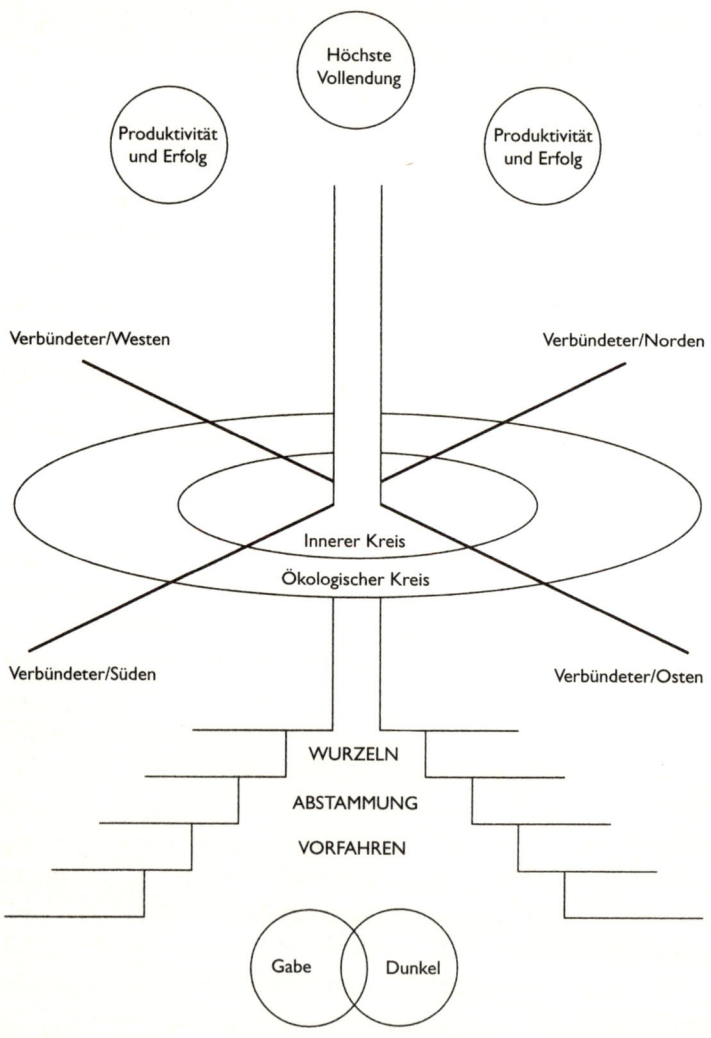

Gleichgewicht sein, damit eine einzelne Person oder eine Gesellschaft ganz werden kann.

Die Graphik auf Seite 16 ist ein schematisches Diagramm des Baum-und-Kreis-Modells. Die Einzelheiten dieses Diagramms werden sich im Laufe der weiteren Ausführungen zunehmend mit Sinn füllen. Sie können dieses Diagramm beim Lesen des Buches als Arbeitshilfe benützen und die verschiedenen Teile mit Begriffen, Sätzen oder Bildern versehen, die Ihnen bedeutsam erscheinen. Auf diese Weise können Sie anfangen, eine grobe Skizze Ihrer eigenen »Seelenökologie« zu fertigen. Zahlreiche Menschen sind bereits zu dem Schluss gekommen, dass das Arbeiten mit diesem Bild ihnen im Rahmen ihrer persönlichen und spirituellen Entwicklung eine enorme Hilfe war.

## Baum und Kreis in den Traditionen der Welt

Wohin man auch blickt, taucht in den traditionellen Weisheitslehren das Baum-und-Kreis-Muster auf, angefangen von der antiken Mythologie über die großen Weltreligionen bis hin zur modernen Psychologie und Systemtheorie. Auch wenn manche Traditionen wie der Taoismus, der Wicca-Kult sowie zahlreiche Traditionen der amerikanischen Ureinwohner den Kreis in den Vordergrund rücken und andere wie das Judentum, die christliche Religion und der Islam das Hauptaugenmerk auf den Baum legen, werden Sie bei genauerem Hinsehen erkennen, dass die meisten traditionellen Weisheitslehren auf ein Modell psychospiritueller Ganzheit ausgerichtet sind, das Kreis und Baum in sich vereint.

Keine menschliche Kultur hat jemals diese Ganzheit vollständig verkörpert. Genau wie kein Mensch perfekt ist, waren auch Kreis- oder Baumkulturen niemals perfekt. Die

Baumkulturen tendierten zu stark zur einen Seite; die Kreis-kulturen zur anderen. So bestärkte der von der Vorstellung des Kreises getragene Glaube an die Reinkarnation die kelti-schen Druiden in der Praxis des Menschenopfers. Und uns allen sind die Auswüchse von Sklaverei und Unterdrückung, die auf einem hierarchischen, an der Struktur des Baumes orientierten Weltbild fußen, hinlänglich bekannt.

Und doch vermögen wir, wenn wir einmal von diesen Exzessen und Entartungen von Kreis- und Baumkulturen absehen, von der Weisheit jeder einzelnen zu lernen. Aus den mit Baum und Kreis verknüpften Neigungen und Tendenzen können wir Schlüsse für das Ideal ziehen, nach dem wir per-sönlich streben. Dieses Ideal mag uns bereits begleitet haben, seit das Bewusstsein selbst uns eigen ist. Die früheste mir be-kannte Darstellung von Baum und Kreis erscheint auf einem Siegel der Harappa-Kultur im Industal, der ältesten Kultur in Südostasien, und ist über viertausend Jahre alt. Und das aktuellste Bild ist in Ihrem eigenen Herzen zu Hause.

Selbst eine kurze Zusammenfassung der Beispiele für Baum und Kreis wirkt möglicherweise überwältigend. In ge-wisser Hinsicht ist dies genau der springende Punkt. Es gibt nicht einfach einen Weg oder eine Tradition oder Schule, sondern da ist unsere gesammelte menschliche Weisheit, die uns sagt: »Dies ist der Weg zur Ganzheit.« Betrachten Sie den Baum und den Kreis aus all diesen zahlreichen Perspek-tiven, vermögen Sie allmählich deren Großartigkeit zu er-kennen und vielleicht auch den Schlüssel zu finden, um die Tür zu Ihrer eigenen Ganzwerdung zu öffnen.

Jede dieser traditionellen Weisheitslehren – die großen Weltreligionen, weniger bekannte spirituelle Praktiken, psy-chologische und wissenschaftliche Ansätze – gleicht der Facette eines Diamanten. Wir könnten durch jede dieser Facetten spähen und versuchen zu erkennen, was sich im

Herzen des Diamanten befindet. Doch jede Facette ist wie die Glasscheibe in einem Fenster aus dem siebzehnten Jahrhundert, das voller Unebenheiten und Blasen ist, von denen jede unsere Sicht in einer ganz eigenen Weise verzerrt. Selbst die großen Religionen gewähren uns nur einen Blick »durch ein trübes Glas«. Um zu einem vollständigen Verständnis dessen zu gelangen, was sich im Herzen verbirgt, müssen wir unsere Nase gegen viele Fensterscheiben pressen und durch viele Facetten blicken.

Das Christentum legt mit seinem zentralen Symbol des Kreuzes, das oft auch in Form des Baumkreuzes erscheint und auf ergreifende Weise das Streben nach einer Vereinigung mit dem Göttlichen symbolisiert, das Hauptaugenmerk offenkundig auf den Baum. Der Überlieferung nach stieg Christus auch von diesem Baum aus in die Unterwelt, und zwar in ihre tiefsten Tiefen, um der Welt das Heil zu bringen. Die Überlieferung besagt auch, dass Christus das Baumkreuz in die Unterwelt brachte und es dort als Zeugnis einer tiefen Wahrheit einpflanzte. So ist der christliche Baum also die Achse der Welt, die vom Hades bis zum Paradies hinauf verläuft.

Und doch ist das bedeutendste christliche Sakrament ein Kreisritual. Bei der heiligen Kommunion werden das geweihte Brot und der Wein unter allen Anwesenden geteilt. Ein kreisrunder Behälter – ein Kelch oder eine Hostienschale – bringt die Gemeindemitglieder im Kreise der Gemeinschaft zusammen. Auch wenn die römisch-katholische Kirche die Teilnahme an diesem Sakrament in mancherlei Hinsicht beschränkt, so legen doch das frühe Christentum und die nichtrömisch-katholischen christlichen Konfessionen großen Wert darauf, dass wirklich alle einbezogen werden und teilhaben. Der Theologe Harvey Cox sagt: »Die Kommunion ist wie eine Mahlzeit im Familienkreise, die Versammlung von

Alt und Jung, von Kranken und Gesunden um einen gemeinsamen Tisch herum, und sie gemahnt alle Teilnehmer daran, dass die Güter dieser Erde geteilt werden sollen, nicht gehortet.« Die heilige Kommunion und das heilige Kreuz stellen den Kreis und den Baum der christlichen Welt dar.

Jesus Christus selbst lehrte, welche Rolle Baum und Kreis bei der Ganzwerdung spielen. Wenn Jesus von irgendjemand nach der besten Art zu leben gefragt wurde, antwortete er: »Du sollst Deinen Nächsten lieben wie dich selbst.« (Markus, 12, 31) Dies ist die Zusammenfassung einer an Baum und Kreis orientierten Lehre: wie ein Baum nach oben zu streben, hin zu Gott, und die Verbindung zum Kreise der Gemeinschaft zu suchen. Die göttliche Liebe zu empfangen (Auf- und Abstieg entlang der Baumachse) und dann diese Liebe an die Welt weiterzugeben (Kreis).

Jeden Sommer versammeln sich in der nordamerikanischen Prärie Hunderte von Menschen zu viertägigen Feiern, um einen heiligen Baum anzubeten und in einem heiligen Kreis um ihn herumzutanzen. Ein Teil dieser Sonnentänze der Lakota besteht darin, dass die Tänzer die spirituelle Erneuerung, die sie von dem Baum erhalten haben, hinaus in den weiteren Kreis ihrer Gemeinschaft tragen.

Die Menschen kommen von weither angereist, aus Australien ebenso wie aus Deutschland. Es ist kein Wunder, dass die Tänze in ihnen etwas zum Schwingen bringen. Über Jahrhunderte hinweg tanzten die alten Europäer nach diesem Baum-und-Kreis-Schema bei den jedes Frühjahr stattfindenden religiösen Festen. Wenn Sie im vorchristlichen Europa gelebt hätten, hätten Sie möglicherweise Folgendes gesehen:

Eine große Menschenprozession wagt sich in die Wälder vor, um einen bestimmten Baum aufzusuchen. Der Baum ist schon im Vorhinein ausgewählt worden, man hat zu ihm gebetet und ihn gefragt, ob er sein Leben zum Wohle der Gemeinschaft hinzugeben bereit wäre. Nun, nach weiteren Gebeten und Opfergaben, wird der Baum gefällt. Eine Kette aus unzähligen Menschenpaaren, die kräftige Stangen zwischen sich halten, fängt den umstürzenden Baum, so dass er den Boden nicht berührt. Sie hacken die unteren Äste des Baumes ab und lassen am Wipfel eine Blätterkrone stehen. Dann tragen sie den Baum zwischen sich oder ziehen ihn auf einem Ochsenkarren hinter sich her und bringen ihn unter großem Jubel und so, dass alle ihn sehen können, bis in die Mitte des Dorfes. Hier schmücken sie den Baum mit Fahnen, Bändern, prachtvoll bemalten Eierschalen, Blumen und vielleicht auch Wurst und Kuchen. Dann richten die Leute den Baum auf und tanzen ausgelassen rund um den Baum herum zu Musik.

Diese Maibaum-Tänze gelangten nicht nur in England zur Aufführung, sondern ebenso in ganz Europa, von Spanien bis Skandinavien, auch wenn der Zeitpunkt des Festes etwas variierte, je nachdem, wann die Sonne in den einzelnen Breiten wiederkehrte. Diese Art der Zusammenkunft, bei der die Teilnehmer sich im Kreis um einen Baum versammelten, diente der Feier der Fruchtbarkeit und einer großartigen Heilung – der Erneuerung des Lebens –, und sie war über Jahrhunderte hinweg eines der wichtigsten religiösen Feste im vorchristlichen Europa.

Unsere skandinavischen Vorfahren stellten sich die Ganzheit des Universums selbst in einem aus Kreis und Baum bestehenden Gebilde vor: Die Midgardschlange umzingelte ringförmig die große Weltesche, Yggdrasil, die wie eine Achse durch die Welt wuchs und sich gleich dem christlichen Baumkreuz sowohl bis zum Himmel als auch bis zur Unterwelt erstreckte. Ähnlich bildete für die alten Griechen das dem Baumsymbol verwandte Symbol des Berges, der als Olymp bekannt geworden ist, den Mittelpunkt ihrer Welt. Hier herrschte Zeus von oben und Hades von unten, während der gesamte Kosmos auf einer waagerechten Ebene von einem mächtigen Strom, dem Okeanos, begrenzt wurde, der die Welt an ihrem äußeren Rand umschloss und in einem stetigen Kreislauf in sich selbst zurückfloss, ähnlich der Midgardschlange, die sich selbst in die Schwanzspitze beißt.

In der schamanischen Weltsicht hat die Ganzheit des Universums ebenfalls eine Baum-und-Kreis-Gestalt. Der Schamanismus ist eine Form psychologischen, spirituellen und physischen Heilens, die mindestens vierzigtausend Jahre alt ist. Schamanische Praktiken haben sich bis zum heutigen Tage in vielen überlieferten Kulturen gehalten und werden derzeit sogar in einigen psychologischen Praxen angewendet, da die Leute sie nach wie vor hilfreich finden. Es gibt zahllose Spielarten des Schamanismus, aber die Haupttechnik schamanischen Heilens beruht auf der Durchführung einer psychospirituellen Reise in einen veränderten Bewusstseinszustand. Der Schamane macht diese Reise in eine Welt, die aus mindestens drei Ebenen besteht: eine Oberwelt, die Erde, auf der wir leben, und eine Unterwelt – die alle durch eine zentrale Achse miteinander verbunden sind. Jede Welt ist ein Ring. Die zentrale Achse ist ein baumartiges Symbol oder meist der Baum selbst.

Für viele Schamanen ist ein Baum sogar das eigentliche Ziel der Reise. Wie die Anthropologin Joan Halifax schreibt, finden sich manche der sibirischen Schamanen während der Trancezustände bei ihrer Initiation in Nestern hoch oben auf dem Weltenbaum wieder, in dem sie gleich Jungvögeln aufgezogen werden. Je höher das Nest gelegen ist, desto mächtiger wird der Schamane sein. Der Baum ist der Lehrer. Bei den Schamanen der Shipibo-Conibo am oberen Amazonas gilt es als wertvoller, von den Bäumen zu lernen als von anderen Schamanen. Der Schamane klettert den Baum hinauf oder steigt ihn hinunter, um spirituellen Segen und heilerische Fähigkeiten zu empfangen und den Kreis der richtigen Beziehungen in diesen anderen Bereichen wiederherzustellen. Dann kehrt er zurück, um den besagten Segen in den Kreis der Schamanengemeinschaft zu bringen.

In der buddhistischen Überlieferung ist der Baum der Bodhibaum, ein Feigenbaum, unter dem dem Buddha die Erleuchtung zuteil wurde. Nachdem er die Erleuchtung erfahren hatte, machte sich der Buddha auf, um den Segen von der Erlangung des höchsten Zieles in die Gemeinschaft hinauszutragen. Bei seiner ersten Predigt setzte er das »Rad des Dharma« in Bewegung, also einen Ring. In der buddhistischen Welt gibt es eine weit verbreitete Form des Kultmals, das Stupa genannt wird. Der Stupa dient als Mahnung an die Form der Ganzheit. Er gilt als abstraktes Bild der Erleuchtung, wie sie alle Wesen erreichen können. Diese Darstellung der Erleuchtung besitzt die Form eines Kreises (Mandala), der sich nach oben, entlang der Baumachse, ausdehnt.

Alle drei abrahamischen Religionen (Judaismus, Christentum und Islam) nehmen Bezug auf das Paradies, ein Bild der Ganzheit am Anfang aller Dinge. Was ist dieses Paradies? Es ist ein Garten mit einem Baum in der Mitte. Der Garten Eden ist ein magischer Kreis oder ein Mandala, denn er enthält eine Vierheit: die vier Flüsse, die am Fuße des Baumes entspringen und aus dem Garten herausfließen (Genesis 2, 10 bis 14). Die Form des Paradieses ist die eines Ringes um den Lebensbaum, der in dem Baum der Erkenntnis steckt.

Im Judentum tauchen der Baum und der Kreis darüber hinaus in den mystischen Übungen der Kabbala auf. Die Kabbala stellt einen Weg zum Göttlichen vor, der »Baum des Lebens« genannt wird oder auch Etz Chaim. Man kann diesen Pfad zur Ganzwerdung verfolgen, indem man über die Früchte dieses Baumes meditiert – über ihre Beschaffenheit und

# Der Baum des Lebens

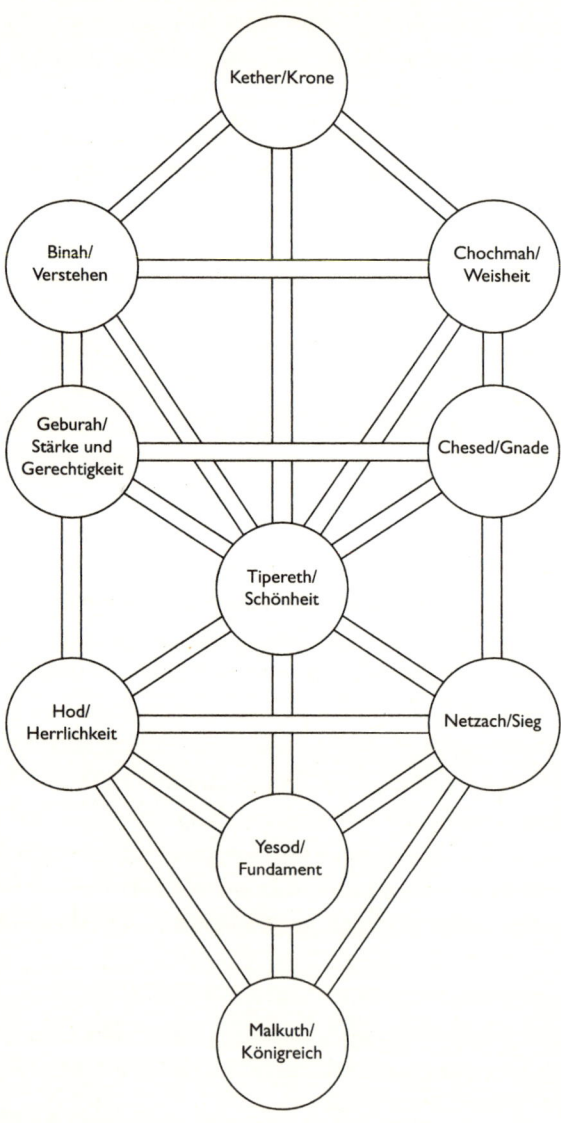

ihre Beziehungen zueinander. Diese Früchte, oder Sefiroth, werden meistens als Sphären oder Ringe beschrieben (also Kreise), die sich am Baum befinden. In der kabbalistischen Überlieferung ist die Erschaffung des ersten idealen Menschen, Adam Kadmon, dem Baum des Lebens mit seinen Sefiroth nachgebildet. So enthält das ideale Bild der menschlichen Ganzheit um den Baum herumschwebende Ringe.

Bei den Sufis, islamischen Mystikern, wird tatsächlich die Form der Ganzheit in den Körper hineinverlagert, nämlich bei dem berühmten Ritual der tanzenden Derwische oder Mevlevi, Anhängern einer bestimmten Sufi-Brüderschaft. Die Derwische beginnen sich ganz langsam zu drehen, die Arme weit ausgebreitet wie Flügel, die rechte Handfläche nach oben zum Himmel gedreht, um göttliche Gnade zu empfangen, die linke Handfläche nach unten gewandt, um diese Gnade an die Erde weiterzugeben. Die Tänzer wirbeln schneller und schneller herum, bis zu einem Höhepunkt, bei dem sie sich mit dem Göttlichen vereinigen. Jeder der Tänzer vollführt ganze Drehungen und erlebt so körperlich spürbar die Lehre des Korans: »Und Allah ist der Westen und der Osten. Daher: Wohin ihr euch auch wendet, dort ist Allahs Angesicht.« (Sure II, 115) Hier haben wir ganz klar die Form des Kreises vor uns (das Herumwirbeln) und die Form des Baums (die aufrechten Körper mit den Händen, die die Gnade von oben nach unten weiterleiten).

Die tantrische Lehre des Hinduismus beschreibt das voll entfaltete Selbst ebenfalls anhand eines Baum-und-Kreis-Modells. Gemäß dem hinduistischen Tantra verfügt der menschliche Körper über eine ganze Reihe von Energiezentren, die entlang der Wirbelsäule verteilt sind. Diese Energiezentren werden als Chakras bezeichnet, ein Sanskrit-Wort, das so viel wie »Rad« bedeutet. Da die Anhänger des Tantra die Wirbelsäule als Verwandte des Baumes betrachten, stellt das Tantra

Ganzheit mit diesen Rädern oder Ringen her, die entlang des Baumes angeordnet sind.

Die San, eine Sammler- und Jägergemeinschaft in der Kalahari zwischen Botswana und Namibia, praktizieren eine bemerkenswerte Technik, die Heilung und spirituelles Wachstum fördert und den innerhalb des Kreises wachsenden Baum in exemplarischer Weise veranschaulicht. Die Rede ist von dem !kia-Heiltanz. (Das Ausrufezeichen steht für einen der vier Schnalzlaute in ihrer Sprache.) Umgeben von einem Ring aus Sängern und Musikern, vollziehen die an dem !kia-Ritual Beteiligten einen spirituellen Aufstieg entlang des Baumes zum Göttlichen hin. Während des !kia vollbringt der Ausübende möglicherweise Heilungen, experimentiert mit dem Feuer oder läuft darüber, sieht durch die Dinge hindurch, kann weit entfernt liegende Dinge erkennen oder mit übernatürlichen Mächten in Verbindung treten. Genau wie der gute Schamane oder der buddhistische Boddhisattva erklimmt der !kia-Meister den Baum zum Wohle der Gemeinschaft. Der springende Punkt ist hierbei nicht so sehr eine Transzendenzerfahrung, sondern vor allem das Mitbringen der Früchte. Wenn eine Person einzig das !kia erfahren würde, ohne irgendeine Heilung zu erwirken, würde das als Missbrauch dieser mit dem !kia verbundenen Mächte angesehen. Hier wächst der Baum ebenso wie woanders innerhalb des Kreises und damit zum Wohle desselben.

Das zeitgenössische Wicca-Ritual beginnt mit der Schaffung eines geweihten Raumes, dem »Ziehen des Kreises«. Dies wird typischerweise von jemandem durchgeführt, der mit Hilfe eines Kultinstruments einen Kreis um die Anhänger herum beschreibt. Innerhalb dieses Kreises verwenden die Anhänger des Wicca-Kults die senkrechte Achse des Baumes, um durch bestimmte Rituale Heilung herbeizuführen, etwa durch den »Baum des Lebens« und den »Kegel der Kraft«, und sie versuchen, spirituelle Energie von oben herunterzuziehen.

Der chinesische Taoismus und der Konfuzianismus haben sich über die Jahre gegenseitig beeinflusst und ergänzen einander in vielerlei Hinsicht. Niemals erhoben sie einen Anspruch auf Ausschließlichkeit, wie das Christentum es tat, das zeitweise der Ansicht war, den einzig wahren Weg darzustellen. Der Taoismus betont mit seinem allseits bekannten kreisförmigen Yin-und-Yang-Symbol die dem Kreis zugehörigen Merkmale wie In-Beziehung-Sein, Rezeptivität (Aufnahmefähigkeit oder Ansprechbarkeit) und Fließen. Konfuzius lehrte die Selbstvervollkommnung oder Selbstentfaltung, mit dem Ziel, eine »tiefgründige Persönlichkeit« (*chun-tzu*) zu werden oder auch weise. Um dieses Ziel zu erreichen, bedarf es der Ansammlung von Wissen, Fähigkeiten, Verstehen und Weisheit. Dies sind alles Ebenen, die übereinander um die Achse des Baumes angeordnet sind. Konfuzius gründete seine Lehre auf die Wurzeln der Vergangenheit. Man könnte wohl sagen, dass der Taoismus für China den Ring um den Baum des Konfuzianismus bildet.

In den Schöpfungsmythen der amerikanischen Pueblo-Indianer tauchten die Menschen aus einer Folge von drei (oder manchmal auch vier) Unterwelten in die gegenwärtige Welt empor. Jede der Welten ist ein Ring; der Weg des Auftauchens zu zunehmender Ganzheit ist ein Baum oder ein baumähnliches Symbol. So stiegen beispielsweise die Zuñi aus den »Vier Schößen der Welt« empor, die einer Reihe von Höhlen in den tiefer gelegenen Gebieten entsprachen. Die am tiefsten gelegene war so dunkel und klein, dass die Lebensbedingungen dort gelegentlich aufgrund der vielen Menschen, die sich darin drängten, unerträglich wurden. Zwei göttliche Kinder, die über den Pfad des Lebens wachten, kamen, um die Leute zu führen und lotsten sie eine Leiter (Baumsymbol) hinauf bis zur Decke der ersten Höhle. Dort schlugen sie mit einem Zaubermesser, das in der Mitte eines hölzernen Rings befestigt war, ein Loch hinein, damit die Leute hinaustauchen konnten. Schließlich wurde es auch in der zweiten Höhle zu voll, und die Menschen baten um Hilfe. Die göttlichen Kinder führten sie eine weitere Leiter hinauf und durch eine Öffnung hindurch in die dritte Welt hinein, die lichter war als die beiden vorangehenden, und zu guter Letzt in die vierte Welt, wo die Leute zum ersten Mal das Licht der Sonne erblickten. Hier, im Hapadina, dem Zentrum der Welt, ließen die Zuñi sich heimisch nieder. Ähnlich tauchten bei den Hopi nach der Zerstörung ihrer dritten Welt durch die Flut die Überlebenden durch heiliges Schilf nach oben, um eine vierte Welt vorzufinden. Und die Vorfahren der Acoma kletterten auf eine Kiefer.

Die Architektur des heiligen Raumes bei den Pueblo-Indianern spiegelt das Baum-und-Kreis-Muster eines Auftauchens zur Ganzheit hin wider. Das *Pueblo Kiva* ist eine unterirdische Zeremonienkammer, deren Boden als kreisförmiges Mandala ausgelegt ist. In der Erde befindet sich ein kleines Loch, ein Sipapu, das in die erste Unterwelt hinabführt. Das Bodenmandala ist die zweite Welt der Entstehungsgeschichte. Die in den Stein gehauene Sitzbank stellt die dritte Welt dar. Die Leiter (Baumsymbol) reicht bis durch die Öffnung an der Decke und führt in die vierte, unsere vorhandene, Welt. Frank Waters, ein Experte für den Zeremonialismus der Pueblo-Indianer, sagt, das Kiva sei nicht nur ein architektonisches Symbol für das greifbare Universum. Vielmehr sei das Universum selbst nur ein strukturelles Symbol für die mystische Seelenform der gesamten Schöpfung. Genau wie der buddhistische Stupa ist das Kiva der Pueblo-Indianer ein architektonischer

Ausdruck eines von Kreis und Baum gebildeten Ganzen, die »Form aller Formen«.

Sigmund Freud wurde einmal gefragt, was eine gesunde Person fähig sein sollte zu tun, und zwar gut zu tun. Freuds Antwort war prägnant: »Lieben und arbeiten.« Wenn wir nun »arbeiten« im Sinne von »hinarbeiten auf etwas« verstehen, dann entspricht Freuds Definition von Gesundheit Kreis und Baum: dem Kreis der Beziehungen zu anderen Menschen und dem Baum, der für das Streben nach Höherem steht.

C. G. Jung drückte sich sogar noch deutlicher aus. Jung analysierte im Laufe seines Lebens Tausende von Träumen und sichtete eine nahezu unvorstellbare Menge an Literatur aus aller Welt zu Mystizismus, Religion und Philosophie, um sie zu systematisieren. Eine der Früchte seiner ungeheuren Mühen war sein Konzept vom Archetypen des Selbst: ein von Geburt an vorhandenes Modell psychologischer und spiritueller Ganzheit.

Jung entdeckte, dass Bilder des Selbst überall in Träumen, Visionen, aktiver Imagination sowie in Kunstwerken auftauchen, insbesondere in spiritueller und religiöser Kunst. Doch wie sieht dieses Symbol psychospiritueller Ganzheit nun aus? Es besteht aus Kreis und Baum. Jung sagte: »Insofern nun Letzteres [das Mandala, also der Kreis] in der Regel eine *Aufsicht* des Selbstsymboles darstellt, bedeutet der Baum so viel als eine *Ansicht* desselben, das heißt, er stellt das Selbst als einen Wachstumsvorgang dar.«

In den vierziger Jahren des zwanzigsten Jahrhunderts untersuchte der Psychologe Andras Angyal, ein Amerikaner ungarischer Herkunft, den Kreis und den Baum, wobei er die Begriffe »Homonomie« und »Autonomie« gebrauchte. Homonomie ist die Motivation, sich im Einklang mit »überindividuellen Einheiten« zu befinden – mit der Familie, der

Clique, der sozialen Gruppe, der Natur, Gott, einer ethischen Weltordnung. Wir wünschen, Anteil zu nehmen und teilzuhaben an etwas, das als größer als unser individuelles Selbst gilt, und so suchen wir den Anschluss an diese größeren Einheiten. Autonomie ist das Streben nach Selbstbehauptung, das darauf abzielt, die Umgebung zu kontrollieren und zu beherrschen oder irgendein Objekt zu beherrschen, um unsere eigenen Bedürfnisse zu befriedigen. Sie ist auf Leistung, auf Siegen und Erobern ausgerichtet. Angyal vertrat den Standpunkt, dass alles menschliche Verhalten von diesen beiden Haupttendenzen mitbestimmt sei.

Die allgemeine Systemtheorie untersucht gegenwärtig die Organisationsprinzipien in natürlichen Systemen. Sie geht davon aus, dass es einen Zusammenhang zwischen den einzelnen Systemen gibt – vergleichbar mit über ein Netz verteilten Punkten: Wenn einer verschoben wird, leiden alle anderen darunter. Dies ist der Kreis der Beziehungen. Wie wir später noch sehen werden, deckt sich diese Vorstellung weitgehend mit einer ganz wesentlichen Kreismetapher: dem Netz des Indra. Die Systemtheorie liefert uns auch die hierarchische Baumstruktur: »Da die Entwicklungsmuster in allen Bereichen der Natur einander analog sind, tendiert die Evolution offenbar in Richtung einer Überlagerung der Systeme. Eine kontinuierliche, vielstufige Struktur durchzieht die Bereiche des Suborganischen, Organischen und Supraorganischen. Die Organisation in der Natur ähnelt mehr und mehr einer holarchischen Pyramide mit vielen relativ einfachen Systemen an der Basis und einigen wenigen komplexen Systemen an der Spitze.« Mit anderen Worten besagt die Systemtheorie, dass die Wirklichkeit anhand einer baumartigen Hierarchie aus ineinander verschachtelten Systemen zu beschreiben ist, die untereinander durch einen Kreis in Verbindung stehen: das Baum-und-Kreis-Modell der Ganzheit.

All diese Weisheitslehren aus der ganzen Welt, alte wie neue, erzählen verschiedene Versionen einer ewig fortlebenden menschlichen Geschichte. Es ist die Geschichte von dem Weg zu psychischer und spiritueller Ganzheit, auch Erleuchtung genannt oder Verbindung zum Göttlichen. Jede Geschichte ist lediglich eine Annäherung, eine andere Facette oder ein Fenster auf das Unsagbare hin, ausgedrückt in Bildern, die einer bestimmten Zuhörerschaft vertraut und hilfreich sind. Obschon die Versionen sich im Detail ziemlich stark unterscheiden – beispielsweise was die Zahl und die Ansiedlung der Kreise oder Ringe anbelangt –, so enthalten sie doch alle den Hinweis auf ein zugrunde liegendes Baum-und-Kreis-Muster.

Vielleicht liegt die Ursache dafür, dass die Weisheitslehren der Welt so häufig Beispiele von aus Kreis und Baum bestehenden Mustern der Ganzheit bieten, darin, dass selbst die Helix der DNA die Form einer lang gezogenen Spirale in sich trägt, die sich um eine vertikale Achse windet wie um den Stamm eines Baumes. Das Muster ist also verschlüsselt im Keim unseres Lebens enthalten.

## Baum und Kreis in unserem eigenen Leben

Die kleine Auswahl von Weisheitslehren aus aller Welt, die wir vorgestellt haben, zeigt mehr als deutlich, dass das Baum-und-Kreis-Muster auf dem ganzen Erdball und zu sämtlichen Zeiten als Modell der Ganzheit auftaucht. Was kann uns dieses Modell nun für unser Leben heute bieten?

In den Schlagzeilen der Tagespresse lesen wir über die schrecklichen Konsequenzen von Konflikten – überall, von Bosnien bis Belfast, von Kambodscha bis Zypern, in den Ballungszentren der westlichen Großstädte genau wie im Nahen

Osten. Menschliche Wesen, die sonst ganz normal sind, betrachten ihre Nachbarn als etwas »anderes«, gleichsam als Untermenschen, und tun ihnen unsägliche Dinge an. Jede der beiden am Konflikt beteiligten Parteien betrachtet die andere in gewisser Hinsicht als Teufel. Und doch möchte jeder an dem Konflikt Beteiligte, genau wie wir alle, vor allem glücklich sein und Leiden vermeiden. Jeder von uns wünscht sich, gesehen, gehört, gefühlsmäßig wahrgenommen und respektiert zu werden, so wie er wirklich ist.

Ein Weg, sich diesen Konflikten zwischen den verschiedenen ethnischen Gruppen, Kulturen, Religionen und Nationen zu nähern, ist, sie als äußere Manifestationen unterschiedlicher mythischer Systeme zu sehen, die aufeinander prallen. Jede Gruppe hat ihr eigenes mythisches System, was schlicht gesagt bedeutet, dass jede Gruppe ihre eigene Weise hat, das auszudrücken, was zu tiefgründig ist, als dass man es direkt in Worte fassen könnte. Wo innere Wirklichkeiten im Widerstreit liegen, kommt es auf der äußeren Ebene zu politischen Konflikten.

Daher wird es Zeit, unsere Ohren zu öffnen für das, was man einen Metamythos nennen könnte, einen Mythos über Mythen, der uns hilft, mit unserer ganzen erstaunlichen Vielfalt zu leben. Wir brauchen einen Weg, um hinter all die äußere Verwirrung zu dringen und zu entdecken, was wir gemeinsam haben: die darunter liegende Struktur unserer Existenz.

Ob Baum und Kreis nun der Metamythos schlechthin sind oder nicht, sei dahingestellt. Doch das Bild hilft uns zumindest zu erkennen, dass unsere eigenen spirituellen Pfade gar nicht so einzigartig sind oder von anderen spirituellen Pfaden divergieren. In jedem Falle vermag es die Bereitschaft und die Erwartung gegenüber dem, was das Leben bietet, zu steigern, unseren Appetit anzuregen und unsere Sinne für einen wie auch immer gearteten offenbar werdenden Meta-mythos zu schärfen. Ganz gleich wie dieser Metamythos aus-sehen mag, er muss in Metaphern gegossen sein, die alle Menschen verstehen, Bilder aus der Natur, wie Baum und Kreis.

Wir erleben gegenwärtig eine massive Umweltzerstörung. Es gibt einzelne Personen wie auch Gesellschaften, die un-sere natürliche Umwelt als etwas »anderes« ansehen und sich die wechselseitige Abhängigkeit von Mensch und Na-tur nicht bewusst machen oder der Vorstellung anhängen, dass die Erde unerschöpfliche Ressourcen bereithält; sie ent-ziehen der Erde, unserem Zuhause, ihren Lebenssaft und füllen sie mit Giftstoffen. Und ignorieren dabei, dass doch jeder Einzelne das Leben liebt, zumindest insoweit, als er nicht möchte, dass ihm selbst oder seinen Lieben Schaden entsteht.

Die durch Baum und Kreis verkörperte Ganzheit zeigt deutlich, dass wir im Zuge einer umfassenden Entwicklung ökologisch denkende Wesen werden müssen. Wahre psycho-logische und spirituelle Heilung beinhaltet nicht nur den Aufbau echter Beziehungen zu anderen Menschen, sondern auch echte Beziehungen zu den einzelnen Teilen des Ökosys-tems, und letzten Endes zum gesamten Dasein. Psychologie ist immer auch Ökopsychologie. Die durch Baum und Kreis dargestellte Ganzheit bedeutet, dass wir im besten Falle alle ökologisch orientierte Wesen sind und alle hierher und dazu-gehören. Dass wir heimisch sind.

Schließlich sind wir ausnahmslos Individuen, die versu-chen, ihr eigenes Leben so gut wie möglich zu leben – wir trachten danach, Erfüllung zu finden, glücklich zu werden, das Leiden zu überwinden sowie unsere spezifischen Bega-bungen zu entdecken und fruchtbar zu machen. Männer und Frauen ringen darum, einander zu verstehen.

Das Baum-und-Kreis-Modell kann uns als Individuen begreifen helfen, wie wir ein ausgewogenes, ganzheitliches und erfülltes Leben leben. Es bietet jedem einzelnen von uns auf seiner Heldenfahrt einen »Kreiselkompass«. Es kann uns darüber hinaus helfen, andere so zu sehen und wertzuschätzen, wie sie wirklich sind, und es kann dazu beitragen, männliche und weibliche Erfahrungen gleichermaßen zu begreifen und gelten zu lassen.

Als psychologischer Berater und Lehrer hatte ich das Privileg, Männer und Frauen auf einem Stück ihrer persönlichen Reise zur Ganzheit zu begleiten. Ich habe gesehen, wie Kreis und Baum ihnen geholfen haben. In meinem eigenen Leben habe ich die Bedeutung von Kreis und Baum körperlich erfahren, da ich Tai-Chi-Chuan, die Meditation in Bewegung, sowie Zazen, die sitzende Meditation des Zen, praktiziere. Außerdem habe ich sie als inneren Kompass und Orientierungshilfe verwendet, wenn ich vor Entscheidungen stand.

Vor Hunderten von Jahren hatte Black Elk seine heilende Vision, und ein christlicher europäischer »Schamane« entdeckte, genau wie viele von uns heute auch, in der Mitte seiner Lebensreise, dass er vom Weg abgekommen war. Wie viele von uns begab er sich auf Selbstentdeckungsreise. Er begann, alles und jedes zu hinterfragen, innere wie äußere Dinge. Seine psychologischen und spirituellen Erkundungen führten schließlich durch die tiefsten, abscheulichsten Niederungen der menschlichen Natur bis zu den höchsten Zielen, der Zwiesprache mit dem Göttlichen.

Dante Alighieri brachte seine Vision in der ›Göttlichen Komödie‹ zum Ausdruck, einem Werk, das vielleicht den vollendetsten Ausdruck des Mittelalters darstellt und mit Sicherheit eine der großartigsten poetischen Leistungen aller Zeiten ist. In Dantes Vision nimmt das Symbol der Ganzheit die Gestalt von Ringen um einen Berg an, mit anderen Worten, von Kreisen um ein Baumsymbol, der »Form aller Formen«.

Dantes Vision beginnt mit dem Abstieg in den unteren Bereich des gesamten Universums, das Inferno, das in einer tiefen Senke besteht, einer Art Gegenstück zum Berg, in dem neun Höllenkreise immer weiter in die Tiefe führen. Nachdem er die Schrecken der niederen Gefilde überstanden hat, klimmt Dante nach oben, den Läuterungsberg hinauf. Dieser ist ebenfalls durch terrassenförmig angeordnete Ringe strukturiert (von denen jeder einzelne ein Felsvorsprung oder Gesims ist) und erhebt sich höher und höher entlang einer Baumachse. Der letzte Teil der Reise endet damit, dass Dante seine Mitte und sein Gleichgewicht, also seine Ganzheit gefunden hat. Seiner Vorstellung von Ganzheit entspricht eine vollendete Integration von Gefühl und Intellekt, Kreis und Baum. Sie zeigt sich in dem Bild eines Rades, das um eine Achse kreist, ähnlich einem Gyroskop:

> Ich wollte sehn, wie überein zu bringen
> Das Bildnis mit dem Kreis, und wo sein Platz.
> Doch genügten nicht dazu die eigenen Schwingen:
> Wenn nicht getroffen hätte meinen Geist
> Ein Blitz, darin sein Wille fand Gelingen.
> Die Kraft der hohen Phantasie hier spleißt!
> Doch folgte schon mein Wunsch und Wille gerne,
> So wie ein Rad, das ebenmäßig kreist,
> Der Liebe, die bewegt die Sonn und Sterne!

Dieses Erleben von Balance und Ganzheit ist für jeden von uns erreichbar, wenn wir nur unseren Weg finden, um zum Baum und zum Kreis unseres Daseins zu gelangen. Der Trick besteht darin, Baum und Kreis als eine Lernhilfe zu verwenden und dann bereit zu sein, diese über Bord zu werfen, wenn die Zeit reif ist. Die Buddhisten sagen: Benutze ein Boot, um zur gegenüberliegenden Küste überzusetzen, doch bist du dort angekommen, trage nicht das Boot mit dir auf dem Rücken herum.

Baum und Kreis sind ein Mittel, jene Psyche, Seele oder jenes »kleine« Selbst zu erforschen, die letztlich nur ein schwacher Abglanz des großen Mysteriums sind. Obschon die Einheit aus Baum und Kreis eine beständige und fruchtbare Metapher ist, ist sie nicht die Wahrheit schlechthin. Wie der Dichter William Butler Yeats einmal bemerkte, kann der Mensch die Wahrheit überhaupt nicht erkennen, sondern er vermag sie lediglich zu verkörpern. Unabhängig von all den wunderbaren Bildern und Lehrsätzen in den Weisheitslehren der Welt entsteht der höchste Nutzen von Baum und Kreis, wenn man ihren Widerhall im eigenen Dasein spürt. In vorliegendem Buch geht es darum, diese Resonanz zu entdecken.

## Die Kraft der Bilder

Baum und Kreis fügen sich zu einem geistigen Modell oder Bild der Ganzheit. Welchen Einfluss kann ein bloßes Bild auf unser Leben haben?

Bilder haben in der Tat einen enormen Einfluss. Die Bilder in unserem Kopf werden, wie es das ›Dhammapada‹, eine berühmte Sammlung in Verse gefasster buddhistischer Weisheitslehren, sagt, zum Vorboten aller Dinge: »Was uns trifft, entsprießt dem Denken, geht aufs Denken stets zurück. Was uns trifft, quillt aus dem Denken, Denken regelt das Geschick.« Ein Zen-Sprichwort fasst dies wie folgt zusammen: »Säe einen Gedanken, und du wirst eine Tat ernten. Säe eine Tat, und du wirst eine Gewohnheit ernten. Säe eine Gewohnheit, und du wirst einen Charakter ernten. Säe einen Charakter, und du wirst ein Schicksal ernten.«

Positive Bilder oder Gedankenmodelle vermögen uns von Funktionsstörungen zu heilen und uns zu Gesundheit zu verhelfen. Zahlreiche psychotherapeutische Ansätze gehen dahin, dem Klienten dabei zur Seite zu stehen, tief verankerte Bilder oder Denkmodelle zu ändern. Verschiedene therapeutische Schulen geben diesen Bildern unterschiedliche Namen – kognitive Konstrukte, Schemata, kognitive Schablonen, Grundüberzeugungen, rationale und irrationale Überzeugungen –, doch sie beziehen sich alle auf tief verankerte Bilder des Selbst und dessen, was möglich ist. Richard Bandler und John Grindler haben herausgefunden, dass therapeutische »Genies« wie Fritz Perls, Virginia Satir und Milton Erikson alle eine gemeinsame Annäherung zugrunde gelegt haben: »Sie stoßen Veränderungen der *Modelle* ihrer Klienten an, welche diesen eine breitere Verhaltenspalette eröffnen.« (Hervorheb. d. d. Autor.)

Bilder beeinflussen ganze Gesellschaften genauso wie Individuen. In seiner Studie ›The Image of the Future‹ (Das Bild der Zukunft) untersuchte der niederländische Soziologe und Zukunftsforscher Fred Polak Kulturen vom alten Griechenland bis hin zur Gegenwart. Er kam zu dem Ergebnis, dass das positive Zukunftsbild in jeder Sekunde einer kulturellen Blütezeit am Werke ist und verschwommene Zukunftsvorstellungen ein Hauptfaktor beim Niedergang von Kulturen sind. Die potenzielle Stärke einer Kultur kann man ermessen, indem man die Intensität und Kraft ihrer Zukunftsbilder misst. Ohne ein gedankliches Modell der Zukunft sind Gesellschaften zu Stagnation und Verfall verurteilt. Wie Polaks amerikanische Übersetzerin, die bekannte Friedensforscherin Elise Boulding, es ausdrückt: »Man kann nicht für etwas arbeiten, was man sich nicht vorstellen kann.«

# Der Aufbruch

Folgen Sie mir also tiefer in die Geschichte von Baum und Kreis. Teile dieser Geschichte sind ebenso alt wie das Leben selbst; andere sind so modern wie die zeitgenössische Wissenschaft. Alles zusammen handelt von Ihnen ... und steckt in Ihnen.

Begleiten Sie mich zunächst zu einem Ort im Wald. Dort laufen wir kurz vor Sonnenuntergang einen sanft ansteigenden Pfad hinauf. Die Luft ist frisch, aber nicht kalt. Und im milden Abendlicht, das durch die Bäume dringt, finden wir mühelos unseren Weg. Wir gelangen zu einer Lichtung mit einer Wiese, auf der kleine Grasbüschel sprießen und glatte, verwitterte Stämme umgestürzter alter Bäume liegen, an die man sich gemütlich anlehnen kann. Wir setzen uns mit einigen Freunden zu einem Kreis zusammen, und in der Mitte des Kreises errichten wir einen Holzstoß und entzünden ein kleines Feuer.

Machen Sie es sich bequem. Spüren Sie die Wärme. Riechen Sie den süßlichen Rauchgeruch. Lauschen Sie dem Knacken und Knistern des Feuers. Beobachten Sie, wie die Funken in den dunklen Abendhimmel emporstieben. Wir schauen uns um und sehen vor dem unendlichen Sternenzelt die spitzen dunklen Wipfel der Kiefern, die uns wie die Zacken einer Krone umschließen.

Hierher sind unsere Vorfahren gekommen, Generation auf Generation – zu kreisrunden Lichtungen zwischen den Bäumen wie dieser hier, zu ringförmig angeordneten Steinen auf den Ebenen und auf Wiesen, zu Kreisen aus Menschen unter dem nächtlichen Himmel. Wir sind Menschen und, wie das Adjektiv »human«, also »menschlich, zum Menschen gehörend«, noch erkennen lässt, sind wir aus Humus entstanden – sind der Erde entsprungen. Der Name Adam rührt von dem hebräischen Wort für Lehm oder Erde (*adha-mah*) her. Wir sind alle Teil dieser Erde. Wir alle sind Urein-wohner. Gehören alle hierher. Und diese Wildnis ist das Zu-hause, aus dem wir alle gekommen sind, vor Generationen. Sie ist unsere Mutter, unser Vater und unser Lehrer. Und unsere älteste menschliche Tradition besteht darin, in einem harmonischen Verhältnis mit ihr zu leben und die Balance zu wahren. Daher sind wir über Jahrtausende in die Natur hinausgegangen.

Unsere Blicke folgen dem aufsteigenden Rauch, wie er hinauftreibt und in der Unendlichkeit des Weltalls ver-schwindet. Wie schon vor uns unsere Vorfahren fühlen wir uns klein, erfüllt von ehrfürchtigem Staunen, und doch privi-legiert, weil wir dieses Leben in seiner Großartigkeit erfah-ren. Wir suchen irgendwie, unser Gefühl des Unbedeutend-seins zu lindern, und wir suchen auf die eine oder andere Weise, jenes höchste Unbenennbare, das uns derart in Stau-nen versetzt, zu ehren und eine Verbindung zu ihm herzustel-len. Wir suchen den Baum und den Kreis.

Es gibt zahlreiche Mythologien auf der Welt, zahlreiche Wege, Baum und Kreis zu verfolgen. Dies sind nicht einfach nur alte Geschichten, sondern Schlüssel, die uns hier und heute einen Zugang eröffnen können.

Nehmen Sie den Kreis beim Abendmahl und das Baum-kreuz; oder nehmen Sie das Rad des Dharma und den Bodhi-Baum; oder nehmen Sie die kabbalistischen Ringe der Sefiroth und den Baum des Lebens; oder die tanzenden Derwische im Islam; oder den Kreis des Tao im Tai-Chi-Chuan und das kon-fuzianische Streben danach, eine tiefgründige und weise Per-son zu werden; oder den Kreis all unserer Beziehungen und den Baum des Schamanen; nehmen Sie den psychologischen Kreis der Bezogenheit und den Baum, der für das Streben nach höheren Zielen steht, mit seinen Wurzeln im psychologischen

Sinne. Setzen Sie sich mit einem Kreis aus Freunden um ein Feuer herum, und beobachten Sie, wie die Funken und der Rauch in den endlosen Nachthimmel entschweben, während die Asche zerfällt und sich wieder mit der Erde verbindet, der wir alle entstammen. All dies sind Hinweise. Um ein Bild aus dem Zen zu verwenden: Dies sind »Finger, die auf den Mond zeigen«, Finger, die auf die Wahrheit deuten. Es sind Hinweise, wie wir es schaffen, ein ökologisch ausgerichtetes Leben zu führen, im Universum heimisch zu sein und sowohl die Weisheit als auch das Mitgefühl in unser Leben zu integrieren. Letztendlich zählen einzig der Baum und der Kreis Ihrer eigenen Entfaltung in der Welt.

# Die Welt der Beziehungen:
# Der Lebenskreis

*Es gibt kein Ding so weich, dass es nicht zur Nabe
des kreisenden Weltalls werden könnte.*
*Walt Whitman, ›Gesang von mir selbst‹*

Mark war ein begabter Ingenieur, der von seinem stellvertre-
tenden Vorgesetzten als »einer der fixesten Köpfe in der Firma« angesehen wurde. Mark verfügte zudem über eine außergewöhnliche Sachkenntnis, die für den Erfolg der Firma
bei einem sehr wichtigen Projekt von maßgeblicher Bedeutung war. Und doch stand Mark kurz davor, seinen Job zu
verlieren. Weshalb? Er verfügte über eine derart dürftige
Sozialkompetenz, dass die Mitarbeiter, die ihm unterstellt
waren, auf die Barrikaden gingen. Als ich Mark im Laufe
unserer Beratungssitzungen besser kennen lernte, erfuhr ich,
dass er eine schmerzliche Scheidung hinter sich hatte und die
Beziehung zu seinem fast erwachsenen Sohn von harten
Kämpfen gekennzeichnet war. Obgleich Mark die dem Baum
zugehörigen Fähigkeiten und seine Intelligenz hoch entwik-
kelt hatte, versagte er im zwischenmenschlichen Bereich.
Ihm fehlte die Dimension des Kreises.

Das persönliche Empfinden, ob der Kreis weit oder eng
ist, zeigt unmittelbar an, wie sich unser eigenes Herz an-
fühlt – nicht das Herz im körperlichen Sinne, sondern das
Herz im Sinne von Emotionalität. Es mag groß sein vom
Mitgefühl für andere oder zusammengezogen in quälerischer
Selbstbezogenheit. Nichts anderes als das Praktizieren von
der Weitung des Ringes läutet das Ende von Einsamkeit und
Entfremdung ein. Der voll entfaltete Kreis verbindet uns

nicht nur mit anderen Menschen, sondern er verbindet uns als der »Kreis aus vielen Kreisen« mit dem weiteren »ökologischen Kreis« des restlichen Universums. Einige Bilder aus überlieferten lehrreichen Geschichten verkörpern diesen umfassenderen Sinn von Beziehung.

Das ›Ramayana‹ ist eines der großen indischen Epen, das in der indischen Kultur einen vergleichbaren Stellenwert innehat wie die Bibel und Shakespeares Gesamtwerk zusammengenommen. Es ist eine lange, verwickelte Geschichte, doch das zentrale Thema betrifft dämonische Kräfte, die die Erde verwüstet haben, und die Anstrengungen des Helden Rama, die Erde von den Dämonen zu befreien. Der Dämonenkönig hat außerdem Ramas Frau entführt, und, was die Sache noch schlimmer macht, er plant sie zu fressen, wenn sie nicht einwilligt, ihn zu heiraten. Rama ist eine Inkarnation des die Welt schützenden hinduistischen Gottes Vishnu; seine Frau ist eine Inkarnation der Göttin Lakshmi und eine Manifestation der Erde selbst.

Gegen Ende des Epos kommt es zu einer gigantischen Schlacht zwischen den Kräften des Guten und dem gesammelten Heer der Dämonen. Rama führt die Kräfte des Guten an. Unterstützt wird er von seinem ihm ergebenen Halbbruder Lakshmana. Und wer stellt sonst noch die Kräfte des Guten? Keine Menschen, sondern Affen und Bären. Der König der Affen und der König der Bären führen ihre gesamte Armee gegen die Kräfte des Bösen und nehmen entsetzliches Leid auf sich. In einer schauerlichen Phase der Schlacht gelingt es einem mächtigen Dämonenkrieger, sowohl die Armee der Affen wie auch die Armee der Bären bis auf den letzten Krieger niederzumetzeln. Erst nach einem außerordentlichen Versuch, einige Heilkräuter zu retten, im Zuge dessen ein ganzer Berg über den gesamten indischen Subkontinent getragen wird, werden die Tiere wieder zum Leben erweckt.

Rama ist tief bekümmert über all dieses Leid und hat Angst, seine Freunde aus dem Tierreich beim nächsten Mal ganz zu verlieren. Er schlägt ihnen vor, dass sie in ihre Heimat zurückkehren und er alleine weiterkämpft. Sie weigern sich abzureisen. In einer äußerst bewegenden Rede, die den Kreis der Beziehungen würdigt, erklärt Hanuman, der Große Affe: »Lieber Rama, wir sind in der Tat deine guten alten Freunde aus längst vergangenen Zeiten, und wir sind gekommen, um dir zur Seite zu stehen. Wir sind deine Ahnen. Wir sind deine Vorfahren, die Tiere, und du bist unser Kind, die Menschheit.«

Im Laufe des griechischen Mythos von Eros und Psyche wird die Menschenfrau namens Psyche von ihrem Gemahl Eros, dem Gott der Liebe, getrennt. Sie hat große Sehnsucht nach ihm, doch um ihn wieder zu finden, muss Psyche verschiedene scheinbar unlösbare Aufgaben erfüllen. Eine davon besteht darin, einen ganzen Berg gemischter Körner und Samen – Weizen, Gerste, Mohn, Flachs und zahlreiche andere – in getrennte Haufen zu sortieren, und zwar vor Ende des Tages, andernfalls wartet der Tod. Eine weitere Aufgabe besteht darin, sich das Goldene Vlies von gefährlichen wilden Widdern zu beschaffen ... und wiederum bleibt ihr nur Zeit bis zum Abend, will sie nicht ihr Leben lassen. Als sterbliche Frau könnte Psyche diese Aufgaben niemals aus eigener Kraft erfüllen. Doch wie durch ein Wunder tauchen Gefährten von außerhalb des Menschenreichs auf, um ihr zur Seite zu stehen. Eine Ameisenkolonie sortiert das Saatgut für sie, und ein Büschel grünen Schilfrohrs am Ufer des Flusses erzählt ihr, wie sie ohne Gefahr an das Vlies herankommt. Eine der Botschaften dieses Mythos lautet, dass die menschliche Psyche die Verbindung zum Tier- und Pflanzenreich braucht, um ganz zu werden.

## »Kein Mensch ist eine Insel«
*John Donne, ›Devotions‹, XVII*

Der augenfälligste Aspekt des Kreises ist jedoch unsere Beziehung zu anderen Menschen. Es gibt eine Fülle von eindeutigen Hinweisen, dass wir auf diesen Aspekt des Kreises angewiesen sind. So haben beispielsweise wissenschaftliche Untersuchungen Folgendes gezeigt:

— Bei Menschen, denen es an stabilen Beziehungen mangelt, ist das Risiko, früh zu sterben, zwei- bis dreimal so hoch wie bei anderen, unabhängig davon, ob sie rauchen, trinken oder regelmäßig Sport treiben.
— Unheilbare Krebserkrankungen treffen sozial isolierte Menschen häufiger als jene, die enge persönliche Kontakte pflegen.
— Schwangere Frauen, die unter Stress stehen und keine Unterstützung von Freunden und Verwandten erfahren, haben mit dreimal so vielen Komplikationen zu rechnen wie Schwangere, die denselben Stress haben, aber über starken sozialen Rückhalt verfügen.
— Soziale Isolation ist ein Hauptrisikofaktor bei der Entstehung von koronaren Herzerkrankungen, vergleichbar mit physiologischen Faktoren wie Ernährung, Zigarettenkonsum, Übergewicht und einem Mangel an körperlicher Bewegung.

Auch was die rein körperlichen Funktionen anlangt, sind wir dazu bestimmt, den Kontakt zu anderen Menschen zu suchen – beim Liebesakt beispielsweise und bei der Produktion von Muttermilch. Babys bevorzugen schon von der Stunde ihrer Geburt an optische und akustische Signale, die die Empfänglichkeit der Umgebung und ihre Bereitschaft, auf ihre Bedürfnisse einzugehen, fördern, und jene, die berührt und massiert werden, wachsen rascher und entwickeln sich neurologisch schneller als jene, denen dieser Kontakt fehlt.

Als Babys beginnen wir, unseren Kreis im Rahmen des Verhältnisses zu unserer Hauptbezugsperson zu entwickeln, für gewöhnlich zu unserer Mutter oder unserem Vater. Psychologen verweisen auf das starke Band, das in dieser Beziehung als *Bonding* manifest wird, als Verhaltensweisen, die dem Säugling zu einer Gefühlsbindung verhelfen. Wenn der Elternteil emotional präsent ist, indem er ein verständnisvolles Gespür dafür entwickelt, was das Kind tut oder fühlt, und angemessen darauf reagiert, entwickelt das Kind normalerweise eine *sichere Bindung*. Der Psychologe John Bowlby hat einen riesigen Berg an Forschungsmaterialien zum Thema Bindung gesichtet, sowohl in Bezug auf Menschen als auch auf Tiere. Er kam zu dem Schluss, dass eine sichere Bindung im Säuglingsalter nicht nur Sozialkompetenz im Kleinkindstadium nach sich zieht, sondern darüber hinaus einen wesentlichen Grundstein für die Gesundheit des Erwachsenen bildet, zu dem das Kind einmal wird.

Umgekehrt lässt *unsichere Bindung* häufig Probleme in einer späteren Lebensphase erahnen, einschließlich chronischer Ängste, Depression, unangemessener Aggression und Furchtsamkeit. Psychologen haben zudem herausgefunden, dass eine extreme Entbehrung von Zuwendung vonseiten der Bezugsperson(en) tendenziell Erwachsene hervorbringt, die selbst unfähig sind, eine Bindung einzugehen und mit überdurchschnittlicher Wahrscheinlichkeit Misshandlungen vornehmen. Ein Gutteil der Gewalt und des Leidens in unserer Welt heute ist das Ergebnis solcher gebrochener Kreise.

## Das soziale Atom: Zentrum des Kreises

Ein nützliches Modell, um unsere Beziehungen zu anderen Menschen zu betrachten, ist das psychologische Konzept des Kreises, nämlich das »soziale Atom«. Das soziale Atom veranschaulicht grafisch unser Empfinden, dass Verbindungen zwischen Menschen den Faktor der Nähe oder Distanz beinhalten: Wichtige Personen stehen uns »nahe«, andere sind eher Randfiguren oder entferntere Bekannte.

Das Diagramm des sozialen Atoms gleicht einer Anordnung konzentrisch nach außen verlaufender Kreise, ähnlich den Kräuselwellen, die ein Stein verursacht, der in einen Teich fällt. Um Ihr eigenes soziales Atom zu erstellen, zeichnen Sie vier konzentrische Kreise auf ein Blatt Papier. Schreiben Sie Ihren Namen in die Mitte, dort wo der Stein in den Teich geplumpst wäre. Schreiben Sie die Namen der Menschen, die Ihnen am »nächsten stehen« oder die am wichtigsten für Sie sind, in den Bereich zwischen dem innersten Kreis und dem nächstäußeren. Dies könnten eventuell die Namen Ihres Ehepartners, Ihrer Kinder und Ihrer engsten Freunde sein. Es ist Ihr »innerer Kreis«.

Solange Sie Ihre Beziehung zu Ihrem engsten, dem innersten Kreis aufrechterhalten können, werden Sie sich in der Gesellschaft »heimisch« fühlen. Wenn eine dieser Beziehungen sich verändert oder wegbricht – beispielsweise im Falle, dass Ihr Partner oder Ihr bester Freund stirbt oder wegzieht –, fühlen Sie sich in der Folge nicht mehr »ganz«. Sie durchleben eine Phase der Trauer und der Anpassung an die veränderte Situation und versuchen, das soziale Gleichgewicht in Ihrem Leben wiederherzustellen.

Die Bedeutung eines intakten sozialen Atoms ist oft am deutlichsten an den älteren Menschen in unserem Umkreis zu erkennen. Durch Krankheit und den Tod von Freunden und Angehörigen klaffen im sozialen Atom älterer Leute oft Lücken auf, die gar nicht wieder so rasch, wie sie entstehen, mit neuen Beziehungen von vergleichbarer Qualität gefüllt werden können. Manchmal bauen bis dahin gesunde ältere Menschen binnen weniger Monate oder sogar Wochen rapide ab, nachdem sie einen lebenslangen Gefährten aus dem engsten Kreis verloren haben.

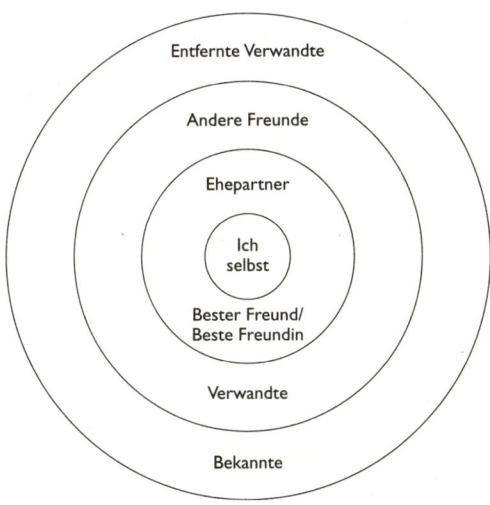

Betrachten Sie nun auf Ihrem Diagramm den nächsten Ring Ihres sozialen Atoms, und setzen Sie dort die Namen weiterer Freunde und entfernter Verwandten ein. Dies sind die Menschen, über deren Verlust Sie traurig wären, deren Rolle in Ihrem Leben jedoch relativ leicht von anderen Menschen übernommen werden könnte. Bewegen Sie sich nur immer weiter nach außen, und schreiben Sie die Namen von Menschen, bei denen Sie das Gefühl haben, dass sie weniger entscheidend für Ihr psychosoziales Gleichgewicht sind, in entsprechend weit vom Zentrum entfernte Kreise. Häufig entdecken die Teilnehmer nach dieser Übung, dass sie ihr Leben ändern möchten – etwa indem sie mehr Zeit und Energie für die aufbringen, die ihnen am liebsten sind, oder aber indem sie den Kreis »flicken«.

Mark, der Ingenieur, nahm einige Veränderungen vor. Glücklicherweise war er nicht nur ein heller Kopf, sondern er war darüber hinaus motiviert und willens, hart dafür zu arbeiten, die Kunst der Beziehungsanbahnung und -pflege zu beherrschen. Seine eigenen Gefühle waren ihm bis dahin ein Rätsel gewesen. Er widmete sich nun mit Hingabe der Aufgabe, dieses Rätsel zu entschlüsseln. Mit ein wenig professioneller Unterstützung erforschte er die Botschaften, die ihm sein Körper übermittelte. Er begann mit seiner Stimme zu arbeiten. Dabei zog er sogar in Erwägung, sein Voice-Mail-System zu nutzen, um zu testen, wie er sich für andere anhörte. Im geschützten Kreis einer Therapiegruppe entwickelte er ein Bewusstsein für seine eigenen Gefühle und ein Gespür für die Gefühle der anderen. Mit diesen Fähigkeiten begann er seine Beziehungen zu kitten.

Dank Marks harter Arbeit hatte diese Geschichte ein Happy-End. Marks direkter Vorgesetzter und die Kollegen, die ihm unterstellt waren, berichteten, dass es viel einfacher geworden wäre, mit Mark zu reden. Mark behielt seinen Job und wurde sehr erfolgreich. In einer Nachbesprechung mehrere Monate später erzählte er mir, dass die Beziehung zu seinem Sohn sich verbessert und dass er selbst sich verlobt hätte. Marks Lebensbaum war dabei, sich prächtig zu entwickeln. Sein Leben verbesserte sich entscheidend, als er lernte, wie er seinen Kreis damit ins Gleichgewicht bringen konnte.

## Das Netz von Großmutter Spinnenfrau

Der Kreis ist nicht auf die Beziehung zu anderen Menschen beschränkt. Im März 1989 verlor der Exxon-Tanker ›Valdez‹ gut zweiundvierzig Millionen Liter Rohöl, das sich in Alaskas unberührten Prinz-William-Sund ergoss und nicht allein das Meer verpestete, sondern darüber hinaus knapp viertausend Kilometer Küste. Eine Untersuchung der Bevölkerung in den nahe gelegenen Gemeinden Valdez und Cordova nach dem Tankerunglück ergab, dass die meisten der einhundertsiebzehn willkürlich ausgewählten Teilnehmer infolge der Ölkatastrophe unter psychischen Beschwerden litten, insbesondere unter Depressionen und einem posttraumatischem Schock. Der ökologische Ring war verletzt worden.

Lame Deer, ein berühmter Medizinmann der Lakota (Sioux), beschreibt, wie wir in diesen weiteren Kreis eingebettet sind:

Das elementare Symbol des indianischen Denkens ist der Kreis. Die Natur lässt ihre Schöpfungen rund sein. Die Körper von Menschen und Tieren haben keine Kanten. Für uns ist der Kreis die Einheit der Menschen, die zusammen um das Feuer sitzen, Verwandte und Freunde in Frieden vereint, während die Pfeife von Hand zu Hand geht. Das Lager, in dem jedes Tipi auf seinem Platz stand, war in einem Ring geordnet. Und das Tipi war wiederum ein Ring, in dem die Leute im Kreis saßen, und alle Familien im Dorf waren nacheinander Kreise in einem größeren Kreis, der wiederum Teil eines noch weiteren Kreises war, der sieben Ratsfeuer der Sioux, die zusammen die Nation darstellten. Die Nation war wiederum nur Teil des Universums, das sich aus der Erde – rund –, der Sonne – rund – und den Gestirnen – rund – zusammensetzte. Die Bahn der Planeten, der Horizont, der Regenbogen – Kreise in Kreisen, die sich wieder innerhalb von Kreisen bewegen, ohne Anfang und ohne Ende.

Für uns ist das schön und passt, Symbol und Realität gleichzeitig, Ausdruck der Harmonie von Leben und Natur. Unser Kreis ist zeitlos und fließend; neues Leben, das aus dem Tod entweicht, Leben, das über den Tod siegt.

Die Hopi (und auch andere Indianerstämme) veranschaulichen sich unsere Beziehung mit dem weiteren Kreis durch das Bild eines Spinnennetzes mit seinen konzentrischen, untereinander verbundenen Kreisen. Großmutter Spinnenfrau oder Mutter Erde webt ein ringartiges Netz, das uns alle miteinander verbindet – Menschen, Tiere, Berge, Bäume, Flüsse, einfach alles. Und wenn man irgendeinen Teil des Netzes berührt, erzittert, genau wie bei einem normalen Spinnennetz, das gesamte Gespinst.

Ähnlich stellen sich Hinduisten und Buddhisten den gesamten Kosmos als Netz des Indra vor, ein großes Netz, vergleichbar mit dem eines Fischers, bei dem jeder Knoten ein funkelnder Diamant ist, in dessen Facetten sich sämtliche anderen Diamanten widerspiegeln. Jeder Knoten ist ein Wesen. Sie sind ein Knoten, ich bin ein Knoten. Alle Wesen sind so sicher und fest mit jedem anderen verknüpft wie Knoten in einem Netz. Jede noch so leichte Berührung von einem Knoten eines gespannten Netzes bringt das ganze Netz zum Vibrieren.

Die moderne Systemtheorie beschreibt das Universum in beinahe identischen Worten: Zwischen den einzelnen Systemen besteht eine Interdependenz oder wechselseitige Abhängigkeit – wie bei Punkten in einem Netz, in dem sich bei der Verschiebung eines Punktes alle anderen ebenfalls in irgendeiner Weise verschieben. Selbst unsere Alltagssprache trägt dem Umstand Rechnung, dass wir alle miteinander in diesem Netz oder Geflecht verwoben sind, zum Beispiel wenn wir von unserem »sozialen Netz« sprechen.

## Das psychologische Netz

Von allen psychologischen Konzepten kommt dem Bild vom Netz der Spinnenfrau und dem vom Netz des Indra das Konzept des Beziehungsfeldes am nächsten. Ein *Feld* ist ein Gebiet, auf dem eine Sache irgendeine andere beeinflussen kann. Wir können Felder nicht direkt untersuchen, aber wir wissen, dass sie existieren, weil wir ihre Auswirkungen messen können. Wir wissen alle, dass das Feld der Schwerkraft existiert, obwohl wir es nicht sehen oder greifen können. Die ersten Theoretiker der Gestaltpsychologie brachten die Idee auf, dass bestimmte Emotionen in dem Beziehungsfeld zwischen Landschaft und Person angesiedelt seien. Maler wie van Gogh mit seinen schwarz-grünen Zypressen und seinen zitronen- und goldgelben Weizenfeldern verstärken das Gefühl in dieser Beziehung und helfen uns, es zu sehen und zu spüren.

Die Gestaltpsychologie vertritt die These, dass es tatsächlich niemals gelingen kann, Personen oder Organismen isoliert zu untersuchen oder zu behandeln. Es gibt nur die Interaktion der Person oder des Organismus mit ihrer/seiner Umwelt. Wir wissen, dass sich Menschen unterschiedlich verhalten, je nachdem, mit wem sie gerade zusammen sind, und auch abhängig von dem Umfeld, in dem sie sich befinden. Eine Kirche, ein Baseball-Stadion, eine Behörde, ein Wald – sie alle rufen unterschiedliche Verhaltensmuster hervor. Jedes »psychologische« Problem tritt auf in einem Feld, das soziale, physiologische, psychologische und physische Komponenten aufweist. Ganz gleich, welche Theorien wir über Impulse, Triebe etc. aufstellen, wir beziehen uns stets auf ein Interaktionsfeld und nicht auf ein isoliertes Wesen, wie es in einem Schlüsseltext zur Gestalttherapie heißt.

## Das ökologische Atom: Der weitere Kreis

Die Kreise des sozialen Atoms lassen sich leicht durch das gesamte Netz von Großmutter Spinnenfrau ausdehnen. Diese erweiterte Version ist ein »ökologisches Atom«: die Mindestanzahl an Beziehungen, die Sie brauchen, um sich mit der Gesellschaft *und* der natürlichen Umwelt im Gleichgewicht zu fühlen, heimisch in der Gesellschaft *und* in der Welt. Im ökologischen Atom breiten sich die Kräuselwellen bis an den äußersten Rand des Universums aus.

Jeder von uns ist der Mittelpunkt von einem Satz sich ausbreitender Kreise, vergleichbar mit den Rändern ineinander gestapelter Körbe oder den auseinander laufenden Kräuselwellen auf einem Teich. Das ökologische Atom und das soziale Atom sind nämlich in der Tat konzentrisch und überlappen sich. Die Luft, die Sie atmen, ist Ihnen vielleicht genauso nahe wie Ihr Ehepartner, und Ihren Lieblingsplatz in der Natur brauchen Sie ebenso wie Ihren ältesten Sandkastenfreund. Wenn Sie anfangen, über das ökologische Atom nachzudenken, könnte es dennoch am einfachsten sein, zunächst einmal Ihren »inneren Kreis« und Ihren »ökologischen Kreis« getrennt aufzuzeichnen.

Beginnen Sie mit dem »inneren Kreis« Ihres sozialen Atoms – Ihrem Ehepartner, einer anderen wichtigen Person, dem besten Freund oder der besten Freundin, Eltern, Kindern. Ist jede dieser Beziehungen intakt und in Ordnung? Oder gibt es einen wunden Punkt oder eine ungeklärte Angelegenheit, die ins Reine gebracht werden müsste? Notieren

Sie, was getan werden muss, um jede einzelne Beziehung ins Lot zu bringen. Bewegen Sie sich Ring für Ring durch Ihr soziales Atom nach außen.

Nun gehen Sie Ihren »ökologischen Kreis« durch. Weiten Sie Ihre Wahrnehmung nur ein klein wenig aus, so dass alles Leben in einem Umkreis von ein bis zwei Metern eingeschlossen ist. Vielleicht befinden sich Freunde in Ihrer unmittelbaren Nähe, vielleicht Blumen oder Pflanzen oder ein Haustier Ihrer Familie. Betrachten Sie Ihre Beziehung zu ihnen. Sie sind mit ihnen verbunden und umgekehrt.

Nun erweitern Sie Ihre Achtsamkeit ein klein wenig. In einem größeren Kreis um Sie herum befinden sich möglicherweise noch mehr Menschen, weitere Tiere. Falls Sie draußen im Freien sind, gibt es unter Umständen kleine, wild lebende Tiere, einen Baum, Steine, irgendein Gewässer. Notieren Sie Ihre Verbindung zu diesen Wesen und Dingen. Nun lassen Sie Ihre Sinne noch weiter in die Ferne schweifen. Achten Sie auf Vogelgesang, Sträucher, Gras und alles, was Ihr Kreis umfasst. Auch wenn wir von Kreisen sprechen, so ist der Kreis in Wirklichkeit eine ganze Sphäre, die sich nach oben erstreckt und die Luft mit einschließt sowie nach unten. Auch die Lebewesen unter der Erde gehören dazu – Würmer und Mikroorganismen, die unseren Boden gesund erhalten und es uns ermöglichen, Nahrung anzubauen. Schreiben Sie auf, was Sie mit Erde und Himmel sowie mit den Lebewesen der Erde und des Himmels verbindet, wie Sie von ihnen abhängen und umgekehrt. Gestatten Sie sich selbst, sich von all dem getragen zu fühlen; holen Sie tief Luft.

Nun dehnen Sie Ihre Aufmerksamkeit sogar noch weiter aus. Sie nehmen die geografische Beschaffenheit der Landschaft um sich herum wahr, den Flusslauf in Ihrer Nähe, seinen Grund, den Felsvorsprung, die Meeresküste und all das wuchernde Grün, die hoch in den Lüften flatternden, kriechenden und krauchenden, flitzenden, stelzenden, nistenden und brütenden Bewohner. Alle sind mit Ihnen verwandt und umgekehrt Sie mit ihnen. Einigen von ihnen werden Sie sich wesensverwandter fühlen als anderen, doch alle sind Teil Ihres Lebens. Notieren Sie die abwechslungsreiche Beschaffenheit und die Vielfältigkeit des Lebens und der Daseinsformen um Sie herum.

Zahlreiche Weisheitslehren bieten feste Riten, um unsere Beziehung zu diesem Kreis allen Seins zu vertiefen. Der Buddhismus lehrt eine »fürsorglich-liebende« Meditation, einen festgelegten Ablauf, bei dem sich der persönliche Kreis schließlich weitet, so dass er selbst die eigenen Feinde einschließt. Ein buddhistischer Bodhisattva hat den Wunsch, nicht nur für sich selbst Erleuchtung zu erlangen, sondern für alle Wesen. Bei einem indianischen Ritus mit dem Medizinrad findet eine feierliche Ehrerbietung gegenüber sämtlichen Segnungen statt, die man aus allen Bereichen des Daseins erhalten hat: von den Mineralien, Pflanzen, Tieren, Menschen und Geistwesen. So drücken Sie unter Umständen dem mineralischen Bereich gegenüber Ihre Dankbarkeit für Dinge aus wie den Geschmack des Salzes in Ihrem Essen, dafür, dass Sie Ihren Durst mit Wasser stillen können, für das Silizium, das Ihren Computer zum Laufen bringt, und dafür, wie Ihr Herz beim Anblick schneebedeckter Berggipfel hüpft.

Achten Sie auch bei Ihrer Arbeit mit dem ökologischen Atom darauf, wie sehr Ihnen diese Beziehungen fehlen würden, wenn es sie nicht gäbe. Des Weiteren überlegen Sie, genau wie beim sozialen Atom, ob Ihre Beziehung zu jedem der Bereiche intakt und in Ordnung ist. Haben Sie dazu beigetragen, die Verschmutzung der Luft zu reduzieren, die wir alle atmen? Die des Wassers, das wir alle trinken? Haben Sie Bäume gepflanzt, einen Garten bestellt, einen Komposthaufen angelegt, für einen Sonnenuntergang gedankt? Auch hier entdecken die Leute häufig, dass sie Veränderungen an ihrer eigenen Lebensweise vornehmen möchten.

Drei wichtige Dinge gilt es bei dieser Übung zu beachten: (1) Werden Sie auf alle Fälle aktiv, wann immer Ihnen klar wird, dass etwas der Heilung bedarf, oder entwickeln Sie eine Beziehung dazu. (2) Wenn Sie sich deprimiert und schuldig fühlen, weil Sie nicht alles sofort heilen können, so denken Sie daran, dass die Welt unendlich ist, wir jedoch endlich. Wir können nur begrenzt tätig werden. Picken Sie sich eine Sache heraus, und machen Sie einen Anfang. (3) Vergessen Sie nicht, die Nahrung, die Sie aus den funktionierenden Beziehungen in Ihrem Kreis beziehen, zu schätzen. Das ist nämlich das, was Ihnen Energie liefert und Sie heilt.

Unser tiefes Einlassen auf Beziehungen ist dem Tauchen eines Fisches tief unten im Wasser vergleichbar. Wir bewegen uns durch ein Feld aus Beziehungen, leben es, atmen es. Die große christliche Theologin, Ärztin und Künstlerin Hildegard von Bingen schrieb einmal, alles, was sich im Himmel, auf der Erde und unter der Erde befinde, sei durchdrungen von Verbundenheit, durchtränkt von Bezogenheit.

Die wechselseitige Abhängigkeit zwischen uns und der Erde hinsichtlich Luft, Wasser und Nahrung ist so unmittelbar, dass wir sie möglicherweise nicht einmal sehen, sie als selbstverständlich betrachten. Und doch werden wir nicht nur als Säuglinge von unserer Umgebung ernährt und umsorgt, sondern wir leben und atmen unser ganzes Leben hindurch Beziehungen, gleich ob wir uns ihrer bewusst sind oder nicht. Wie es der Zen-Meister und Psychotherapeut George Bowman sagt: Leben ist nichts anderes als Beziehung in Bewegung. In elementarer Weise können Sie das erfahren, wenn Sie einfach Ihren Atem anhalten und erspüren, wie lange Sie zu überleben vermögen ohne eine enge Beziehung zur Luft. Wir atmen den von Bäumen und Gras abgegebenen Sauerstoff ein, um selbst zu leben.

Die Weisheitstraditionen der Welt lehren uns, dass die Beziehung zu dem Kreis aller Dinge nicht nur von grundlegender Bedeutung für das blanke Überleben ist, sondern in der Tat auch für die psychische und spirituelle Ganzheit. Der Zen-Meister Dogen fasst den Weg zur Erleuchtung wie folgt zusammen: »Den Buddha-Weg zu studieren bedeutet, das Selbst zu studieren. Das Selbst zu studieren bedeutet, das Selbst zu vergessen. Das Selbst zu vergessen bedeutet, von einer Myriade von Dingen vergegenwärtigt [erleuchtet] zu werden.« In dem religiösen Lehrgedicht ›Bhagavadgīta‹, einer einflussreichen hinduistischen Schrift, sagt Krishna, der oberste Gott, dass die ganze Person diejenige sei, die »in allen Wesen das Selbst befindlich und alle Wesen im Selbst befindlich schaut« (6, 29).

## Beziehungen aufbauen und pflegen

Er zog einen Kreis und ließ mich draußen stehn –
Ketzer, Rebell, bewusst übersehn.
Doch die Liebe und ich siegten dank einer List:
Zogen den Kreis, in dem er mit enthalten ist!
*Edwin Markham, ›Outwitted‹*

Wie fördern wir unsere Beziehung zu all dem, mit dem wir verbunden sind? Da wir bereits alle durch das Netz der Spinnenfrau beziehungsweise des Indra miteinander verknüpft sind, geht es bei der Pflege von Beziehungen nicht darum, etwas zu schaffen, sondern eher darum, das zum Vorschein zu bringen und zu würdigen, was latent vorhanden ist.

Wir wissen aus der Psychologie, wie wichtig es ist, in Kontakt mit jenen Bereichen unserer eigenen Psyche zu kommen, die wir vernachlässigt oder verdrängt haben. Ebenfalls aus der Psychologie wissen wir eine ganze Menge darüber, wie wir gesunde Beziehungen zu anderen Menschen entwickeln und aufrechterhalten. Wir wissen jedoch weniger über Beziehungen zu den nichtmenschlichen Bereichen des Kreises, die allzu oft vernachlässigt oder verdrängt werden. Fest steht, dass die herrschende, von Industrie und Wirtschaft geprägte Kultur im Allgemeinen die dem Netz der Spinnenfrau inhärente göttliche Dimension ignoriert. So haben wir einiges zu tun, um wieder echte Beziehungen herzustellen.

Die Psychologie lehrt, dass für gewöhnlich jede Beziehung, die wir als selbstverständlich ansehen und an der wir nicht arbeiten, zum Scheitern verurteilt ist. Doch Beziehungen müssen nicht scheitern; sie können wachsen. Anstatt deprimiert dazusitzen und uns mit Schuldgefühlen angesichts der ökologischen Krise herumzuschlagen, können wir beispielsweise unsere Schuld fruchtbar machen, indem wir an unserer Beziehung zum Ökosystem arbeiten. Anstatt uns einfach nur Sorgen über Kriege und Gewaltverbrechen zu machen, können wir etwas dafür tun, Beziehungen zu jenen aufzubauen, die anders als wir erscheinen. In jedem Ring des sozialen Atoms oder des ökologischen Atoms können wir aktiv an der Entwicklung von Beziehungen arbeiten.

Wie baut man eine Beziehung auf? Wir wissen, dass gute Beziehungen zu anderen Hand in Hand mit einer guten Beziehung zu uns selbst gehen. Wir wissen ebenfalls, dass es für den Aufbau jeglicher Beziehung vierer Dinge bedarf.

- Aufmerksamkeit gegenüber dem Anderen, wirkliches Zuhören, was wiederum Folgendes voraussetzt:
- das Selbst zum Verstummen zu bringen (das heißt, das Ego zur Ruhe zu bringen, sich zu entspannen und von

dem Bedürfnis, zu reden und auf seinem eigenen Standpunkt zu beharren, Abstand zu nehmen),
— anderen Zeit und Energie zu schenken (die Großzügigkeit
des Herzens zu kultivieren) und
— Risiken auf sich zu nehmen (in dem Sinne, dass man offen
und emotional verletzbar dem Anderen gegenüber oder
dem Anderen zuliebe ist).

Aufmerksamkeit zu gewähren ist die Hauptübung jedweder
Beziehung. Sie können nicht einmal zu Ihrem eigenen Selbst
Verbindung aufnehmen, wenn Sie nicht achtsam gegenüber
sich selbst sind. Eine der Freuden in der ersten Phase roman-
tischer Verliebtheit besteht darin, dass ein anderer Mensch
Ihnen und dem, was Sie sind, endlich und aufrichtig Aufmerksamkeit zollt. Aufmerksamkeit zu zeigen ist darüber
hinaus bei allen Ringen des Kreises der Weg, auf dem Sie eine
Beziehung anknüpfen. Simone Weill, die moderne französi-
sche Mystikerin, belehrt uns, dass das Gebet selbst in Aufmerksamkeit besteht: Es ist die Ausrichtung der gesamten,
unserer Seele zu Gebote stehenden Aufmerksamkeit auf Gott
hin.

Bevor ein Orchester mit einer Aufführung beginnt, spielt
der Konzertmeister ein A auf der Geige an, und alle übrigen
Musiker spitzen die Ohren und stimmen ihr Instrument nach
diesem Ton. Wenn Sie eine Gitarre stimmen, schlagen Sie denselben Ton auf zwei Seiten an und drehen den Stimmwirbel
einer Seite in die richtige Stellung, während Sie darauf horchen, dass die Töne der beiden gezupften Seiten zu »schwe-
ben« aufhören und perfekt klingen. Eine Beziehung aufzubau-
en und zu pflegen ist damit vergleichbar. Sie kommen selbst
zur Ruhe und horchen aufmerksam auf den Anderen, bis Sie
eine Saite in Ihrem Innern entdecken, die mit der Emotion des
Anderen im Gleichklang schwingt. Das bedeutet nicht, dass

Sie Wut empfinden, wenn die andere Person wütend ist, sondern dass Sie wissen, wie es sich anfühlt, wütend zu sein. Die Beziehung ist dann hervorragend, wenn Sie exakt den Farbton, den Geschmack und die Tragweite der Wut ermessen können. Dann befinden Sie sich mit Ihrem Gegenüber auf einer Wellenlänge.

Geschenke an den menschlichen Ring des Kreises schließen das Schenken von Vergebung mit ein, von Zeit, die wir damit verbringen, einem Freund zuzuhören, Zeit, die wir freiwillig in einem Obdachlosenheim oder mit Jugendlichen arbeiten, oder selbst einfache Gesten der Freundlichkeit gegenüber Fremden. Das Schenken von Zeit und Energie zugunsten anderer Ringe des Kreises umfasst solche Aktivitäten wie das Säubern eines Flusslaufes oder das Pflanzen von Bäumen. Es beinhaltet außerdem, sich einem anstrengenden Lernprozess zu unterziehen. Wo stammt Ihr Trinkwasser her? Aus welchem Wald, von welcher Plantage oder welchem Ölfeld kommen die Rohstoffe für Ihre Kleidung? Wurde die Kleidung von Leuten hergestellt, die unterdrückt werden, oder von Leuten, die gut behandelt werden? Wie steht es mit Ihrer Nahrung, Ihrem Haus, der Energie, die Sie verbrauchen? Wo gehen Ihr Abwasser und Ihr Müll hin? Wie viel davon wird recycelt? Und zu was? Sie müssen nicht alles lernen, oder zumindest nicht alles über Nacht lernen. Beziehungen sind etwas im Gang Befindliches. Machen Sie einfach einen Anfang.

In einer wahren Beziehung ist man offen für »zehntausend Freuden und zehntausend Sorgen«, allen Schmerz, alles Leiden und alle Freuden im Leben. In zwischenmenschlichen Beziehungen bedeutet das, dass man das Risiko eingeht und die Bereitschaft zeigt, die eigenen Schwächen, Zweifel sowie die eigene Bedürftigkeit zu offenbaren. Das heißt, jemanden zu lieben und das Wagnis einzugehen, zu leiden oder die Beziehung zu verlieren. Es bedeutet, das Risiko auf sich zu nehmen, wirklich zu leben.

Diese vier Grundsätze einer Beziehung gelten für die Beziehung zu sich selbst, zu anderen Menschen, zur Natur und zum Göttlichen. Zu lernen, wie man diese Dinge hinsichtlich des sozialen Atoms verwirklicht, ist das, was dem Ingenieur Mark geholfen hat, sich selbst wieder erfolgreich in den menschlichen Bereich einzugliedern. Die traditionellen Weisheitslehren rund um das Kreissymbol lehren, dass das Wissen, wie man in dieser Hinsicht mit der übermenschlichen Sphäre umgeht, uns das Gefühl verleiht, im Universum heimisch zu sein.

## Ein Kreis aus vielen Kreisen

Der Kreis blüht gleich einer Blume, die ihre Blütenblätter in alle
Richtungen entfaltet. Der Geist aller Dinge kommt wie Bienen,
die zu einer süß duftenden Blume fliegen, um diesen Kreis zu nähren;
und der Geist aller Dinge kommt, um die Blüten aller einzelnen
Dinge zu nähren, denn der eine Kreis besteht aus zahlreichen Kreisen.
*Chris Hoffman, ›Mending a Hoop‹*

Wenn wir uns erst einmal wirklich darauf eingelassen haben, alles mit Blick auf den Kreis zu betrachten, fangen wir an, unsere wechselseitige Abhängigkeit in einem unendlichen Netz aus Beziehungen, in einem großen »Kreis aus zahlreichen Kreisen« wahrzunehmen. Wir beginnen, die Lebenszyklen und die Energiezyklen innerhalb des Lebens wertzuschätzen. Wir fühlen, wie alles im Fluss ist, und stellen unsere Sinne auf Empfang. Wir sind in der Lage, uns in der Dimension des Kreises zur Ganzheit hin zu entwickeln. Das Folgende sind verschiedene der unzähligen Wege, um in den »Fluss« zu kommen und wieder in Kontakt mit der Kreisdimension von Ganzheit zu treten.

## Der Kreis von Verbündeten

*Beschreibe mir die Landschaft, in der du lebst,*
*und ich werde dir sagen, wer du bist.*
*José Ortega y Gasset (1883–1995), spanischer Philosoph*

Ein Weg, den Faden zur Landschaft und zum außermenschlichen Bereich allgemein zu knüpfen, ist es, an jede der vier Himmelsrichtungen zu denken und daran, was sie verkörpern, was dort geschieht und welche Herausforderungen sie für uns mit sich bringen. Die meisten traditionellen Lehren haben ein Mandala entwickelt, dessen Komponenten man als »Verbündete« der vier Himmelsrichtungen bezeichnen könnte (Norden, Süden, Osten und Westen). Die Verbündeten dieser vier Himmelsrichtungen dienen als Mittler zwischen dem begrenzten menschlichen »Ich bin« und dem unendlichen Schrecken und Staunen, die das Universum auslöst. Black Elks Verbündete bei seiner Vision waren Pferde aus allen vier Himmelsrichtungen, die ihn zu seiner Begegnung mit dem Göttlichen in Gestalt seiner Ahnen hinführten. Sich Verbündete zu sichern ist ein geschicktes Mittel bei der Anbahnung von Beziehungen.

Möglicherweise siedeln Sie solche Verbündete in Ihrer Vorstellung in einem Zwischenbereich an. Sie sind keine Menschen, aber sie stehen typischerweise dem Menschlichen näher als Steine, Bäume, Klippen, das Wetter, die Sonne und alle anderen Formen, die das geheimnisvolle Leben um uns herum umfasst. Sie entstammen diesem großartigen Mysterium Leben beziehungsweise dem ihm innewohnenden Göttlichen, und man könnte sagen, dass sie sich der menschlichen Sphäre bis zur Hälfte des Weges nähern. In ihnen vermag sich das Unendliche zu manifestieren, so dass es für das menschliche Bewusstsein zu begreifen ist. Da sie gemeinhin nur zu viert sind, ersparen sie uns die unendliche Mühe, Beziehungen zu jedem einzelnen Grashalm aufzunehmen. Manchmal sind sie auch zu sechst, wenn nämlich das Oben und Unten noch zu den vier Himmelsrichtungen hinzukommen und der Kreis sich zu einer Kugel weitet; die Funktion ist dieselbe. Sie sind den Menschen auf eine liebenswürdige Art sympathisch. Alles, was wir für unseren Teil machen müssen, ist, ihnen auf halbem Wege entgegenzukommen. Dann befinden wir uns selbst auf angemessene Weise in Beziehung zur außermenschlichen Welt. Wir fühlen uns zu Hause, »in der Mitte« des lebendigen Mandalas unserer spirituellen und physischen Umgebung.

In einer Phase meines Lebens, als ich mich alles andere als zentriert fühlte, versuchte ich es mit einer Medizinrad-Meditation. Dieser Brauch, der der alten indianischen Tradition der Paiute entstammt, bietet eine Möglichkeit, mit sämtlichen Bereichen des Kreises in Kontakt zu kommen – Mineralien, Pflanzen, Tiere, Menschen und Geistwesen –, um ihnen zu danken und sie um Orientierungshilfe zu bitten.

Ich stellte mein Medizinrad auf einer wunderschönen Moräne im Nationalpark der Rocky Mountains her, umgeben von schneebedeckten Gipfeln und genau bei Sonnenuntergang. Das Medizinrad selbst war ganz bescheiden. Ich fertigte es aus sorgfältig zusammengesammelten Kieseln; vom Gesamtdurchmesser passte es zwischen meine Beine, als ich mich auf den Boden kniete. Ich hegte keinerlei Erwartungen, dass irgendetwas geschehen würde. Vermutlich kam ich mir sogar etwas albern vor. Doch ich folgte einer inneren Stimme, das vermochte ich nicht zu leugnen.

Als ich bei meiner Meditation am Punkt tiefster Versenkung angelangt war, tauchte über mir am Himmel ein Ziegenmelker auf, der durch die Lüfte schoss und wieder und wieder herabstieß. Inzwischen war die Sonne so weit hinter den Bergen versunken, dass die Nacht den gesamten Raum über dem Erdboden ins Dunkel hüllte. Doch der Himmel über mir war noch von einem leuchtenden Blau. Während die Zeit stillzustehen schien, kreiste Bruder Ziegenmelker direkt über meinem Kopf und vollführte seine charakteristischen brausenden Sturzflugmanöver, die sich anhörten, als würde der Seidentaft des Himmelszeltes zerreißen.

Nach ich weiß nicht wie langer Zeit drehte der Ziegenmelker eine letzte Schleife über meinem Kopf und flog direkt nach Westen davon. Die Richtung, die er einschlug, enthielt die Antwort auf eine spezielle Frage, die ich damals auf dem Herzen hatte. Von diesem Moment an habe ich nie wieder an der Macht des Medizinrades gezweifelt. Und ich verehre den Ziegenmelker als einen Verbündeten des Westens.

Die Zuñi wählen als Ort ihrer heiligen Zeremonie die Mitte eines Mandalas, indem sie diese Verbündeten beschwören. Sie assoziieren den Norden mit dem Berglöwen, den Westen mit dem Bären, den Süden mit dem Dachs und den Osten mit dem Wolf. Diese Tiere, die zugleich spirituelle Mächte sind, tragen das Ökosystem in die ganze Psyche hinein. Hier folgt eine der schönsten Beschwörungen der Zuñi.

> Drüben im Norden
> bist du, mein Vater,
> Berglöwe,
> bist Leben spendendes Oberhaupt der Gesellschaft;
> wenn du deine Medizin bringst,
> lenkst deinen Schritt du hierher.
> Dort, wo meine halbrunde weiße Schale liegt
> und dein Weg vierfach mündet,
> wächst du über meine Quelle.
> Wenn du dich ruhig niederlässt,
> werden wir eine Person sein.

Nachdem sich alle Verbündeten der vier Himmelsrichtungen eingefunden haben, ist der Kreis ganz, und auch der Bittsteller ist ganz geworden: »... werden wir eine Person sein.«

Der Kreis der Verbündeten oder das Mandala der vier Verbündeten taucht in zahlreichen weiteren am Kreis ausgerichteten Traditionen rund um den Erdball auf. Weit entfernt von dem Zuñi-Reservat, hoch oben um den Lake Huron und den Lake Superior, bittet die Heilergemeinschaft der Midewewin bei den Ojibwa (Chippewa) in ihren Zeremonien ebenfalls um die Energien der vier Himmelsrichtungen. Die keltische Tradition ordnet jeder Richtung geographische Gebiete, Städte der Anderswelt und mystische Gaben zu (Stein, Lanze/Stab, Schwert und Kessel), ebenso wie bestimmte Tiere. Die Anhänger des zeitgenössischen Wicca-Kultes rufen die Wächter der Türme für die vier Himmelsrichtungen an. Die kabbalistische Tradition ehrt die Verbündeten in Form der vier Erzengel.

Herkömmliche Weisheitslehren rund um das Kreissymbol besagen, dass man mit den Verbündeten der vier Himmelsrichtungen arbeiten sollte, wie man arbeiten würde, um jedwede andere wichtige Beziehung aufrechtzuerhalten. Die Zuñi haben beispielsweise kleine geschnitzte Steinfiguren, Fetische genannt, die die Verbündeten darstellen. Sie verehren diese, indem sie sie zu festen Zeiten mit geweihtem Maismehl »füttern«, und durchs Gebet. Selbstverständlich beten sie die Steinskulpturen nicht an, sondern sie nähren die Beziehung mit ihrer Intention und ihrer hingebungsvollen Verehrung.

Die Vorstellung von den Verbündeten der vier Himmelsrichtungen ist bezeichnenderweise kein gängiges Konzept in den modernen von Wirtschaft und Industrie geprägten Gesellschaften. Dennoch schlummern die Verbündeten in Wirklichkeit häufig direkt unter der Oberfläche unseres Bewusstseins. Eine Möglichkeit, Ihre Verbündeten zu entdecken, ist, sich auszumalen, dass Sie selbst ein Platz in der Natur sind, und zu überlegen, was dieser Platz sein könnte. Erinnern Sie sich an einen der schönsten oder beeindruckendsten Flecken Natur, an denen Sie je gewesen sind. Welche Geräusche und Gerüche nahmen Sie wahr? Wie haben Sie sich gefühlt? Welchen Aspekt – Licht, Bäume, Wasser, Blick in die Ferne, Wind, Klänge – haben Sie am deutlichsten wahrgenommen?

Ich habe einmal eine sehr kluge, begabte Akademikerin gefragt, was für einen Ort sie selbst darstellen würde, wenn sie denn ein Flecken Natur wäre. Bis zu dem Moment, da ich sie fragte, hatte sie nie über diese Frage nachgedacht, noch hatte sie je von der Vorstellung der vier Verbündeten gehört. Und doch war sie in der Lage, sich selbst als Platz in der Natur zu beschreiben, indem sie sich die Orte vor Augen rief, die sie gerne aufsuchte: ein Tal im Norden New Mexicos mit mächtigen alten Klippen und einzigartigen Farben und Gesteinsformationen.

Nach dieser Aufwärmübung bat ich sie dann, den Namen ihrer Verbündeten der vier Himmelsrichtungen zu nennen. Sie zögerte nur ganz kurz, bevor sie sie aufzählte: Eule, weise Alte, Schlange und ein klarer, wasserreicher Strom. Selbst an diesem frühen Punkt ihrer Beziehung zu Verbündeten konnte sie sagen, dass die Eule ihr Weisheit brächte, die Schlange die Fähigkeit, unter widrigen Bedingungen zu überleben, und dergleichen mehr. Sie erwähnte, dass sie sich mit diesem speziellen Tal identifizierte, weil es ihr das Gefühl gäbe, »gemittet« oder zentriert zu sein. Dies ist natürlich eine der Funktionen Ihres Kreises von Verbündeten: Sie helfen Ihnen, in der körperlichen, seelischen und spirituellen Landschaft Ihre Mitte zu finden.

Die meisten der auf den Kreis ausgerichteten Weisheitslehren assoziieren in ähnlicher Weise jeden Verbündeten des

Kreises mit Elementen aus dem Ökosystem – Tieren, Pflanzen und geographischen Besonderheiten –, auch wenn bestimmte Assoziationen zu spezifischen Himmelsrichtungen, abhängig von den jeweiligen natürlichen Gegebenheiten, von Kultur zu Kultur variieren. Mit anderen Worten: Das Ökosystem ist nicht nur irgendetwas »dort draußen«, sondern es ist auch »hier drinnen«, im innerpsychischen und geistigen Bereich.

Der Kreis von Verbündeten ist eine Form des »Medizin-rad«-Mandalas. Er schafft eine Verbindung zwischen Innen- und Außenwelt, geistiger und körperlicher Welt, Seele und Ökosystem. Das vereinende Thema in all diesen überlieferten Weisheitslehren ist, dass *die Natur ein lebendiges Mandala darstellt, innerhalb dessen die gesunde Psyche sich selbst ihren Weg sucht.* Heilung findet dann statt, wenn jemand das richtige Verhältnis zu diesem Kreis aufgebaut hat.

Jeder, der mit Verbündeten gearbeitet hat, wird in der Lage sein, Ihnen etwas Wunderbares zu erzählen. Ob Ihr Verbündeter nun der Braunbär der Medizinmänner oder der Evangelist Lukas ist, er wird Ihnen in Zeiten, da Sie ihn brauchen, beistehen.

## Der Kreis der Entwicklung

Unter dem Aspekt des Kreises betrachtet, erlangt man geistig-seelische Reife und Ganzheit, indem man die von den vier Himmelsrichtungen des Medizinrad-Mandalas repräsentierte Weisheit integriert.

Kurz nachdem das Volk der Hopi in diese Welt empor-gestiegen ist, erteilte ihnen Másaw, der Verwalter, Wächter und Beschützer des Landes, einen Auftrag: Er erklärte, »dass jeder Klan Wanderungen in die vier Richtungen machen müsse, bevor alle in ihrer gemeinsamen, ständigen Heimat ankämen. Sie müssten bis an die Enden des Landes gehen, nach Westen, Süden, Osten und Norden, bis an das fernste páso, wo sich Land und Meer berühren, in jede Richtung. Erst wenn die Klane diese vier Bewegungen, Runden oder Schritte ihrer Wanderung vollendet hätten, könnten sie wieder zusammenkommen und eine Ordnung bilden gemäß dem weltweiten Schöpfungsplan.« Diese Völkerwanderungen zeigen, wie sich ein ganzes Volk an dem Mandala der Natur orientiert, um »nach Hause zu kommen«.

Ein ähnlicher Kreis der Entwicklung taucht in C. G. Jungs Konzept der »vier Funktionen« auf. Jung vertritt die These, dass das Bewusstsein vier grundlegende Funktionen besitzt: Zwei davon sind so genannte Wahrnehmungsfunktionen und haben damit zu tun, wie wir die Welt wahrnehmen oder die Fakten aufnehmen; zwei davon sind Urteilsfunktionen und hängen damit zusammen, wie wir auf diese Tatsachen reagieren – wie wir Entscheidungen fällen. Jungs Begriffe für diese vier Funktionen sind: *Empfindung, Intuition, Fühlen* (Werte) und *Denken* (Logik). Als C. G. Jung die vier Funktionen einführte, zeichnete er sie als Mandala: ein einfaches, gleichseitiges Kreuz, bei dem jeder Balken eine Funktion repräsentiert.

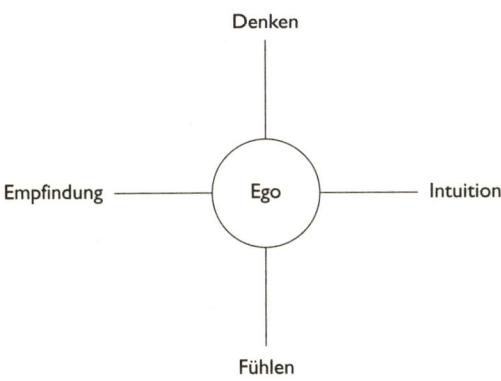

Diese vier Funktionen sind in gewisser Hinsicht vier Verbündete des Bewusstseins. Sie sind Wege, die das bewusste Ego zur Welt ringsum anbahnt. Jungs Konzept bildet die theoretische Basis für ein psychologisches Instrument, das unter dem Namen Myers-Briggs Type Indicator (MBTI) oder auch Myers-Briggs-Typenindikator bekannt ist und weithin bei der Teamentwicklung, Konfliktlösung sowie der Ehe-, Einzel- und Karriereberatung eingesetzt wird.

Jung sagte, dass in den ersten Lebensjahren nur eine der vier Funktionen bewusst zugänglich sei. Für manche Menschen sei die bestzugängliche, also die »dominante« oder Hauptfunktion das Empfinden. Für andere sei es die Intuition, das Denken oder das Fühlen. Laut C. G. Jung beinhaltet das persönliche Wachstum oder die Individuation nicht nur die Entwicklung der dominanten Funktion, sondern die aller vier Funktionen. Ganzheit erfordert das komplette Mandala.

Jungs Vorstellung von Wachstum rund um das Mandala der vier Funktionen weist exakte Parallelen zur Lehre der Indianer auf, die besagt, dass bei der Geburt jedem von uns ein spezieller Ausgangspunkt innerhalb der besagten vier großen Himmelsrichtungen des Medizinrades zugeteilt worden ist. Dieser Ausgangspunkt vermittelt uns unsere erste Art und Weise, Dinge wahrzunehmen, die dann für den Rest unseres Lebens die Art ist, die uns am leichtesten und natürlichsten erscheint: Nachdem wir aus unserer anfänglichen Gabe, unserem ersten Platz im Medizinrad, gelernt haben, müssen wir alle ausnahmslos wachsen, indem wir danach streben, jeden der vier großen Wege zu begreifen. Nur auf diese Weise werden wir vollständig, werden fähig, bei dem, was wir tun, die Balance zu wahren und Entschlusskraft zu zeigen.

Unsere dominante Funktion wird wie der genannte Ausgangspunkt für gewöhnlich der für uns leichteste und natürlichste Weg durch unser Leben sein. Doch jede Person, die nur eine der vier Funktionen nutzt, wird eine unvollständige Persönlichkeit bleiben. Jeder von uns muss wachsen, indem er lernt, wie er die vier Funktionen nutzt, die vier großen Wege. Nur auf diese Weise können wir uns vollständig entwickeln, entscheidungsfähig und im Gleichgewicht sein bei allem, was wir tun.

## Der Kreis der Wiedergeburt

Die Hindus betrachten das Leben (genau wie die Anhänger zahlreicher anderer Glaubenslehren) als Zyklen innerhalb weiterer Zyklen, Kreise innerhalb weiterer Kreise. Nach dieser Ansicht scheiden Lebewesen aus einem Leben nur, um im nächsten Leben wiedergeboren zu werden. In der hinduistischen ›Bhagavadgīta‹ lehrt Krishna: »Wie ein Mann die abgenutzten Kleider ablegt und andere, neue nimmt, so legt die Seele die verbrauchten Körper ab und tritt in andere, neue ein.« (2. Gesang, 22) Nur wenige Auserwählte vermögen diesem endlosen Kreislauf aus Geburt und Wiedergeburt, dem *Samsara*, zu entrinnen. Unter diesem Aspekt ist eine Praxis sinnvoll, welche die Inder *ahimsa* (Gewaltlosigkeit, Respekt und Rücksicht gegenüber jeglichem Leben) nennen. Schließlich kann uns dieser Lehre zufolge niemand sagen, wo wir bei unserer nächsten Wiedergeburt hingeraten werden oder wessen Inkarnation sich in unserer Nähe aufhält.

Ungeachtet dessen, ob so etwas wie eine Wiedergeburt stattfindet oder nicht, ist das Rad der Wiedergeburt eine kraftvolle Metapher für unsere Verflochtenheit mit anderen innerhalb des Kreises. Der Kreislauf der Wiedergeburt ist einfach nur der Kreis von Bezogenheit, durch die Zeiten hinweg betrachtet: Ich stehe nicht nur in Beziehung zu Ihnen, weil wir Brüder und Schwester in diesem Leben sind, sondern auch, weil Sie vielleicht auf einer früheren Inkarnationsstufe mein Urgroßvater waren oder weil Sie eventuell auf einer kommenden Inkarnationsstufe meine Urenkelin sein werden. Verschiedene traditionelle Lehren rund um den Kreislauf der Wiedergeburt gehen so weit zu sagen, dass ich unter Umständen sogar einst in Gestalt genau dieses Wasserbüffels gelebt habe, der heute meinen Pflug zieht. Jede Kreatur ist ein Gefährte in dem großen Zirkel von Leben und Tod. Und alle stehen mit allen zueinander in Beziehung. Deshalb: Üben Sie *ahimsa*.

Der Hinduismus ist nicht die einzige Lehre, die sich der Vorstellung des Kreises bedient und vom Kreislauf der Wiedergeburt kündet. Die keltischen Druiden und die Wicca-Kulte gehen davon aus, dass die Seele nach dem Tod in einem neuen menschlichen Körper wiedergeboren wird, so dass man die Gelegenheit erhält, aus den Fehlern des vorangegangenen Lebens zu lernen (Fehlern, die keine »Sünden« im christlichen Sinne darstellen), um schließlich in die Harmonie des Alls eintreten zu können. Die keltische Religion liefert uns auch das Bild vom »Königsrad«, einer ringförmigen Fibel, die der König trägt, um an den Zyklus von Tod und Wiedergeburt erinnert zu werden, und deren bekanntestes Exemplar die berühmte Tara-Brosche ist. Der Kreislauf der Wiedergeburt erscheint ebenfalls in den Lehren der jüdischen Kabbalistik über Gilgulim (hebräisch »die Wendepunkte«). Dieser Überlieferung zufolge ist jeder von uns ausgesandt, um eine bestimmte Aufgabe zu erfüllen, die mit dem gesamten Plan der Schöpfung in Zusammenhang steht. Da das Erfüllen einer solchen Aufgabe binnen eines Lebens unter Umständen nicht möglich ist, kann die Wiedergeburt vonnöten sein.

Der Taoist Chuang Tsu schreibt: »Ihr seid als Menschen geboren, und Ihr werdet Freude daran finden. Und doch gibt es zehntausend andere, endlos sich wandelnde Erscheinungsformen, die genauso gut sind, und die Freude in diesen ist unermesslich. Der Weise weilt unter diesen Dingen, die niemals verloren gehen können, und lebt so in Ewigkeit.« Die Buddhisten lehren: Wenn du etwas über deine Vergangenheit wissen willst, betrachte deine *gegenwärtigen Lebensumstände*. Sind sie günstig? Ungünstig? Ist dein jetziges Leben einfach? Schwierig? Wenn du etwas über deine Zukunft wissen willst, betrachte dein Verhalten hier und jetzt. Ist es selbstsüchtig? Selbstlos? Niederträchtig? Edelmütig?

Eines der beeindruckendsten Bilder im Zusammenhang mit dem Kreislauf der Wiedergeburt ist das Lehrmandala der tibetischen Buddhisten, das *Samsara* oder »Rad des Lebens«. Das Rad des Lebens enthält sechs Bereiche, in welche ein menschliches Wesen über die Wiedergeburt zu gelangen vermag. Diese Bereiche können als konkrete physische Stufen der Inkarnation oder als psychische Zustände verstanden werden. So können wir, auch wenn es keine Reinkarnation geben sollte, von dem »Kreislauf der Wiedergeburt« als psychologischer und spiritueller Metapher lernen. Um ein Beispiel zu nennen: Wir alle kennen den Zustand, dass wir uns nach etwas sehnen, diese Sehnsucht unserem Gefühl nach jedoch niemals gestillt wird. Dies ist der Bereich der »Hungrigen Geister«, die dargestellt werden als erbarmungswürdige Wesen mit vom Hunger aufgedunsenen Bäuchen und Hälsen, die dünn wie ein Strohhalm sind, so dass nichts die Kehle passieren kann, um den Bauch zu füllen und sie zu sättigen. Das Rad des Lebens gemahnt uns, psychologisch mit uns selbst »in Kontakt« zu bleiben und jenes Potenzial in unserem Innern nicht zu vergessen.

## Der Kreis der wechselseitigen Abhängigkeit

Rund um den äußeren Rand, der das Rad des Lebens und seine sechs Bereiche einfasst, befinden sich Bilder, die einen weiteren Aspekt des Kreises veranschaulichen: die zwölf Verbindungen in der ringförmigen Kette des *Abhängigen Entstehens*. Einfach ausgedrückt, bedeutet Abhängiges Entstehen, dass nichts in oder aus sich selbst existiert. Was auch immer existiert, existiert auf Grund anderer Dinge oder Umstände. Alter und Tod treten nur auf, weil wir geboren wurden, wir greifen nur nach Dingen, weil wir Dinge begehren, und so fort. Des Weiteren ist alles Existierende abhängig von etwas anderem, und dieses ist wiederum abhängig von etwas und und und. Wenn wir auch bohren und immer weiter bohren, um die Antwort auf die Frage »Wer bin ich?« zu finden, werden wir doch am Ende auf nichts Greifbares stoßen. Jeder Gegenstand ist letztlich genauso wenig festzumachen wie dieses »Ich«. Es verhält sich nicht etwa so, dass Gegenstände *nicht* existieren würden. Doch jeder von ihnen hängt von jedem anderen ab, und es entsteht alles zusammen. Das Leben ist ein Kreis – von Bezogenheit und Wiedergeburt. Der vietnamesische Zen-Meister Thich Nhât Hanh nennt dies »Intersein« – das fundamentale Einssein aller Wesen.

Intersein oder auch Sein-in-Beziehung ist der Grund dafür, dass traditionelle Kreiskulturen uns lehren, die Auswirkungen unserer Entscheidungen bis in die siebente Generation unserer Nachkommen zu bedenken. Intersein ist ebenfalls der Grund dafür, dass Reife in der Dimension des Kreises mit dem Aufruf verbunden ist, ökologisch verantwortlich zu handeln. Wir können nicht einfach unserer Versuchung nachgeben, rücksichtslos zu konsumieren, ohne unsere Beziehung zu Luft, Wasser, Erde und allen anderen lebenden Dingen massiv aus dem Gleichgewicht zu bringen. Intersein ist außerdem der

Grund dafür, dass Umweltschutz und soziale Gerechtigkeit nicht voneinander zu trennen sind. Sie stellen nur zwei Aspekte derselben Dimension dar.

In zahlreichen Traditionen wird die wechselseitige Abhängigkeit betont, die uns mit dem Rest des Universums verbindet, indem Geschichten überliefert werden, in denen Menschen die Gestalt von Tieren annehmen oder sich mit Tieren vermählen. Walt Whitman würdigt eben diese wechselseitige Verflechtung in seinem ›Gesang von mir selbst‹, wenn er schreibt:

> Mir scheint, ich verkörpere Gneis, Kohle,
> langhaariges Moos, Früchte, Ähren, essbare Wurzeln,
> Ich bin über und über mit einer Stuckatur von Vierfüßlern
> und Vögeln bedeckt,
> Ich habe, was hinter mir liegt, aus guten Gründen weit
> überholt.
> Aber ich rufe, wenn ich es will, alles wieder zu mir heran …
> Ich bin weit, enthalte Myriaden.

Physikalisch gesprochen ist der Kreis der wechselseitigen Abhängigkeit unleugbar. Der Strom, den ich verbrauche, wird im Bundesstaat Colorado erzeugt, auf Generatoren, die Arbeiter im weit östlich davon liegenden Pennsylvania hergestellt haben, und mit Kohle, die in Wyoming, dem Nachbarstaat von Colorado, abgebaut worden ist – wobei die Kohle ihrerseits das Vermächtnis von Bäumen ist, die vor Millionen von Jahren auf der Erde gewachsen sind. Außerdem wird zur Erzeugung des von mir verbrauchten Stroms Dampf benötigt, der aus dem von den Wolken um die Rocky Mountains herabregnenden Wasser entsteht; und dieses Wasser ist wiederum eine Gabe des Gischt sprühenden Pazifischen Ozeans, das in der Sonne verdunstet ist.

Bei einem Großteil der Nahrung, die wir verzehren, sind wir auf die Dienste von wilden und halbwilden Tiere angewiesen, die die Blüten bestäuben – meist Insekten, Fledermäuse und Vögel. Achtzig Prozent aller von Menschen angebauten Feldfrüchte, die ungefähr eintausenddreihundertunddreißig Arten umfassen, einschließlich Obst, Gemüse, Bohnen, Kaffee und Tee, werden von den einhundertundzwanzigtausend bis zweihunderttausend bestäubenden Tierarten befruchtet. Allein der wirtschaftliche Wert von wilden Bienen zur Bestäubung von Blaubeeren ist so groß, dass die Bauern in den Bienen »fliegende Fünfzig-Dollar-Scheine« sehen.

Als Teil eines Kreises aus vielen Kreisen hängen wir alle voneinander ab, um überhaupt leben zu können.

## Kreise aus Energie: Im Fluss des Lebens

Wer auch immer einen anderen erniedrigt, der erniedrigt mich,
Und was immer gesagt oder getan wird, kehrt schließlich zu mir zurück.
*Walt Whitman, ›Gesang von mir selbst‹*

In den Traditionen der Welt wird wieder und wieder davon erzählt, dass Gaben, die Menschen an ihre Umgebung verteilt haben, auf wundersame Weise in einem anderen Bereich zu ihnen zurückkehrten. Dies ist eine weitere Eigenschaft des Kreises: Der Kreis aus Energiezyklen knüpft Verbindungen und beeinflusst den Heilungsprozess. Die Energie kann in Form einer greifbaren Gabe vorhanden sein, was eine Art gespeicherte oder potenzielle Energie bedeutet, oder in Form einer Tat, also einer Art kinetischer Energie.

In seinem Buch ›The Gift‹ (Die Gabe) zeigt Lewis Hyde, dass eine Haupteigenschaft von Gaben oder Geschenken darin besteht, dass sie sich *stets in Bewegung befinden müssen*:

Was auch immer wir gegeben haben, ist dafür bestimmt, weitergegeben und nicht behalten zu werden. Oder, wenn es bei dem Beschenkten verbleibt, sollte etwas von vergleichbarem Wert an seiner Stelle den Besitzer wechseln, so wie eine Billardkugel zur Ruhe kommen kann, wenn sie eine andere anstößt, so dass diese über den grünen Filz saust, sich der Schwung der ersten Kugel also übertragen hat. Sie werden unter Umständen Ihr Weihnachtsgeschenk behalten, doch dann hört es auf, ein Geschenk im eigentlichen Sinne zu sein, es sei denn, Sie haben etwas anderes weggegeben. Wenn es weiter gereicht wird, gelangt das Geschenk möglicherweise zum Schenkenden zurück, doch das ist nicht das Entscheidende. In der Tat ist es besser, wenn das Geschenk nicht zurückgegeben wird, sondern stattdessen an eine weitere, dritte Partei weitergeleitet wird ... Es gibt noch andere Formen von Besitz, der nicht mehr bewegt wird und – um im Bild des Billardspiels zu bleiben – ein Aufkommen an der Bande oder ein Abbremsen des Schwungs bedeutet, doch das Geschenk bewegt sich weiter.

In den meisten Kulturen, für die der Kreis von zentraler Bedeutung ist, bewegt sich das Geschenk nicht ungezielt, sondern es bewegt sich in einem Zirkel oder Kreis. Hyde nennt als Beispiel den Kula, einen zeremoniellen Geschenkeaustausch, den Bewohner des Massim-Gebietes praktizieren, die auf Inseln vor der Ostspitze von Neuguinea leben. Hier wandert das Geschenk in zwei großen Kreisen, sowohl im als auch gegen den Uhrzeigersinn rund um den Archipel und ist dabei bis zu zehn Jahren »im Fluss«, bis sich der Kreis wieder schließt. Bei jeder Kula-Übergabe unterwegs unterscheidet sich der Austausch durch zwei ganz entscheidende Merkmale von wirtschaftlichem Handel. Erstens wird das Geschenk ohne irgendwelche Worte weitergegeben. Es findet kein Gefeilsche und kein Tauschhandel statt. Zweitens wird die Wahl eines entsprechenden Gegengeschenks dem Gebenden überlassen und kann nicht durch irgendeine Art von Nötigung erzwungen werden. Das Geschenk kommt »um die Ecke«, wie Hyde es ausdrückt, der Schenkende bleibt unsichtbar. In dem Kreis, den das Zirkulieren der in dem Geschenk enthaltenen Energie darstellt, verknüpfen sich die Fäden zu einem emotionalen Netzwerk aus Dankbarkeit, Fürsorge und Verpflichtung, über das eine Gemeinschaft entsteht.

Die kinetische Energie unserer Taten fließt ebenfalls in einem Kreis. Unsere Handlungen haben, gleichgültig ob sie gut oder schlecht sind, Konsequenzen, die früher oder später auf uns selbst zurückfallen und unser eigenes Leben betreffen. Gute Taten ziehen letztendlich positive Konsequenzen nach sich, sei es in diesem oder im nächsten Leben; schlechte Taten haben negative Konsequenzen. Der Hinduismus bezeichnet dies als das Gesetz des Karma. Der europäische Wicca-Kult hängt einem ähnlichen Glauben an. Dort heißt es, dass jedweder Zauber, mit dem man einen anderen belegt, gleich ob gut oder böse, am Ende dreifach auf einen selbst zurückfällt.

Natürlich gilt diese Wahrheit nicht nur für Hindus oder Wiccas, sondern für uns alle. Wir sind alle eingebettet in das Netz der Spinnenfrau, in das Netz des Indra beziehungsweise das psychologische Feld. Welche Schwingungen wir auch immer über das Netz aussenden, sie finden schließlich ihren Weg zu uns zurück. Wir erkennen diese Tatsache und ihre Eigenschaft des Zirkulierens in einem Kreis in der allgemein geläufigen Redewendung: »Was immer du tust, kommt zu dir zurück.«

Das ringförmige Fließen von Energie manifestiert sich auch im Nahrungskreislauf, bei dem die Gabe lebensspendender

Energie von den Pflanzen zu den Pflanzenfressern über die Fäulnisbakterien zu Erde und wieder zu Pflanzen wird, immer und immer wieder, wobei der Kreis bisweilen noch über die Fleischfresser führt. Es manifestiert sich auch in der ökologischen Erkenntnis, dass alles in irgendeiner Form weiterbesteht.

Der Kreis aus Gaben und Energie kann durch den göttlichen Bereich ebenso verlaufen wie durch den menschlichen. Auf der ganzen Welt existieren Traditionen, im Rahmen derer Zeremonien abgehalten werden, um beispielsweise einen bestimmten Bären oder den Lachs stellvertretend für den göttlichen Hüter der Tiere festlich zu bewirten und mit Darbietungen zu erfreuen. Der Hüter der Tiere macht dem Volk das Geschenk des Wildes. Das Volk schließt den Kreis der Gaben, indem es Lieder und Speisen darbringt, um den Hüter der Tiere zu ehren. Jede beliebige Energie, die wir in Gebete, Zeremonien oder Dankopfer stecken, besitzt die gleiche Funktion.

Energiezyklen fließen nicht nur in der Außenwelt, sondern ebenso in uns selbst. In Indien wird diese Lebensenergie Prana genannt, in Japan Ki, in China Chi. Die Traditionelle Chinesische Medizin fördert die Heilung, indem sie das Zirkulieren des Chi im Körper mit Akupunkturnadeln reguliert. Das chinesische Tai-Chi-Chuan und das japanische Aikido bescheren körperliche und geistige Ausgeglichenheit und Vitalität, und zwar durch Übungen aus der Kampfkunst, die mit dieser Lebensenergie arbeiten. Tai-Chi-Meister erinnern uns daran, dass diese Energie Teil von dem Energiesystem des Planeten ist. So muss nicht nur der Körper selbst frei von energetischen Blockaden sein, sondern es dürfen sich auch keinerlei Energieblockaden zwischen dem Körper und der äußeren Umgebung befinden.

Der Energiefluss im Universum ist eine wesentliche Implikation bei einer der weltweit bekanntesten Kreismetaphern: dem taoistischen Yin-Yang-Symbol oder dem *Tai-Chi*. Dies besteht aus einem Kreis, der zur Hälfte mit Dunkel, zur Hälfte mit Licht gefüllt ist, wobei Licht und Dunkel einander stetig umfließen. Die schwarz gefüllte Hälfte oder das Yin enthält im Innern den Keim des Lichts; die weiße Hälfte oder das Yang birgt in der Mitte den Keim der Dunkelheit. Dies ist eine Metapher für das Tao, den Fluss, den Weg, die »große Ordnung des Universums«, die aller Schöpfung zugrunde liegt. Es symbolisiert die Auffassung, dass sämtliche gegensätzlichen Dinge sich stets ineinander verwandeln. Um den Kreis herum befindet sich alles im Fluss, von Yin zu Yang und wieder zurück zu Yin und so immer fort.

Um den eigenen Kreis zu verbessern, lehrt das Tao, dass man *tzu-jan* und *wu-wei* üben sollte. *Tzu-jan* heißt, sich an der Natur zu orientieren, spontan zu sein und keinerlei gezwungene oder unnatürliche Handlung auszuführen. Das bedeutet, eins zu sein mit dem Tao, der alleinigen Quelle des Kosmos, das alle Dinge bestimmt. Es heißt, »organisch« zu sein, in dem Sinne, dass man in die Existenz eintritt dank der unversiegbaren Lebensenergie des Organismus. Sämtliche unnatürlichen Bemühungen enden in Frustration und sind letztlich zum Scheitern verdammt.

*Wu-wei* bedeutet wörtlich »Nicht-Handeln« oder »Nicht-Tun«. Der vollständige Begriff lautet eigentlich *wei-wu-wei*: »Tun ohne Tun«. Damit meinen die Taoisten nicht etwa, dass man überhaupt nichts tut. *Wu-wei* legt vielmehr die Abwesenheit menschlichen Wollens in jeglichem Handeln nahe und bedeutet, nur die unbedingt notwendige Aktivität zu entfalten, einfach nur mit den spontan entstehenden Wandlungen des Kosmos zu arbeiten. Es legt nahe, nicht gegen den Strom zu schwimmen, sondern sich vom Fluss der Geschehnisse tragen zu lassen. Der alte Tao-Meister Chuang

Tsu sagt: »Lass dich vom Fluss der Geschehnisse tragen, wie sie auch immer aussehen mögen, und lege deinem Geist keine Fesseln an; bleibe in deiner eigenen Mitte, indem du dich stets ganz auf das einlässt, was du gerade tust. Das ist das höchste Ziel.« Man könnte es mit der Mühelosigkeit eines geschickten Wellensurfers vergleichen, der nur ein oder zwei Schwimmzüge braucht, um eine riesige Woge zu erreichen.

Der Kreis aus Beziehungen und der Kreis, in dem alles im Fluss ist, sind keine unterschiedlichen Kreise. Wenn Sie vollkommen mit sich selbst und mit dem Wogen des Ozeans in Kontakt stehen, befinden Sie sich im Fluss. Sie erzeugen die Welle nicht, doch Sie verfügen über eine ausreichend enge Beziehung zu sich selbst und zu den Wogen, um im richtigen Moment mit dem richtigen Maß an Aufmerksamkeit an der richtigen Stelle zu sein und die wenigen Schwimmzüge auszuführen, die Ihnen dazu verhelfen, auf der Welle bis zum Ufer zu reiten.

Der Kreis des Fließens besitzt ein psychologisches Pendant im Prinzip der Spontaneität. Spontaneität kennzeichnet ein Verhalten, das irgendwo in der Mitte zwischen rigidem Konformismus und chaotischer Unberechenbarkeit angesiedelt ist. Das Verhalten ist genau richtig, nicht übertrieben zwanghaft, aber auch nicht passiv. Der Psychologe Jacob L. Moreno vertritt die Ansicht, dass psychopathisches Verhalten häufig darin begründet liegt, dass dieser Fluss gestört ist und etwas nicht »rund« läuft. Das Fließen in einem Kreislauf entspricht im Übrigen dem Rauschzustand, in den extreme Ausdauersportler an einem gewissen Punkt geraten, ab dem sie sich gleichsam wie von alleine weiterbewegen und aufgrund der hohen körpereigenen Adrenalinausschüttung von einem extremen Glücksgefühl durchströmt werden.

Wenn Sie je »im richtigen Moment an der richtigen Stelle« waren, dann waren Sie »im Fluss«. Falls Sie schon einmal mit anderen gemeinsam musiziert haben und erleben konnten, wie nichts außer der Musik Ihr eigenes Spiel beflügelt und auf ein Niveau gehoben hat, das Sie niemals für möglich gehalten hätten, so waren Sie im Fluss oder hatten ein Flow-Erlebnis. Und wenn Sie je bei irgendeiner Tätigkeit jegliches Zeitgefühl verloren und sich selbst vergessen haben, dann hatten Sie ebenfalls ein Flow-Erlebnis.

Das Wesentliche bei einem Flow-Erlebnis besteht darin, sich nicht an irgendeinem Teilchen Materie oder an irgendeiner augenblicklichen Erfahrung festzuklammern, da diese in dem riesigen Kreis des Daseins herumwirbeln. Es ist genauso frei und unbeschwert wie natürliches Atmen. Atmen Sie ein. Okay. Jetzt atmen Sie aus. Okay. Halten Sie den Atem an. Weiter, weiter: Es fehlt nicht mehr viel, und Sie ersticken. Alles Leben fließt in miteinander verschränkten Zyklen.

## Der Kreis der Lebenszyklen

Wenn wir das Leben betrachten, sehen wir, dass es sich in Zyklen abspielt. Dabei beschert uns das Kreisen der Erde um die Sonne den Zyklus aus Wetter und Jahreszeiten, Säen und Ernten. In unserem eigenen Leben gehen wir durch emotionale Hochs und Tiefs; wir fangen fortwährend Projekte an und beenden sie; wir durchlaufen die Jugend, die Zeit des Werbens und der Suche nach einem Partner, das Erwachsenendasein, Alter und Tod; wir durchleben Phasen der Krankheit und der Gesundheit, »bis dass der Tod uns scheidet«. Und selbst dann bitten wir darum, dass es weitergeht, über den Tod hinaus. Die mit dem Kreis zusammenhängenden Weisheitslehren und Feste zur Feier wiederkehrender Ereignisse innerhalb dieser Zyklen helfen uns, mit dem natürlichen Ablauf des Lebens in Einklang zu kommen.

Das am Kreis orientierte Verständnis der Lebenszyklen ist auch die Grundlage für die alte chinesische Weisheitslehre, die in dem klassischen ›Buch der Wandlungen‹, dem ›I Ging‹, enthalten ist. Als vielleicht ältestes Buch der Erde wird das ›I Ging‹ auch heute noch von weiten Kreisen als Quelle der Inspiration und Orientierung herangezogen. Das ›I Ging‹ destilliert die Weisheit aus jahrtausendealter menschlicher Erfahrung in vierundsechzig symbolischen Hexagrammen, wobei jedes Hexagramm aus sechs kurzen, parallel verlaufenden Linien besteht. Die sechs Linien sind ihrerseits zusammengesetzt aus einem Paar von Trigrammen – von denen jedes drei Linien enthält. Jede Linie ist entweder gerade durchlaufend (Yang) oder in der Mitte von einer Lücke durchbrochen (Yin). Die Überlieferung besagt, dass der Gott-Kaiser Fu Hsi, ein sagenumwobener chinesischer Herrscher, der vermutlich um 3000 vor unserer Zeitrechnung lebte, die acht Trigramme auf dem Rücken eines Drachenpferdes (nach anderen Quellen auf dem Panzer einer Schildkröte) entdeckt hat. Der Überlieferung nach war Fu Hsi auch derjenige, der die Trigramme so angeordnet hat, wie sie häufig geschildert werden: als kreisförmiges Mandala, in dem jedes Trigramm gegenüber seinem Gegenstück platziert ist (der Himmel gegenüber der Erde, das Feuer gegenüber dem Wasser, der See gegenüber dem Berg und der Donner gegenüber dem Wind).

## Der Kreis der Heilung

Die Großen verliehen uns in ihrer Weisheit die Gabe zur Einsamkeit,
die wir vielleicht in der Suche nach einander zu finden vermögen,
und ich sehe, dass wir heilen können,
sogar wenn wir selbst geheilt werden.
*Autor unbekannt*

Bleibt man in der Dimension des Kreises, könnte man die Sache mit folgenden Worten ausdrücken: Seelisch-geistige Unausgewogenheit entspringt unvollständigem oder unangemessenem In-Beziehung-Sein. Ganzheit besteht darin, in angemessener Bezogenheit zu leben. Daher findet Heilung innerhalb eines Geflechts aus Beziehungen statt, und Gesundheit tritt dann ein, wenn man wieder in einer angemessenen Beziehung zu allem steht.

Der amerikanische Psychologe Carl Rogers entwickelte einen einflussreichen und wirksamen therapeutischen Ansatz, der beinahe vollständig auf diesen Prinzipien aufbaut. Rogers sah die Beziehung zwischen Therapeut und Klienten selbst als wichtigsten Faktor der Therapie an. Eine über dreißig Jahre lange Auswertung von Daten zur Wirksamkeit von Psychotherapie bestätigt tendenziell das, was Rogers postulierte. Der Großteil des Forschungsmaterials legt die Vermutung nahe, dass ein Bündel wesentlicher Faktoren, die allen Therapiemethoden gemein sind, zu positiven Ergebnissen führt. Der bedeutendste Faktor scheint die Qualität der Beteiligung an der therapeutischen Arbeit vonseiten des Klienten zu sein, über die der Therapeut keinerlei Kontrolle hat. Das Zweitwichtigste ist die Beziehung zwischen Therapeut und Patienten selbst: der Kreis.

Ein häufig zitierter Überblick über Forschungen zum Resultat von Psychotherapien enthält die Schätzung, dass dreißig Prozent des Erfolgs von Beziehungsfaktoren abhängen (wobei die Mitarbeit des Patienten zu vierzig Prozent zu Buche schlägt). Der geschützte Raum der therapeutischen Beziehung schafft den Kreis, in dem der psychische Kern des Klienten zum Baum heranwachsen kann.

Ein weiterer kreisförmiger Rahmen für die Heilung ist die Schwitzhütte, die die Lakota und andere Indianerstämme der Plains-Kultur errichten. Um eine solche Hütte zu bauen, schneiden sie einige kräftige Weidenzweige ab und stecken diese in einem Kreis in den Boden, wobei sie die Äste nach innen biegen, so dass eine Kuppel entsteht, und sie oben zu einem quadratischen Mandala zusammenbinden, mit dem die vier Himmelsrichtungen dargestellt werden. Dann bedecken sie dieses Grundgerüst mit Büffelhaut oder Planen, Wolldecken oder Quilts. Das ganze Gebilde endet ungefähr in Brusthöhe. Im Innern der Hütte gibt es einen Sitzbereich aus Erde, in dessen Mitte sich eine kleine, kreisförmige Senke befindet. Die Vertiefung repräsentiert die Mitte der gesamten Welt und ebenso die Toten, die zu Mutter Erde zurückgekehrt sind. Das Loch ist mit Steinen aufgefüllt, die unsere Vorfahren symbolisieren und glühend heiß von einem Feuer draußen hereingebracht werden. Die Menschen sitzen in einem Kreis um die runde Vertiefung herum, um zu beten und Segnungen zu empfangen, umgeben von den ringförmig aufgestellten Wänden der Schwitzhütte, die sich ihrerseits im Kreis des Kosmos befindet – also ein Kreis im nächsten –, was den Anwesenden spirituelle, körperliche und emotionale Heilung bringen soll.

Zahlreiche Traditionen, alte wie moderne, vertrauen auf das Zeichnen oder Errichten von Mandalas, um den Heilungsprozess zu fördern. Jungianische Therapeuten unterstützen diese Methode häufig. Ein Mandala zu kreieren erlaubt einem, sich durch die visuelle Integration verschiedener Aspekte des eigenen Selbst »zusammenzuziehen«. Sie verhelfen sich selbst zur Ganzheit, indem Sie all Ihre inneren »Stimmen« oder Subpersönlichkeiten und Archetypen in den beratenden Kreis des Selbst einbringen.

Die Heiler der Navajo schaffen ganze Sequenzen von Mandalas aus verschiedenfarbigem Sand. Das Ökosystem findet in Form von Bildern der heiligen Berge Eingang in das Mandala, die mit je einer der vier Himmelsrichtungen assoziiert werden, aber zugleich auch als tatsächlich vorhandene Berge zu identifizieren sind, wie etwa dem Mount Taylor oder dem Mount Humphreys. Viele Bilder enthalten darüber hinaus einen visuellen Bezug zu den heiligen Pflanzen des Ökosystems – Getreide, Bohnen, Kürbis und Tabak. Im Verlauf der Zeremonie wird der Patient in die Mitte von jedem dieser Medizinrad-Mandalas gesetzt. Im Herzen dieses geweihten Ökosystems wird das Selbst wieder mit dem Kreis der Beziehungen zu allen Wesen verbunden und in Balance gebracht.

Die Sandmalereien des Navajo sind ein Beispiel für den »Medizinrad-Typ« des Mandalas. Diese Mandalas bilden einen Mikrokosmos spiritueller und psychischer Wahrheit, wie sie in dem umgebenden Ökosystem zum Ausdruck kommen. Medizinräder tauchen noch in etlichen anderen Kulturen der Welt auf. Der tibetische Buddhismus verwendet zum Beispiel Mandalas, die mit dem geheimen »Ort« des Shambhala-Mythos in Verbindung gebracht werden, einem mystisch-irdischen Paradies, das angeblich in den schneebedeckten Bergen im Norden Tibets verborgen liegt. Rituale, bei denen ein Medizinrad Verwendung findet, erinnern uns wiederum daran, dass die Natur ein lebendes Mandala ist, innerhalb dessen sich die gesunde Psyche selbst ihren Weg sucht.

## Wie sieht Ihr Kreis aus?

Was Sie auch immer tun, Sie befinden sich dabei stets im Zentrum eines geweihten Kreises. Ohne diesen Kreis können Sie nicht überleben – weder physisch noch psychisch oder spirituell. Die Frage ist, welche Verbindung Sie zu dem Kreis haben. Stehen Sie in der Mitte eines Mandalas aus guten Beziehungen zu Familie, Gesellschaft, sämtlichen Lebewesen, dem Ökosystem und dem allem innewohnenden Göttlichen? Stehen Sie ausreichend in Beziehung, um im Fluss, im Tao zu sein? Ist Ihr Kreis weit und beinhaltet vielerlei? Ist Ihr Kreis heil?

Für den Eiferer ist der Kreis sehr klein. Er enthält nur eine Art Mensch. Für offener gesinnte Zeitgenossen ist in dem Kreis aus Beziehungen Platz für andersartige Menschen, einschließlich solcher, die eine andere Hautfarbe haben oder einem anderen Glaubenssystem angehören. Ein Kreis, der sich entfaltet, mag eine Menge innerhalb seiner Begrenzungslinie umschließen, doch unter Umständen sind »die da« nicht inbegriffen: *der* Ausländer, *der* Feind, der andere Stamm, die Umweltschützer oder auch jene, die sich ihnen entgegenstellen, oder außermenschliche Bereiche.

Ist der Kreis weit, so ist dafür Sorge getragen, dass wir alle gemeinsam darin Platz finden und dass das »Wir« den Bereich der Minerale, der Pflanzen, Tiere, den spirituellen Bereich und sämtliche Völker der Erde umfasst, ungeachtet ihrer Hautfarbe, Religion oder sonst irgendeiner Eigenschaft. Die Symbolik des Kreises entspricht der Symbolik des Eheringes: Wir sind alle miteinander verbunden.

Letztlich ist der Kreis das Bild, über das das Selbst mit dem Selbst über das größere Selbst kommuniziert, in dem wir alle miteinander verbunden sind. Durch den Kreis sind wir mit anderen Lebewesen verknüpft, mit den Steinen, dem

Erdreich, der Luft, allem, was grünt und wächst, dem Vergehen und dem Tod, der neues Leben hervorbringt, mit der Person, die wir einst waren, und der Person, die wir sein werden. Der Kreis hat etwas damit zu tun, dass wir den Taktschlag hören, im Rhythmus mitschwingen, die Musik des Daseins spüren und uns geschickt genau mit dem richtigen Quantum an Anstrengung hineinbegeben. Indem wir Beziehungen anbahnen, werden wir selbst zum Kreis.

Wir alle sehnen uns danach, uns eingebunden und akzeptiert zu fühlen, in Harmonie zu sein, uns heimisch zu fühlen, sowohl im Kosmos wie auch miteinander. Und das ist unser Geburtsrecht, denn wir sind alle Teil des Kreises. Wir müssen nur innehalten, wahrnehmen und sein. Wenn Sie sich selbst gestatten, in Kontakt zum Kreis des Lebens zu treten, sind Sie am richtigen Punkt angelangt.

# Persönliches Wachstum: Der Lebensbaum

*Geliebte, blick in dein eigenes Herz,*
*Dort wächst der heilige Baum.*
**W. B. Yeats, ›The Two Trees‹**

Einst, zu einer Zeit, da die Musik noch süßer, das Feuer heißer und das Eis kälter als heute waren, lebte ein keltischer König namens Bran, Sohn des Febal. Eines Tages wanderte König Bran alleine die Küste entlang, als von einem unbekannten Ort eine betörende Melodie an sein Ohr herüberdrang und ihn einlullte, so dass er in einen tiefen Schlaf versank. Als er erwachte, fand er neben sich einen Zweig aus reinem Silber liegen, der übersät war mit weißen Blüten. Voller Verwunderung nahm er den Zweig in sein Königsschloss mit zurück und rief seine Ratgeber um sich zusammen.

Sie waren gerade gänzlich in ihre Überlegungen vertieft, als vor ihnen eine in prächtige Gewänder gehüllte Frau von außergewöhnlichem Liebreiz erschien. Sie wandte sich an König Bran, um ihm wortreich und in schillernden Farben ein vollkommenes Land zu schildern, ihr eigenes Land, das nach Westen hin, auf der anderen Seite des Meeres läge. In diesem Land gäbe es keine Krankheiten, weder Kummer noch Tod, sondern es herrsche Reichtum, dort fänden sich alle nur erdenklichen Schätze, unverdorbene Schönheit, liebliche Musik, Gesellschaft und endloses Glück. Ihre letzten Worte, bevor sie entschwand, waren folgende: »König Bran, ich spreche meine Einladung nicht jedem Manne aus, selbst wenn ein jeder Mann diese Worte hören mag. Mögt Ihr sowohl hören wie auch verstehen.«

All das versetzte König Bran derart in inneren Aufruhr, dass er ein herrliches Schiff richten ließ, und mit einer ausgesuchten Schar von Gefährten schiffte er sich ein, um die Fahrt zu dem vollkommenen Land anzutreten. Seine große Reise brachte ihm allerlei Gefahren sowie die Begegnung mit Manannan, dem »Sohn des Meeres«, ein und führte ihn schließlich ins vollkommene Land, wo die holde Schönheit Bran in ihrem Schlafgemach empfing und auch jeder seiner Kameraden eine perfekte Gefährtin fand.

Auch wenn unsere eigenen Bestrebungen nicht ganz so wundersam sein mögen wie die Vision des Königs Bran, so werden wir doch, falls wir »sowohl hören wie auch verstehen«, von unseren Zukunftsträumen gerufen und zu individuellem Wachstum geführt. Behilflich bei der Verwirklichung dieser Träume sind uns unsere »Wurzeln«. So wäre der Einsatz von Martin Luther King für seinen Traum der Bürgerrechte vermutlich nicht von derartigem Erfolg gekrönt gewesen, wenn er nicht in einer gesunden und liebevollen Familie groß geworden wäre und sich während seines Theologiestudiums einer eingehenden Gewissensprüfung unterzogen hätte.

Diese Achse zwischen unseren Wurzeln und unseren Zielen, zwischen dem Ort, von dem wir herkommen, und dem, auf den wir zusteuern, ist das, was den Baum im Kern ausmacht, sein »Kernholz« sozusagen. Wie der Kreis ist auch der Baum eine Metapher, die darauf ausgerichtet ist, neue Horizonte zu eröffnen. Metaphern vermitteln unter ihrer wörtlichen Bedeutung noch eine andere, die dazu dient, uns über unser rationales Bewusstsein oder unseren alltäglichen Bewusstseinszustand emporzuheben. Genau wie der Kreis uns hilft, unseren Sinn für Bezogenheit von unserem inneren Kreis nach außen durch die entfernten Bereiche des Universums hindurch zu erweitern, hilft uns der Baum, unsere Individualität zu entdecken: unsere Einzigartigkeit, unsere Wurzeln und unseren innersten Wesenskern.

Der Baum ist die Achse unseres »inneren Kreiselkompasses«. Er zentriert und ergänzt den Kreis. Auf der Ebene des Kreises stellt sich die Umgebung als ein Gebilde bedeutungstragender, ineinander geschachtelter Ganzheiten dar, wobei sich jede Person als Teil dieser Ganzheiten fühlt oder sich wünscht, ein Teil davon zu werden. Vom Standpunkt des Baumes aus betrachtet, zeigt sich die Umgebung als chaotische Ansammlung beliebiger und fremdartiger Faktoren, die die Psyche in Bezug auf sich selbst als regierendes Zentrum zu koordinieren und zu beherrschen sucht. Während beim Kreis der Aspekt der Beziehungsanbahnung und -pflege maßgeblich ist, verkörpert der Baum den Aspekt der Autonomie. Und während der Kreis etwas Integratives besitzt, wächst der Baum aus einem einzelnen Punkt heraus und ist auf einen Punkt hin orientiert. Martin Luther King entwickelte sowohl seinen Kreis als auch seinen Baum: Er reifte zu einer ausgeprägten individuellen Persönlichkeit heran, die zugleich dem gesamten Kreis der Menschheit zur Seite stand.

Der Baum ist verbunden mit dem, was Robert Bly »vertikales Sehnen« nennt. Der schwedische Poet Harry Martinson beschrieb in einem Gedicht die Situation von Menschen ohne vertikales Sehnen:

Opfer des platten Bösen,
Bar des Trostes von einem höheren Ort
Oder der Unterstützung von einem Ort in der Tiefe.

Die Dimension des Selbst, die mit der Hinwendung zu einem höheren Ort zusammenhängt (höheren Zielen, der höchsten Wahrheit, einer höheren Berufung) wie auch mit der Unterstützung von einem tiefer gelegenen Ort aus (Tiefgründigkeit, Tiefen der Seele), ist eine vertikale, die uns aus der Ebene der Mittelmäßigkeit emporzieht und zur Reife führt. Für unsere individuelle Entwicklung begeben wir uns ebenso in die Tiefe, wie wir nach oben streben. Wie hoch wir uns in dieser Dimension auf unsere Ziele hin zubewegen können, hängt davon ab, wie tief wir zu unseren Wurzeln vordringen können, dorthin, wo sich Kreis und Baum im Verborgenen berühren.

## Ein kraftvolles Bild

Bäume waren die Tempel von Gottheiten,
und das einfache Volk auf dem Land
weiht genau wie in alten Zeiten noch heute
jeden bedeutenderen Baum einem Gott.
*Plinius, Naturgeschichte, XII, 3*

Um die durch den Baum verkörperte Dimension der Ganzheit zu verstehen, ist es wohl hilfreich, ein wenig von dem Bild selbst zu begreifen.

Bereits seit Tausenden von Jahren findet sich der Baum als Metapher für die Verbindung zu göttlichen Kräften. Hier liegt eines der ältesten Mittel, um sich das Unvorstellbare vorzustellen, über das Unaussprechliche zu reden. Das Bild ist genauso weit verbreitet, wie es alt ist. So betrachten zum Beispiel die Hindus den Bo-Baum (*Ficus religiosa*) als Sitz der *Trimurti*, einer dreigestaltigen Einheit von Brahma, Vishnu und Shiva. Bei den britischen und nordeuropäischen Völkern der Frühzeit wurde der Baum-Geist mit der Erneuerung des Lebens assoziiert, und die ältesten geweihten Stätten waren die heiligen Haine mitten im Wald. Das ehemalige druidische Wort für »heilige Stätte« (*nemeton*) hat denselben Wortstamm wie das lateinische Wort für Hain oder Wäldchen (*nemus*), und man vermutet, dass die frühgotischen Kathedralen in Aufbau und Form die Vorstellung des Waldes wecken sollten. Englische Ortsnamen wie Holyoake (»Heilige Eiche«) oder Holywood (»Heiliger Wald«) erinnern noch an diese einstige Verehrung der Haine und Bäume. Nathaniel Altmann kommt in seiner Untersuchung ›Sacred Trees‹ (Heilige Bäume) zu dem Schluss, dass nahezu jede Baumart mindestens einer menschlichen Gemeinschaft oder Kultur heilig ist und dass beinahe jede Kultur einen bestimmten Baum als heilig verehrt hat.

Weshalb aber nun bringt der Baum eine Saite der menschlichen Seele so stark zum Schwingen? Vielleicht liegen die Gründe in unserer seit jeher bestehenden Beziehung zu Bäumen. Die meisten wissenschaftlichen Theorien über die Anfänge der Menschheit erklären uns von Beginn an zu Waldbewohnern. Der Tropenbiologe Donald Perry schreibt hierzu: »Vor weniger als zwei Millionen Jahren hielten sich unsere Ahnen, die Australopithecinen, vermutlich einen beträchtlichen Teil ihrer Lebenszeit in den Baumwipfeln auf. Davor brachten unsere Vorfahren wahrscheinlich sechzig Millionen Jahre ununterbrochen in bewaldeten Gebieten zu. Tropische Baumwipfel waren der Mutterschoß und die Kinderstube der Menschheit. Diese, für die Evolution entscheidende, Phase des Lebens in den Wäldern hat uns unauslöschlich geprägt – sowohl was unseren Körperaufbau als auch was die Funktionsweise des menschlichen Gehirns betrifft.«

Noch vor relativ kurzer Zeit lebten wir inmitten einer Welt aus Bäumen. Bis ins erste Jahrhundert vor unserer Zeitrechnung erstreckte sich der Herkynische Wald im Norden Europas vom Rhein aus so weit nach Osten, dass ein Mensch zwei Monate hindurchlaufen konnte, ohne ans andere Ende zu gelangen. Große Teile des heutigen England, Norditalien und Griechenland waren in ähnlicher Weise bewaldet. Heutzutage leben Millionen von Leuten in Wohnungen und Häusern, zu deren Bau Holz verwendet wurde.

Aufgrund unserer Evolutionsgeschichte haben wir eine weit zurückreichende Verbindung zu Bäumen, die uns Nahrung boten und als Zufluchtsort dienten sowie bisweilen auch den Rohstoff für unsere Kleidung lieferten. Möglicherweise identifizieren wir uns mit unseren pflanzlichen Vettern, weil sowohl die Menschen als auch die Bäume aufrecht stehen, »auf«-wachsen und in die Höhe schießen. Wir sind von den Bäumen abhängig wegen des Sauerstoffs, den wir einatmen, und so besehen auch im wahrsten Sinne des Wortes, was unsere »Inspiration« (auch verwendet für Einatmung) betrifft. Meist verharren wir wahrscheinlich in ehrfurchtsvollem Staunen vor ihnen, da die Bäume größer sind als wir selbst und für gewöhnlich ein längeres Leben haben. In Kalifornien gibt es einen viertausend Jahre alten Hickory-Baum. Und in Japan stehen Zedern, die bereits vor tausend Jahren ausgewachsene, kräftige Bäume waren.

In einem ganz praktischen wie auch in einem tiefgründigeren Sinne verdanken wir alles den Bäumen. Einst, vor langer, langer Zeit, schoss ein leuchtender Blitz im Zickzack vom Himmel herunter und setzte, begleitet von einem Donnerschlag, einen Baum in Brand. Von diesem lodernden Baum raubte ein unerschrockener Vertreter unserer Vorfahren ein Stück der Macht, die sämtlichen Fortschritt der Menschheitsgeschichte ermöglicht hat. Elektrizität, Heißwasserbereitung, das Kochen von Speisen, den Einsatz von Metallen – nichts davon wäre ohne das Feuer möglich gewesen. Diese Gabe hat einen riesigen Sprung in der menschlichen Entwicklung erlaubt. Mythen und Rituale rund um den brennenden Baum, einschließlich des nordeuropäischen Yule-Festes und der Wintersonnenwende, im Rahmen derer die Vorläufer des modernen Weihnachtsbaums mit Opfer-

gaben geschmückt wurden, existieren möglicherweise seit
hunderttausend Jahren. Und es mag durchaus dieses ursprüngliche Geschenk des Feuers vonseiten einer geheimnisvollen höheren Macht gewesen sein, die den Baum als heiliges Bild in der menschlichen Psyche verankert hat.

Aus welchen Gründen auch immer, der Baum weckt tendenziell weihevolle Gefühle oder zumindest ein Gefühl der
Geheimnishaftigkeit. Sollten Sie daran irgendwelche Zweifel
haben, so verbringen Sie einmal ein oder zwei Stunden damit, in einem Wald mit altem Baumbestand zu sitzen. Berühren Sie die Rinde von einem der großen Bäume dort, und
Sie werden spüren, dass Ihre Handfläche auf einer der Säulen
der Zeit selbst ruht. Wenn Sie hundert Jahre lang an dieser
Stelle verharren und aufmerksam lauschen würden, könnten
Sie hören, wie eine einzige Silbe der langen Unterhaltung
über Gott vollständig ausgesprochen wird. Dort zu verwei-
len macht Sie demütig und verhilft Ihnen zu Geduld mit
Ihrem eigenen Leben.

## Der Baum: Achse des Selbst

*Die Seele im Körper ist mit dem Saft in einem Baum vergleichbar,*
*und die seelischen Kräfte sind der Gestalt des Baumes vergleichbar.*
*Hildegard von Bingen*

In den religiösen Erzählungen und Legenden der Welt verkörpert der Baum meist die »Achse des Universums« oder
die »Himmelssäule«. Die Babylonier, Sumerer, Hindus, Azte-
ken, Maya, sibirischen Jakuten und die Irokesen haben alle
unterschiedliche Namen für diese eine Baumachse des Kosmos, die bei den altnordischen Völkern als die Weltesche
Yggdrasil bekannt war. Einige Traditionen schreiben diese
Funktion auch einem anderen, mit dem Baum verwandten

Symbol zu, für gewöhnlich einem Berg. In all diesen Geschichten aber ist das Baumsymbol etwas Senkrechtes, befindet sich in der Mitte von allem und schafft eine Verbindung zwischen Oben und Unten.

Was gibt es noch, was senkrecht verläuft und sich in der Mitte von allem befindet? Uns, jeden Einzelnen von uns. Jeder von uns *erlebt* die Welt, als würde sich alles um ihn selbst herum abspielen, als wären wir jeder die Achse, um die sich der Kosmos dreht. Daher ist der Baum also in zweifacher Hinsicht eine Metapher. Einmal steht er für die große Mittelachse des gesamten Kosmos, um die herum sich alles dreht, und zum anderen steht er für die Mittelachse unseres eigenen psychischen und spirituellen Seins, um die unser individuelles Erleben kreist. Er ist also Achse des Kosmos und psychische Achse zugleich. Der Baum sprießt in uns allen.

Seit den späten 1940er Jahren haben Psychologen eine Methode angewendet, die unter dem Namen Haus-Baum-Mensch-Test bekannt geworden ist und die helfen soll, die inneren Prozesse eines Menschen zu begreifen. Methoden wie der Haus-Baum-Mensch-Test werden als projektive Verfahren bezeichnet, da man davon ausgeht, dass die Testperson einen Teil ihrer eigenen Innenwelt auf irgendein äußeres Objekt projiziert, mehr oder weniger vergleichbar mit einem Film- oder Diaprojektor, der Bilder auf eine Leinwand wirft. Bei diesem Test wird ein Teil der Innenwelt beim Zeichnen von drei Bildern – dem eines Hauses, dem eines Baumes sowie dem eines Menschen – aufs Papier projiziert. Die Bilder können auf jede beliebige, vom Ausführenden gewählte Weise gezeichnet werden. Der Test wird häufig bei Kindern angewendet, weil er unbedrohlich ist.

Da die Psyche die Tendenz besitzt, das eigene Leben, Wachsen und Reifen mit dem Baum gleichzusetzen, sind Psychologen der Ansicht, dass der gezeichnete Baum beim Haus-Baum-Mensch-Test die tiefsten Schichten der Persönlichkeit repräsentiert. Darüber hinaus ist die Darstellung des Baumes diejenige von allen Zeichnungen, für die die geringste Wahrscheinlichkeit besteht, dass sie sich im Laufe der Zeit ändert.

Die Zeichnung des Baumes bei diesem Test ist eine moderne Manifestation des alten und weit verbreiteten Glaubens, dass der Baum stellvertretend für das Leben einer Person steht. Einigen Weisheitslehren zufolge sind die ersten Menschen tatsächlich aus Bäumen geschaffen worden. Der menschliche Körper hat einen Rumpf und Gliedmaßen, vergleichbar dem Baum, der aus einem Stamm und Ästen besteht. In dem Wachstum und Heranreifen eines Baumes sehen wir unser eigenes Wachstum und unser Reifen gespiegelt. In zahlreichen Kulturen wird bei der Geburt eines Kindes ein Baum gepflanzt, und sein Schicksal und das Schicksal des Kindes werden als deckungsgleich betrachtet.

Wegen unserer starken psychischen Identifikation mit dem Baum ist dieser eine gut geeignete Metapher für die Achse des ganzen Selbst, Ihres und meines Selbst. Der ideale Mensch, so heißt es im ersten Psalm, »gleicht einem Baum, / gepflanzt am Rande der Wasser, / Der Früchte trägt zu der Zeit und dessen Blätter nicht welken ...« Das Universum ist ein Baum, so steht es in der hinduistischen Katha-Upanischade: »Denn es wird gesagt, der Eine in seiner Manifestation als Schöpfung ist der ewige Baum, Aschwatta, dessen Wurzeln nach oben und Zweige abwärts weisen, und es ist Er, das Brahman, das Unsterbliche, der der Leuchtende Eine genannt wird, in dem alle Welten begründet sind, und es gibt nichts über ihm, keiner kann darüber hinausgehen.«

Die Betrachtung des Baumes lehrt uns, dass, genau wie ein echter Baum das Bedürfnis hat, sich dem Sonnenlicht entgegenzurecken und dessen wohl tuende Strahlen aufzunehmen, um zu gedeihen, wir alle das Bedürfnis haben, uns nach irgendeinem höheren Ziel hin zu strecken und von diesem höheren Ort Segen oder Trost zu empfangen, um heil zu sein. Der Baum führt uns vor Augen, dass es für die Begegnung mit dem Göttlichen sowohl eines Emporstrebens des menschlichen Geistes bedarf wie auch eines Herabkommens des Göttlichen. Die Menschen haben die Erfahrung gemacht, dass das Göttliche im Zuge eines Gnadenaktes herabsteigt, um der aufstrebenden Seele zu begegnen und sie zu erheben.

1955 führte Martin Luther King einen Busboykott in Montgomery an, der die Abschaffung der Rassentrennung in öffentlichen Verkehrsmitteln zum Ziel hatte. In den Tagen, als die Kräfte der Apartheid und der Unterdrückung die Oberhand zu gewinnen schienen, erhielt King täglich mehr als dreißig Briefe und Anrufe, die Morddrohungen gegen ihn selbst sowie seine Frau und seine kleine Tochter zum Gegenstand hatten. Eines Nachts ertappte er sich dabei, wie er auf- und abschritt und sich ausgelaugt fühlte, verängstigt und bereit aufzugeben. Schließlich begann er zu beten. Er berichtet: »Ich hörte die Stimme von Jesus, die mir sagte, ich solle weiterkämpfen. Er versprach mir, mich nicht im Stich zu lassen. In jenem Moment habe ich die Anwesenheit Gottes erfahren, wie ich Ihn nie zuvor erfahren hatte. Beinahe umgehend lösten sich meine Ängste in Luft auf. Meine Zweifel verschwanden. Ich war bereit, allem die Stirn zu bieten.«

Nach der jüdischen Überlieferung bestieg Moses den Berg Sinai (dem Baum verwandtes Symbol), um Gottes Gesetze zu empfangen, und der Herr kam eingehüllt in eine Wolke

herab, um ihm die zwei steinernen Tafeln mit den Zehn
Geboten zu überreichen. In der christlichen Überlieferung
wird die vertikale Verbindung durch das Herabkommen des
Heiligen Geistes auf Jesus symbolisiert (Lukas 3, 21, Johannes 1,32) sowie durch die Himmelfahrt Christi, die im Kreuz
(oft auch als Baumkreuz) verkörpert ist. Das heilige Buch des
Islam, ›Al-Qur'an‹ (der Koran), enthält Offenbarungen, die
Mohammed als Eingebungen des Erzengels Gabriel »herabgesandt« wurden (*anzala*). Und die Gläubigen wenden sich
fünfmal täglich »nach oben«, zu Allah, wenn sie ihre Gebete
verrichten und so der Pflicht der *Salat* nachkommen, einer
der fünf Säulen des Islam (wieder ein baumähnliches Symbol). Für sie ist ihr Aufstieg in der Figur des Propheten
Mohammed Gestalt geworden, des vollkommensten Menschen. Die höchste innere Erfahrung des Propheten vollzog
sich, als der Erzengel Gabriel ihn von seiner Schlafstätte in
Mekka durch die Himmel bis vor den Thron Gottes hinaufgebracht hat, in den obersten Himmel also (arabisch: *miraj*).
Dieser Aufstieg wird im Islam als Modell für jeglichen spirituellen Aufstieg schlechthin angesehen.

Genau wie der Baum wächst jeder von uns zum Licht hin,
das uns inspiriert. Wie sieht Ihre Sonne aus? Welches ist für
Sie in den letzten Jahren die inspirierendste Erfahrung gewesen? Können Sie beschreiben, wie oder weshalb diese Sie
inspiriert hat? Was verrät dies über Ihre eigene Sonne? Worauf ist Ihr vertikales Sehnen gerichtet?

Möglicherweise ist es Ihr höchstes Bestreben, in Berührung
mit göttlichen Kräften zu kommen, unter welchem Namen
diese Ihnen auch immer vertraut sind – Christus, Buddha,
Krishna oder irgendein ganz persönliches Bild, das Ihnen als
Form dient, in welches Sie Ihr Leben zu gießen suchen.

Im ›Tibetischen Buch vom Leben und Sterben‹ beschreibt
Sogyal Rinpoche eine Meditationstechnik, bei der der Aus-

übende nach der Anrufung und der Visualisierung von einem angestrebten höheren Objekt aufgesogen wird, das von hoch »oben«, vom Himmel, herabkommt. Diese so genannte *Phowa* ist die nützlichste und wirkungsvollste Meditationsübung, die er für die Begleitung von Sterbenden gefunden hat – oder, eigentlich, auch für die Vorbereitung des jeweils eigenen Todes. Er betont, dass unabhängig davon, welches Bild Sie heraufbeschwören – das vom Buddha, von Gott, dem Heiligen Geist, Jesus, der Jungfrau Maria oder irgendein anderes –, der entscheidende Punkt darin liegt, dass Sie dieses Wesen als Verkörperung der Wahrheit, der Weisheit und des Erbarmens aller Buddhas, Heiligen, Meister und erleuchteten Wesen ansehen. Ihr Baum wächst zum Licht hin, gleich ob das Licht nun *assams, taiyo, soleil* oder Sonne genannt wird.

Eine wichtige Sache, die Sie beim Visualisieren Ihrer persönlichen »Sonne« nicht vergessen sollten, ist, dass ungeachtet dessen, welches Bild Sie sich vom Göttlichen machen, dieses nicht das Göttliche selbst ist, sondern nur eine Art Guckloch, durch welches das strahlende Licht der Transzendenz reduziert wird, so dass es wahrnehmbar ist und Sie nicht blendet. Als endliche Wesen vermögen wir das Unendliche nicht direkt zu erfassen. Unsere Vorstellungen vom Göttlichen fungieren gleichsam als Transformatoren, die eine gefährlich hohe Spannung auf eine niedrigere reduzieren, welche wir sicher handhaben können. Letztendlich ist jedes Bild des Göttlichen lediglich eine Tür, die uns einen Zugang zur Transzendenz hin eröffnet.

Für einige Menschen trägt das Streben nach etwas Höherem möglicherweise keine klar erkennbar spirituellen Züge. Der Psychologe Abraham Maslow hat unsere Erfahrungen höchsten Glücks und höchster Erfüllung als »Gipfelerlebnisse« bezeichnet, ein Begriff, der über die wörtliche Bedeutung beim Bergsteigen hinaus in unseren alltäglichen Wortschatz eingegangen ist. Auf dem »Gipfel«, in der Krone des Baumes oder baumähnlichen Symbols, spüren Menschen, dass sie ihr gesamtes Potenzial entfalten. Untersuchungen wie jene von Fred Polak, der im ersten Kapitel erwähnt wurde, oder auch von Benjamin Singer zeigen uns, wie wichtig es für Gesellschaften und Individuen ist, irgendein höheres Ziel zu haben, »auf etwas hin« zu leben. Möglicherweise besteht Ihr eigenes höchstes Bestreben in der Suche nach »Gipfelerlebnissen«. Was sind für Sie »Gipfelerlebnisse«? Wie würden Sie sie beschreiben? Weshalb trachten Sie danach? Was geben sie Ihnen? Auf welches höhere Ideal hin möchten Sie Ihr Leben ausrichten?

Indem sie unseren Blick nach oben auf ein höheres Ziel hin lenkt, verleiht die Dimension des Baumes uns eine Richtung oder ein Ziel. Der Baum gewährt uns die Option der Erfüllung. Welche Eigenschaften oder Phänomene stehen beim Objekt Ihres Strebens im Vordergrund (zum Beispiel Liebe, Barmherzigkeit, Großzügigkeit, Kreativität, höhere Einsicht, tiefer Frieden)? In welcher Weise hilft Ihnen Ihr Ideal, diese Eigenschaften im täglichen Leben zu verwirklichen?

## Die persönliche Entwicklung

Sämtliche Beteiligten [die Initiierten] vergleichen ihn
[den Baum des Lebens] mit einem Mann, der mitten in seinem Haus
eine Leiter stehen hat, auf der er hinauf- und hinuntersteigen kann,
ohne dass ihn irgendjemand daran hindern würde.
*Ein babylonischer Kabbalist aus dem sechsten Jahrhundert*

Dieser Baum, der die Achse des Universums bildet und senkrecht durch den Kern unseres Daseins wächst, hat die Eigenschaften einer Leiter. Er ermöglicht sowohl Auf- als auch

Abstieg. In einer anschaulichen Predigt, die dem heiligen Johannes Chrysostomos zugeschrieben wird, wurde das Kreuz (der Baum) einst als »die Jakobsleiter« bezeichnet. Die Regel des heiligen Benedikt besagt, dass wir unser Leben wie eine Leiter aufbauen müssen, die zu Gott hinaufführt.

Die Sprossen oder Stufen auf der Baumachse finden ihre Entsprechung in diversen Stadien der Öffnung oder der psychospirituellen Entwicklung. Der katalanische Mystiker Ramon Lull aus dem dreizehnten Jahrhundert sagt über sein Bild der Leiter: »Wir beginnen im Unvollkommenen, so dass wir zur Vollkommenheit emporzugelangen vermögen; und umgekehrt können wir unter Umständen von der Vollkommenheit in die Unvollkommenheit herabsteigen.« Des Weiteren bemerkt Lull, dass das Wissen um die letzten Dinge durch das Erklimmen einer solchen Leiter zu erlangen sei.

Die verschiedenen Weisheitslehren haben den Sprossen der Leiter unterschiedliche Namen verliehen, doch sie stimmen alle darin überein, dass es verschiedene Stufen gibt. Die meisten Lehren vertreten die Ansicht, dass derjenige Mensch den Zustand vollkommener Reife erreicht hat, der wirklich Zugang zu allen Stufen hat, je nachdem, wie die Umstände es gerade erfordern. Diese Stufen können uns auch helfen zu sehen, wie weit wir in unserer Entwicklung fortgeschritten sind und welche Wegstrecke wir noch vor uns haben. Es gibt alte und moderne Systeme. Im tantrischen Hinduismus werden die Stufen als *Chakras* bezeichnet, in der jüdischen Kabbala als *Sefiroth*, und in der westlichen Psychologie hat Erik Erikson sie mit seinem Modell von den »acht Phasen des Menschen« belegt, die auf die verschiedenen psychosozialen Entwicklungsstufen bezogen sind.

Das Hindu-Tantra des Kundalini-Yoga ist vielleicht eines der ausgefeiltesten Systeme, die mit den Stufen des Baumes arbeiten. Die Kundalini ist die zusammengerollte »Schlangenkraft« am unteren Ende der Wirbelsäule, die es über die Chakras (= Räder), ringförmig um die Wirbelsäule angeordnete Energiezentren, bis zum Scheitel »hinaufzuziehen« gilt; die Wirbelsäule zeigt hier Parallelen zu einem Baum (bisweilen wird sie auch Berg Meru, der »Fehlerfreie Berg«, genannt).

Körperlich sind die ringförmigen Chakras auf dieser Baumachse angesiedelt; das erste am unteren Ende der Wirbelsäule, dem Steißbein, das zweite im Kreuzbeingeflecht (dem Sitz der sexuellen Energie), das dritte im Sonnengeflecht (Solarplexus), das vierte im Herzgeflecht, das fünfte auf Höhe der Kehle, das sechste auf der Stirn zwischen den Augenbrauen und das siebte am höchsten Punkt des Scheitels. Wie Sie sich nun vielleicht schon denken, kommt der Name für das unterste Chakra, *muladhara*, von dem Sanskrit-Wort für »Wurzel«: *mula*.

Jedes einzelne Chakra entspricht bestimmten körperlichen Funktionskreisen und Organen. Das Wurzel-Chakra steht zum Beispiel in Zusammenhang mit den Nebennieren; das Sakral-Chakra mit den Eierstöcken oder Hoden. Die Chakras dienen auch als Überbrückungsmechanismen zwischen dem körperlichen Bereich und subtileren Bereichen. Das Kundalini-Yoga lehrt darüber hinaus, dass der Körper von einem Netz aus Energiebahnen durchzogen ist, die Meridiane oder *nadis* genannt werden (von *nad*, dem Sankrit-Wort für »strömen«). Das zentrale nadi, die *sushumna*, verläuft vom Wurzel-Chakra bis zum *sahasrara*, dem Kronen-Chakra, entlang der Wirbelsäule hinauf. Die *sushumna/* Wirbelsäule ist der Baum. Die ringförmigen Chakras sind auf die innere Säule der *sushumna* aufgereiht wie »Juwelen auf eine Halskette«.

In jedem von uns liegt die so genannte Kundalini-Shakti, die oft in Gestalt einer weiblichen Schlange verbildlicht wird, welche zusammengerollt am Wurzel-Chakra dämmert. Shakti ist die Verkörperung des weiblichen Prinzips auf allen Stufen der Schöpfung. Wenn Shakti aus ihrem Schlummer geweckt wird, kann sie vom Wurzel-Chakra über den Hauptenergiekanal aufsteigen und sämtliche höher gelegenen Chakras stimulieren. Auf jeder Stufe geht die Shakti-Kraft eine aktive Verbindung mit der männlichen Energie des dort befindlichen Chakras ein.

Das höchste Streben des Kundalini-Yoga ist die Vereinigung von Shakti- und Shiva-Energie (der männlichen Energie) im höchsten Chakra. Dies ist der Ort der Vereinigung, an dem Vermählung gefeiert wird. Shakti, die Mutter der Form, erhebt sich, um Shiva, dem Bewusstsein, zu begegnen. Zwei entgegengesetzte und sich dennoch gegenseitig anziehende Kräfte treffen sich und verschmelzen miteinander.

Diese Umarmung ähnelt Dantes geheimnisvoller Vereinigung von Instinkt und Intellekt, die im Gleichgewicht sein müssen. Die göttliche Union von Shiva und Shakti führt zu Ganzheit und letztendlich zur Befreiung aus dem Rad der Wiedergeburt. Sie repräsentiert die höchste Form der Integration von Kreis und Baum.

Um die Vereinigung von Shiva und Shakti herbeizuführen, müssen Sie sämtliche niedriger gelegenen Chakras in vorschriftsmäßiger Reihenfolge öffnen und der Kundalini erlauben aufzusteigen. Ein Chakra zu öffnen beinhaltet das Erlernen und Integrieren der jeweiligen spirituellen Lektion, die diesem Chakra zugeordnet ist. Wenn die Chakras offen sind, kann die Kundalini-Energie im Körper zirkulieren. Mit anderen Worten: Wachstum entlang der Baumdimension ist möglich, indem man die Kreise öffnet, und die um den Baum (Wirbelsäule/*sushumna*) angeordneten Ringe (Chakras) sind ein gutes Bild für die Ganzheit.

Psychologisch ausgedrückt verkörpert der »Halt durch die Wurzeln« oder das Muladhara-Chakra des Kundalini-Baumes den Lebenswillen. Das zweite Chakra (*svadisthana*) steuert den Sexual- und Zeugungstrieb. Das dritte Chakra (*manipura*), das auf Höhe des Solarplexus liegt, wird mit Macht und Willensstärke assoziiert. Wenn dieses »Rad« nicht mehr rund läuft, wird die entsprechende Person entweder willensschwach sowie saft- und kraftlos (sie wird also zu wenig Willenstärke zeigen), oder das andere Extrem tritt ein, und sie wird übertrieben energisch und übt Macht aus ohne Rücksicht auf andere (zu viel Willensstärke).

Auf diesen unteren Ebenen manifestiert sich der Baum in dem Drang, Dinge zu tun, etwas ins Rollen zu bringen, bisweilen ohne irgendein höchstes Ziel, sondern aus purer Lust am Handeln, allein um der Erfahrung willen, sich selbst als Auslöser von Veränderungen zu erleben. Diese Tendenz blitzt auch in dem Wunsch auf, die Umgebung zu »bezwingen«, rein um des Siegens wegen, und sich dabei immer wirkungsvollere Methoden anzueignen. Der Baum kommt außerdem in dem Drang nach Überlegenheit zum Tragen und in dem Bedürfnis, etwas zu erwerben (Fähigkeiten, aber auch Besitztümer). Auf den unteren Stufen haben wir den Eindruck, dass wir den Kosmos umso besser unserem eigenen Willen unterwerfen können, je mehr wir besitzen. Wir können diese Eigenschaften des Baumes auch in unseren positiveren Wesenszügen entdecken, wie etwa in der Neugier und dem Verlangen, zu forschen und die Welt kennen zu lernen. Das, was wir uns an Wissen aneignen, haben wir in gewisser Weise erobert.

Das Herz-Chakra (das vierte Chakra – *anahata*) wird assoziiert mit Liebe, Nähren, Umsorgen, Unterstützen und Beschützen. Das Hals-Chakra (das fünfte – *vishuddi*) hängt mit Kommunikation und Kreativität zusammen. Das Stirn-Chakra oder »Dritte Auge« (das sechste – *ajna*) wird mit direkter Wahrnehmung und Selbstbeherrschung in Zusammenhang gebracht. Es ist eine höhere Manifestation des Wissensdranges. Das Kronen-Chakra (das siebte – *sahasrara*), das häufig als vielschichtige Lotusblume aus tausend weißen Blütenblättern dargestellt wird, hängt mit der Vereinigung mit dem Göttlichen und der himmlischen Glückseligkeit zusammen.

Neben dem zentralen *nadi* oder Hauptenergiekanal werden für das Kundalini-System noch zwei weitere bedeutende Kanäle beschrieben, die mit dem »Wirbelsäulen-Baum« verbunden sind. Diese Kanäle entspringen zu beiden Seiten des Wurzel-Chakras und laufen in relativ dicht gewundenen Spiralen rund um den zentralen Kanal durch den Körper hinauf. Jeder dieser beiden zu einer Helix auseinander gezogenen Kanäle hat von oben betrachtet die Form eines Ringes. Die Struktur, die so entsteht, ist mit zwei ineinander verwundenen Schlangen verglichen worden.

Dieses Muster ineinander verschlungener Schlangen ist mehr oder weniger identisch mit dem Bild des Caduceus, eines von einem Schwingenpaar gekrönten Stabes, um den sich zwei Schlangen winden. Nach Heinrich Zimmers Forschungen reichen die Darstellungen des Caduceus als Symbol für Ganzheit und Heilung bis mindestens ins antike Mesopotamien (2600 vor unserer Zeitrechnung) zurück. Der griechische Gott Hermes trägt diesen Stab, wenn er Seelen während eines Wandlungsprozesses oder nach dem Tod zur Ober- oder Unterwelt geleitet. Der griechische Gott der Medizin und der Heilung, Asklepios (lateinisch: Aesculapius), trägt einen ähnlichen Stab. Eben jenes Symbol lebt heute als Äskulapstab auf dem Briefkopf von Ärzten und auf der Berufskleidung von Krankenhausmitarbeitern weiter. Mit den um den Stab gewundenen Schlangen haben wir einen weiteren sehr alten Beleg für den Baum und den Kreis als Muster der Heilung und Ganzheit vorliegen. Die Weisheitslehren der Hopi und die Überlieferungen rund um den Lebensbaum der Kabbalisten bestätigen genau wie andere Lehren die im Aufsteigen der Kundalini enthaltene Struktur von übereinander liegenden Ringen oder Kreisen rund um den Baum.

Da der Baum eine Metapher im doppelten Sinne ist, nämlich als Achse des Kosmos wie auch des Selbst, weisen viele dieser Baum-und-Kreis-Systeme die Beschaffenheit eines Fraktals auf. Die Struktur dieses komplexen geometrischen Gebildes ist auf jeder Stufe der Vergrößerung identisch, und das Fraktal besitzt die Eigenschaft der Selbstähnlichkeit, das heißt, jedes noch so kleine Teil des Fraktals hat dieselbe Struktur wie das Gesamtobjekt. Auf diese Weise ist es ein Muster der Ganzheit sowohl im Kosmos als auch in der Psyche des Individuums. So enthält zum Beispiel das tibetisch-buddhistische Kalachakra-Mandala eine Reihe übereinander geschichteter Kreise um eine Baumachse, wodurch sowohl die individuelle wie auch die kosmische Ganzheit veranschaulicht werden soll.

Einen anderen Zugang, um die rund um den Baum liegenden Schichten oder Ebenen, speziell die tiefer liegenden, zu verstehen, bietet die Psychologie. Erik Erikson, der auf dem Werk Sigmund Freuds aufbaute, schuf ein hierarchisch strukturiertes Modell der menschlichen Entwicklung, das er selbst die »acht Phasen des Menschen« nannte. Erikson sagt, dass eine Person in jedem einzelnen dieser acht Reifestadien eine »Krise« durchlaufe oder einen Kampf ausfechte zwischen der Neigung zum Wachstum und der Möglichkeit der Regression. In der ersten Phase spielt sich dieser Kampf ab zwischen dem, was Erikson als Vertrauen ins Universum und als Urmisstrauen bezeichnet. Normalerweise löst ein Mensch dieses Problem während der ersten ein bis zwei Lebensjahre. »Daher kann man es als die erste soziale Leistung eines Babys bezeichnen«, so Erikson, »wenn es die Mutter aus seinem Gesichtsfeld entlassen kann, ohne übermäßige Angst oder Wut zu äußern, weil die Mutter inzwischen außer zu einer zuverlässig zu erwartenden äußeren Erscheinung auch zu einer inneren Gewissheit geworden ist.« Später machen wir folgende Kämpfe durch: Autonomie versus Scham und Zweifel, Initiative versus Schuldgefühl, Werksinn versus Minderwertigkeitsgefühl, Identität versus Identitätsverwirrrung, Intimität versus Isolierung, Generativität (oder auch zeugende Fähigkeit) versus Stagnation sowie Integrität des Ego versus Verzweiflung.

Eriksons moderne psychologische »Chakras« weisen frappierende Parallelen zu den Chakras des Kundalini-Systems auf. Das sechste der Kundalini-Chakras, das Stirn-Chakra oder »Dritte Auge«, wird mit direkter Wahrnehmung und Selbstbeherrschung assoziiert. Selbstbeherrschung liegt dann vor, wenn alle Seiten des Selbst in ein harmonisches Ganzes integriert sind. So entspricht das sechste Chakra in seiner Beschaffenheit ziemlich genau der letzten von Eriksons acht Reifephasen: der Integrität des Ego und ihren Früchten, der Weisheit. Die zeugende Fähigkeit (Eriksons siebte Phase) weist eindeutige Analogien zu dem Begriff der Kreativität, wie sie das fünfte Chakra verkörpert, auf. Intimität (Eriksons sechste Phase) entspricht der dem vierten Chakra zugeordneten Liebe. Initiative und Werksinn mit ihren Früchten, Willenskraft und Entschlossenheit, sind mit Macht und Willen zu vergleichen. Eriksons dritte und vierte Phase decken sich also mit dem dritten Chakra. Das Gefühl des Urvertrauens, das in Eriksons erster Phase aufgebaut wird, findet sein Äquivalent in einem unerschütterlichen Gefühl des soliden Standes und des Halts, der eine der fundamentalen Voraussetzungen für das Leben an sich darstellt. Eriksons erste Phase entspricht also dem ersten Chakra.

# Stufen der Reife

Kundalini-Chakras

Eriksons acht Phasen
des Menschen

Vereinigung mit dem
Göttlichen

Selbstbeherrschung — 8 Integrität des Ego (Weisheit)

Kreativität — 7 Generativität oder auch
zeugende Fähigkeit

Liebe, Geborgenheit — 6 Intimität

5 Identität

Macht, Wille

3, 4 Initiative, Werksinn

Sexualität

2 Autonomie

Halt in den Wurzeln — 1 Urvertrauen

Die Arbeit in jeder von Eriksons Phasen besteht folglich für den Einzelnen darin, ein ausgewogenes Verhältnis zwischen der Tendenz zum Wachstum und der Tendenz zur Regression zu finden und beides zu integrieren. Die völlige Auslöschung regressiver Tendenzen ist nicht das Ziel. So würde etwa die völlige Ausschaltung des Misstrauens eine Person in einem Zustand unreifer Naivität zurücklassen. Es bedarf vielmehr in jeder Lebensphase einer angemessenen Lösung für die dazugehörige Krise. Erikson vertritt den Standpunkt, dass ein Mensch, der in jeder Phase ein gutes Verhältnis zwischen den widerstreitenden Bestrebungen findet, grundlegende menschliche Stärken erwirbt: die Gabe zu hoffen, Willenskraft, Entschlossenheit, Können, Treue, die Fähigkeit, zu lieben sowie für andere zu sorgen, und Weisheit. Die Entwicklungsstufen folgen tendenziell eine auf die andere, und der Erfolg auf einer späteren Stufe ist von dem Erfolg auf einer früheren Stufe abhängig. Wenn Erikson in Zusammenhang mit der Integrität des Ego, also dem positiven Aspekt der letzten Reifephase, von den »Früchten« der vorangehenden sieben Phasen spricht, so bedient er sich einer Baummetapher.

Eriksons Entwicklungstheorie ist nicht das einzige psychologische Pendant zu dem Chakra-System des Kundalini-Yoga. Abraham Maslow machte im Rahmen seiner Motivationstheorie fünf Schichten von Bedürfnissen aus, die unser Verhalten bestimmen. Maslow ordnete diese Bedürfnisse hierarchisch an und erklärte, wir würden zunächst versuchen, die niedrigsten Bedürfnisse zu befriedigen, bevor wir nach der Erfüllung der höheren Bedürfnisse strebten. Seine so genannte Bedürfnispyramide deckt sich in weiten Teilen mit dem System der Chakras.

Um die einzelnen Ebenen des Baumes vollständig zu erforschen, bedarf es jahrelanger Studien, doch einfach ausgedrückt wissen wir alle, dass dies die wichtigsten Lektionen sind, die wir zu lernen haben, beziehungsweise die wichtigsten Hindernisse, die wir im Laufe unserer psychospirituellen Entwicklung zu überwinden haben. Von all den verschiedenen Chakra-Systemen, alten wie modernen, lässt sich sagen, dass unsere Hauptlektionen im Rahmen unserer individuellen Entwicklung folgende Punkte beinhalten: 1. das körperliche Überleben, 2. die körperliche Sexualität, 3. Macht/Willensstärke, 4. Herz/Liebe, 5. Kommunikation/Kreativität, 6. Selbstbeherrschung und 7. die Vereinigung mit dem Göttlichen. Sämtliche Systeme stimmen darin überein, dass Gesundheit und Wohlbefinden mit einer ausgewogenen Öffnung auf allen Ebenen assoziiert werden, auf sämtlichen »Chakras« oder Ringen/

Kreisen um den Baum des Wachsens und Reifens herum. Auch lehren uns sämtliche Systeme, dass Entwicklung im Allgemeinen in aufsteigender Richtung erfolgt, dass der Versuch gefährlich sein kann, auf dem Weg nach oben einzelne Ebenen zu ignorieren oder zu überspringen, dass größere Reife einer höheren Funktionsstufe auf der Baumachse entspricht und dass vollkommene Reife oder Gesundheit in der Fähigkeit besteht, im richtigen Moment in die richtige Entwicklungsstufe einzutreten.

Betrachten Sie einen Moment lang Ihre eigene Reifestufe auf dem Baumdiagramm. Auch wenn hier kein Raum dafür ist, bezüglich der Öffnung der einzelnen Ebenen um den Baum herum allzu sehr ins Detail zu gehen, können Sie doch ein Gespür für Ihren persönlichen Entwicklungsstand gewinnen, indem Sie überlegen, wie Ihr Leben aussähe, wenn Ihnen sämtliche Ebenen offen stünden und zugänglich wären.

Falls alle »Chakras« offen und zugänglich wären, würden Sie sich im lebenden Kosmos (erstes Chakra) verwurzelt fühlen, wären in der Lage, mit Genuss die sexuelle Vereinigung zu vollziehen (zweites Chakra), Sie wären imstande, Entscheidungen zu fällen und in einer angemessenen Weise mit Macht umzugehen (drittes Chakra), Liebe und Barmherzigkeit gegenüber allen Lebewesen walten zu lassen (viertes Chakra), kreativ zu sein und Ihre innersten Gedanken und Gefühle klar auszudrücken (fünftes Chakra), sich selbst zu beherrschen und im Einklang mit Ihrer Intuition zu stehen (sechstes Chakra) sowie eine Verbindung zum Göttlichen oder dem Urgrund des Seins aufzunehmen, das jenseits des Sagbaren liegt (siebtes Chakra).

Ihre Reifestufe auf der Baumachse kann zum Teil daran gemessen werden, mit welchem Erfolg Sie Eriksons acht »Krisen« gemeistert haben, und teilweise auch an Ihren Motivationsquellen auf der Maslow'schen Bedürfnispyramide. Oftmals verweist der Bereich der Schmerzen oder des Kampfes im Leben eines Menschen auf das Chakra, das am wenigsten geöffnet ist, auf die Lektion, an der man schwer kaut und die noch zu verdauen ist. Wenn Sie beispielsweise feststellen, dass Sie eifersüchtig auf jemanden sind, der Macht hat, oder wenn Sie eine Neigung zur Tyrannei haben, sitzt die Blockade mit hoher Wahrscheinlichkeit im dritten Chakra. Ein Hinweis auf Probleme im Bereich dieses Chakras könnte auch dann vorliegen, wenn Sie von jemand Starkem abhängig sind, oder umgekehrt, wenn gegenüber jemandem, der eine Machtposition innehat, eine so genannte Gegenabhängigkeit besteht, das heißt, wenn Sie prinzipiell das Gegenteil von dem tun, was Ihr Gegenüber wünscht, nur um zu demonstrieren, wie »unabhängig« Sie sind. Wenn eine gesunde Balance zwischen Initiative und Schuld gefunden ist und Sie in der Lage sind, Ihre eigene Macht angemessen einzusetzen, dann ist das dritte Chakra aller Wahrscheinlichkeit nach geöffnet.

Selbst nachdem man den Aufstieg den Baum hinauf begonnen hat, warten auf der Reise unzählige Schwierigkeiten. Die »Tugendleiter«, eine Zeichnung der elsässischen Äbtissin Herrade von Landsberg (zwölftes Jahrhundert nach unserer Zeitrechnung), zeigt einen Ritter und seine Dame, eine Nonne, einen Geistlichen, einen Mönch, einen Einsiedler und einen betenden Eremiten, die alle auf verschiedenen Sprossen einer fünfzehnstufigen Leiter der Krone des Lebens entgegenklettern. Der Großteil der Klimmenden schafft es nicht bis zur obersten Stufe, sondern taumelt von den Sprossen dem Genuss weltlicher Freuden entgegen. Dämonen attackieren die Kletternden, und bewaffnete Engel suchen sie zu beschützen.

Wir erkennen deutlich die Parallelen zu unserem eigenen Leben. Wir hegen gute Absichten, »hochfliegende Hoffnungen«, doch dann werden wir abgelenkt. Wir lassen zu, dass wir in die »Fänge des Teufels« geraten und profane Fragen uns absorbieren und uns vom Weg unseres Herzens abbringen. Wir haben nur die Abzahlung unseres Wagens im Blick anstatt die Lösung unseres karmischen Konflikts. Wir dürften nicht einmal hoffen aufzusteigen, wenn da nicht unsere Lehrer, unsere »Bergführer« und »Engel« wären, die in Form zufälliger Begegnungen mit dem Guten auf der Welt auftauchen.

Der Aufstieg in die oberen Regionen der Baumachse birgt Gefahren für den Unreifen, Unausgeglichenen und von falschen Motiven Geleiteten. Die Kabbala berichtet von vier Rabbis, die eines Nachts von einem Engel geweckt wurden, der sie zu dem siebten Gewölbe des siebenten Himmels emportrug, also zum Wipfel des Lebensbaumes. Dort erblickten sie das heilige Rad Ezechiels, den Ring um die Spitze des Baumes. Einzig einer der vier war angemessen darauf vorbereitet. Bei ihrer Rückkehr hauchte der erste Rabbi sein Leben aus, der zweite verlor den Verstand, und der dritte fiel vom Glauben ab. Allein der vierte war in der Lage, das, was er geschaut hatte, zu integrieren. Ganz deutlich und klar sah er die Schönheit seiner Frau, die Unschuld seines Sohnes, das Wunder eines jeden Grashalms. Sein Herz ging ihm über, was seinen Ausdruck in Gedichten und Lobgesängen fand. Und er lebte sein Leben weit besser als zuvor.

## Der Baum, der Früchte trägt

Wenn Sie den durch die Baumachse symbolisierten Reifeprozess durchlaufen, beginnen Sie irgendwann, »Früchte zu tragen«. Der Sufi-Dichter Rumi erinnert uns allerdings daran, dass, auch wenn es so scheinen mag, als bringe der Baum die Früchte hervor, doch in Wirklichkeit der Baum überhaupt erst existiert, *weil* es Früchte gibt. Zu keinem anderen als diesem Zweck wächst Ihr Baum. Der Evangelist Matthäus sagt, dass Jesus einmal einen Feigenbaum zum Verdorren verurteilte, weil er keine Früchte trug (Matthäus 21, 19). Denise Levertov schildert uns in einem ihrer Gedichte, dass der verdorrte Feigenbaum für unsere verdorrten Herzen steht. Wir haben alle eine Verpflichtung, menschliche Früchte des Mitgefühls und des Verstehens hervorzubringen. Christus, der ein meisterlicher Poet war, benutzte den Feigenbaum als Metapher. Als er ihn verdammte, verfluchte er damit weder den Baum noch seine Jünger, sondern »ihre Stumpfheit, unter der sich ungeahnte Gaben verbargen«.

Die Früchte Ihres Lebens können die Form spiritueller Erfüllung annehmen, die Form ungeahnter Gaben, oder sie können das Erreichen Ihres höchsten Zieles bedeuten. Sie können die Gestalt von Weisheit, Wissen, Kreativität, Fähigkeiten oder Macht haben. Jede dieser Früchte ist mit einer Stufe der Baumachse verbunden.

Die Früchte der Weisheit oder der höheren Erkenntnis werden mit dem sechsten Kundalini-Chakra (dem Stirn-Chakra) in Verbindung gebracht. Die Sprache selbst assoziiert den Baum mit Weisheit. Im angelsächsischen Sprachraum sind die Wörter für Holz und Weisheit nah miteinander verwandt: Das irische *fid* und *fios* bedeutet »Bäume« beziehungsweise »Wissen«; das walisische *gwydd* und *gwyddon* steht für »Bäume« sowie für »kenntnisreich, bewandert«. *Gwydd* ist zudem verwandt mit dem englischen Wort *wood* (Holz). Das Wort *truth* (Wahrheit) ist genau wie das Wort *Druid* (Druide) und das Wort *tree* (Baum) aus demselben einstigen indogermanischen Wortstamm *dru* hervorgegangen, der selbst so viel wie »Baum« bedeutet.

Als weitere Früchte wären die Kreativität zu nennen (die mit dem fünften Chakra, dem Hals-Chakra, assoziiert wird), von Barmherzigkeit und Nächstenliebe geprägte Beziehungen (die mit dem vierten Chakra, dem Herz-Chakra, in Verbindung gebracht werden, das die Hauptschnittstelle zwischen Baum und Kreis darstellt) sowie das Beherrschen bestimmter Fertigkeiten und Stärke (drittes Chakra – auf der Höhe des Solarplexus).

Es gibt zahlreiche Wege, um Früchte hervorzubringen. Man kann in Kontakt zum Göttlichen treten und heilende Energie in den Kreis der Welt leiten, wie Christus es vom (Baum-)Kreuz aus getan hat oder wie es die großen Kabbalisten über den Baum des Lebens getan haben. Man kann Weisheit entwickeln, Werke schaffen, die schön und hilfreich sind, seine Fähigkeiten und seine Macht zum Wohle des Kreises nutzen, kann Kinder – die »Früchte« seiner Lenden – zu guten Erwachsenen heranziehen. Im Laufe unseres Lebens vermögen wir einige oder viele dieser Dinge zu vollbringen. Jesus erinnert uns daran, dass wir an unseren Früchten zu erkennen sein werden (Matthäus 7, 17 bis 20). Und wie steht es mit Ihnen, an welchen Früchten würden Sie gerne erkannt werden?

Eine außergewöhnlich effektive Weise, die Antwort auf diese Frage zu finden, ist es, den eigenen Nachruf zu verfassen. Wofür möchten Sie am liebsten in Erinnerung behalten werden? Was sollen die Leute Ihrem Wunsch nach empfinden, wenn sie an Sie zurückdenken? Welches Vermächtnis wollen Sie hinterlassen? Was möchten Sie gerne, dass man nach Ihrem Tode über Sie sagen soll? »Sowieso war vor allem bekannt dafür, dass …«

# Evolution des Bewusstseins

Die menschliche Natur ist keine Maschine,
die nach einem vorgefertigten Modell oder Bausatz
konstruiert wird, um exakt die vorgeschriebene Arbeit
zu verrichten, sondern sie ist ein Baum, der wachsen
und sich nach allen Seiten hin entfalten [muss].
*John Stuart Mill*

Ken Wilber, ein Vertreter der transpersonalen Psychologie, weist darauf hin, dass die großen Weisheitslehren der Welt, einschließlich der modernen Psychologie, der Evolutionstheorie und der Systemtheorie, die hierarchische Struktur des Baumes in vielfältiger Hinsicht zugrunde legen. Mit anderen Worten, eine Hierarchie ist keine einfache Anordnung von einer Sache über der anderen. Sie besteht vielmehr in einer Aufeinanderschichtung von Ebenen der Ganzheit. Ein Silizium-Atom ist ein ganzes Silizium-Atom, aber es ist nur ein Teil eines Sandkornes, welches seinerseits ein vollständiges Sandkorn ist, aber nur ein Teil des Strandes. Arthur Koestler prägte den Begriff »Holon«, um diese Astknoten am hierarchisch aufgebauten Baum zu bezeichnen, die sich teilweise wie ein Ganzes oder ganz wie Teile verhalten, je nachdem, von welchem Blickwinkel aus wir sie betrachten.

Jede vorhandene Stufe über der ersten (oder jedes Holon) ist höher als die vorherigen, da sie die Eigenschaften, Strukturen und Funktionen der tieferen Stufen *beinhaltet* und *zusätzlich* ihre eigenen einzigartigen und umfassenderen Eigenschaften *mit sich bringt*. Daher ähnelt die dem Baum eigene Hierarchie eigentlich nicht so sehr übereinander liegenden geologischen Schichten oder den Sprossen einer Leiter, sondern eher einem Satz ineinander gestapelter chinesischer Schachteln oder den Ringen in einem Baum.

Eben diese Form tritt deutlich in der Evolution des Bewusstseins selbst zutage, wo das allgemeine Muster das des *Transzendierens* und *Einschließens* ist. Ken Wilber schreibt:

> Wenn die höheren Bewusstseinsstufen auftauchen und sich entwickeln, schließen sie selbst die grundlegenden Komponenten der ursprünglichen Weltsicht mit ein, um anschließend ihre eigene neue und differenziertere Wahrnehmung hinzuzufügen. Sie transzendieren und schließen ein. Weil sie mehr einbeziehen, sind sie adäquater. So kann man also nicht sagen, dass die frühere Weltsicht völlig falsch war und die neue völlig richtig ist. Die frühere war adäquat, die neuere ist noch adäquater.

Wilber betont, dass man die weiteren Ringe des Kreises nur zu erfassen vermöge, wenn man den Baum hinaufsteige und zu höheren Bewusstseinsebenen gelange. Jede Stufe, die wir auf dem Baum erklimmen, beinhaltet eine neue und umfassendere Weltsicht. Die Eiche ist entschieden anders als der Ahorn, und doch sind die beiden verwandt. Sich von der Selbstbezogenheit des Kleinkindes zu der weiter reichenden, aber immer noch begrenzten Sichtweise des Tribalismus oder des Ethnozentrismus bis hin zu der am weitesten ausgreifenden »weltzentrierten« Ethik zu bewegen, erfordert ein Wachstum im Sinne eines Aufstiegs entlang der Baumachse. Am Endpunkt, von einer hohen Warte aus, fängt man an, das Göttliche in allem Seienden zu erkennen. Wilber sagt: »Um zu dieser höheren und relativ seltenen Haltung der universalen Fürsorge zu gelangen, muss ich meine natürlichen biozentrischen Impulse (Sexual- und Fortpflanzungstrieb), meine egozentrischen Wünsche und meine ethnozentrischen Schwächen überwinden – und stattdessen an einem relativ weltzentrierten Ort der moralischen Achtsamkeit stehen, für die das universale Mitgefühl unerlässlich ist.«

Mit anderen Worten schreitet die Entwicklung des Bewusstseins innerhalb des Kreises und des Baumes zugleich voran. Das Bewusstsein bewegt sich entlang der Baumachse nach oben auf das Erlangen von *Transzendenz* hin; und dann *bezieht* es Neues *mit ein*, indem der individuelle Wahrnehmungskreis erweitert wird. Es reift, indem es immer differenzierter wird (Baum) und mehr und mehr integriert (Kreis). Oder, um es anders auszudrücken: Der Baum wächst innerhalb des Kreises, und die Kreise sind die Früchte des Baumes.

Ein Beispiel dafür, dass der Baum innerhalb des Kreises wächst, ist das Schema sämtlicher geglückter Initiationsriten. Malidoma Patrice Somé ist ein zeitgenössischer Schamane, der in Afrika initiiert wurde und Doktortitel an der Brandeis University (in Waltham bei Boston) und an der Sorbonne (in Paris) erworben hat. Somé sagt, dass zu einer vollständigen Initiation (individuelle Reife auf der Baumachse) ein Dorf da sein muss (Kreis der Gemeinschaft), das den Initiierten erkennt, anerkennt und bei der Rückkehr von seiner Initiation empfängt. Wenn die Gemeinschaft dies nicht offiziell zur Kenntnis nimmt, kommt in unserer Psyche die Botschaft an, dass die Initiation nicht vollendet ist, und wir haben das Gefühl, wir müssten erneut aufbrechen und es noch einmal versuchen. Ohne das Dorf, schreibt Somé, befände sich jeder in einem »Initiations-Dschungel«.

Die Existenz dieses Dschungels wird auf traurige Weise in den täglichen Nachrichten von Banden, emotional verwahrlosten Kindern und grollerfüllten Erwachsenen deutlich, von denen viele das Gefühl haben, sie seien zu keinem Zeitpunkt in zufrieden stellendem Maße ins Erwachsenendasein eingeführt worden. Es war kein Kreis da, der den Baum bewusst in seinem individuellen Wachstumsprozess unterstützt hätte. In unserer Gesellschaft erproben insbesondere die Jugendlichen wieder und wieder riskante Verhaltensweisen. Und doch erhalten sie dabei nie die Bestätigung der Gemeinschaft, dass ihre halsbrecherischen Aktionen irgendetwas bewiesen hätten. Die Risiken, die sie auf sich nehmen, schaffen selbst in ihrem weiteren Umfeld keinen Anknüpfungspunkt. Auf die Ablösung folgt keine Integration.

## Eine moderne Baum-Geschichte

Der Baum verkörpert das unverdrossene Sprießen jeder individuellen Lebenskraft und die Entfaltung jedes individuellen Dranges, Früchte zu tragen. Mit dem Wachsen des Lebensbaumes bildet sich die einzigartige Identität jedes Einzelnen heraus, und der Betreffende ist in der Lage, in diesem Leben das zu vollbringen, wozu er auf die Welt gekommen ist.

Eine meiner Klientinnen hatte sich aufgemacht, nach ihrem Baum zu suchen. Jan war gerade frisch zur Abteilungsleiterin befördert worden. Obschon sie in ihrer vorhergehenden Position erfolgreich gewesen war, fühlte sie sich nun auf ihrem neuen Posten von der Fülle der Aufgaben überwältigt und verängstigt. Sie hatte Zweifel an ihrer Fähigkeit, sich durchzusetzen und produktive Arbeit zu leisten. Man könnte sagen, dass Jans Aufstieg oder Beförderung auf eine höhere Stufe der Karriereleiter auf einer inneren Ebene dem Aufruf gleichkam, den nächsten Entwicklungsschritt zu tun und den Baum weiter hinaufzuklettern. In dem geschützten Rahmen der therapeutischen Beziehung begannen wir, ihren Sorgen auf den Grund zu gehen. Die Forschungen führten uns entlang der Baumachse sowohl nach unten wie auch nach oben.

Jans Assoziationen zu ihrer gegenwärtigen Situation führten schließlich zu ihren »Wurzeln«, unter anderem auch zu Erinnerungen an ihren Vater. Als Jan ein kleines Mädchen war, war ihr Vater emotional nicht präsent gewesen; sie hatte in seiner Gegenwart stets den Eindruck gehabt, nicht zu genügen. Diese Wurzeln ließen sich bis zu Jans aktuellem Empfinden der Unzulänglichkeit hinaufverfolgen. Als sie nach einer tiefen Kraftquelle suchte, aus der sich Kraft beziehen ließ, fand sie wenig, was ihr hätte Halt verleihen können. Bei einem gesunden Baum spenden die Wurzeln Nährstoffe, doch in Jans Fall sogen die Wurzeln vielmehr Lebenskraft aus ihrem gegenwärtigen Leben heraus. Einige ihrer Wurzeln waren angenagt oder verseucht.

Bei ihrer Erkundungsreise im Laufe der Therapie stieß Jan schließlich auch auf ihre höheren Ziele. Wenn auch zunächst noch zögerlich, war sie doch imstande, ihr Ideal in ein Bild zu fassen: Zumindest für die Gegenwart war dies ein warmes, geschütztes und rustikales Haus im Wald, wo sie mit ihrem Ehemann leben und daneben auch Zeit finden konnte, um in der Natur zu sein und … zu tanzen! Hier erreichte sie die Stufe des Baumes, auf der sich seine schöpferischen, zeugenden Kräfte entfalten und er die ersten Früchte trägt. Als sie sich selbst gestattete, sich diesen Phantasien genussvoll zu überlassen, fing sie vor Freude und auch vor Erleichterung an zu weinen.

Gestärkt durch das Bild ihrer höheren Ziele und von der Vorstellung, wer sie eines Tage sein könnte, war Jan in der Lage, sich erneut der Erkundung ihrer Wurzeln zuzuwenden und wenn auch nicht zu Frieden, so doch zumindest zu emotionalem Waffenstillstand mit dem Vater ihrer Erinnerung zu finden. Nach der Phase, während der wir gemeinsam gearbeitet hatten, erklärte mir Jan, dass die neue berufliche Position für sie zwar nach wie vor eine Herausforderung bedeute, sie sich aber nicht länger überfordert und von ihren Ängsten blockiert fühle.

Während meiner Arbeit mit Jan habe ich mit ihr nicht

direkt über den Baum gesprochen. Doch was sie tat, war, »Trost von einer höheren Warte« sowie »Unterstützung von einem Ort in der Tiefe« für sich aufzubauen. Es war ihre Arbeit entlang der Baumachse, die Wurzelarbeit sowie die Arbeit an höheren Zielen, die ihr half, heil zu werden und sich weiterzuentwickeln.

C. G. Jung erklärt, Heilung käme nur von dem, was den Patienten über sich selbst und über seine Verstrickung im Ego hinausführe. Man könnte sagen, dass die Annäherung an einen Zustand der Heilung auf der Ebene des Kreises den Horizont des Patienten erweitert und ihn so voranbringt, indem sie ihn hinaus- und hineinführt; bei der Annäherung über die Baumachse wächst der Patient über sich selbst hinaus, indem er hinauf- und wieder hinunter-, oder zuerst hinunter- und anschließend hinaufgelotst wird. Mark, der Ingenieur, von dem in Kapitel zwei die Rede war, wurde geheilt, indem er seinen Kreis erweiterte und seine Kontakte intensivierte. Er lernte, nach draußen zu gehen und zurückzukehren, um Beziehungen aufzubauen. Jan, die frisch gebackene Abteilungsleiterin, wurde geheilt, indem sie innerhalb der Baumdimension weiter wuchs. Sie schwang sich innerlich bis zu ihren höchsten Zielen empor und stieg hinab zu ihren Wurzeln.


## »Unterstützung aus einem Ort in der Tiefe«

*Eine Stadt lässt sich verlegen, nicht jedoch der Brunnen.*
*I Ging, Hexagramm 48*

Wer wollte nicht, dass man von ihm sagt, er habe Seele? Ein seelenvoller Mensch ist jemand, dessen Nähe wir als angenehm empfinden. Wir spüren, dass dieser Mensch das Leben mit all seinen Höhen und Tiefen kennt und dass er lehrreiche

Erfahrungen gesammelt hat im Umgang mit Unvollkommenheit und daher bereit sein könnte, uns so, wie wir sind, anzunehmen, mit unseren persönlichen Schwächen. Wenn wir mit dieser Person zusammen sind, brauchen wir uns nicht zu verstellen. Sie hat sich mit den Wurzeln des eigenen Daseins befasst, Wurzeln, die bis zum »Grundwasser« oder Urgrund des Lebens hinabreichen. Diese Person hat sich in feuchte Gefilde begeben und ist dort mit dem Lebensborn in Berührung gekommen, mit den tiefen Strömungen des Kosmos. Sie ist eine Person mit Tiefgang.

Wie schon erwähnt, wird »Seele« traditionellerweise mit Wasser assoziiert und mit einer Versenkung in die Tiefe, wohingegen »Geist« mit Feuer in Verbindung gebracht wird und nach oben strebt. Daher könnte man sagen, dass die Arbeit entlang der Baumachse sowohl den Aufstieg am Stamm hinauf bis zur Krone als Sitz des Geistes beinhaltet als auch den Abstieg entlang der Wurzeln in die Tiefen der Seele und zu dem feuchten Urgrund hin, der den Boden des Lebensquells bedeckt.

Als die Gebrüder Grimm durch die deutschen Lande zogen und ihre Märchen sammelten, hielten sie damit die Wurzeln des modernen Psychologieverständnisses fest. Obschon die Märchen erst im frühen neunzehnten Jahrhundert niedergeschrieben wurden, geben sie doch eine vielleicht tausendjährige mündliche Überlieferung wieder. Bevor das geschriebene Wort Allgemeingut wurde, waren mündlich erzählte Geschichten der einzige Weg, auf dem die Menschen ihre gesammelte Weisheit zur Bewältigung der Widernisse des Lebens an die nächste Generation weitergeben konnten. Zahlreiche dieser Erzählungen enthalten Lehrreiches über die »Unterstützung von einem tieferen Ort her« und gemahnen uns, dass der Weg nach oben über den Weg nach unten führt.

In dem Grimm'schen Märchen ›Der Teufel mit den drei goldenen Haaren‹ wird der Held mit einer der typischen unlösbaren Aufgaben konfrontiert. Nicht nur muss er den Teufel persönlich finden (oder in einigen Versionen auch einen riesenhaften Menschenfresser), sondern er muss darüber hinaus »drei goldene Haare vom Haupte des Teufels« ausreißen und sie dem König bringen. Der Held ist das »Glückskind« in jedem von uns, das in den verschiedenen Märchen weibliche oder männliche Gestalt annehmen kann; und die erfolgreiche Erfüllung der Aufgabe zeigt die Bereitschaft des Kindes zur heiligen Ehe oder erweist es als des »Königtums« würdig – was bedeutet, dass der Junge oder das Mädchen fähig sind, souverän zu sein oder ihr eigenes Dasein zu leben. Auf seiner Suche kommt der junge Mann in dem Märchen durch zwei Städte. In der ersten Stadt gibt es einen »Marktbrunnen, aus dem sonst Wein quoll«, der aber nun »nicht einmal mehr Wasser gibt«. In der zweiten Stadt steht ein Baum, »der sonst goldene Äpfel trug«, aber »jetzt nicht einmal Blätter hervortreibt«. Die Wächter an beiden Stadttoren bitten den jungen Mann um Rat.

Der Held bekommt am Ende tatsächlich die drei goldenen Haare und erfährt aus dem Munde des Teufels, was mit dem Brunnen und mit dem Baum nicht stimmt: »… es sitzt eine Kröte unter einem Stein im Brunnen«, die das Wasser verpestet, und an der Wurzel des Apfelbaums nagt eine Maus, die dem Baum die Lebenskraft entzieht. Der junge Mann erklärt den Wächtern der beiden Städte, dass sie die beiden Untiere töten müssten. Wenn dies vollbracht sei, werde der Brunnen »wieder reichlich Wein geben« und der Baum »wieder goldene Äpfel tragen«.

Die beiden Themen in diesem Märchen – der verseuchte Brunnen sowie die angeknabberten Wurzeln – weisen auf eine geheime Beziehung zwischen dem Lebensbaum und dem

Lebenskreis hin, die auf einer ganz tiefen Ebene besteht. Der archetypische Brunnen besitzt an der Oberfläche die Form eines Kreises. Die Eigenschaft von Wurzeln besteht darin, dass sie in die Tiefe reichen und Wasser nach oben ziehen. Die Eigenschaft des Brunnens ist es, dass Wasser in ihm emporquillt: Er füllt sich mit dem Wasser einer tief verborgenen Quelle. Beide Eigenschaften haben etwas mit Feuchtigkeit zu tun. Im übertragenen Sinne geht es dabei um den Sumpf tiefer Geheimnisse, die für das menschliche Bewusstsein nicht vollständig zugänglich sind, den feuchten Urgrund, in den wir alle jede Nacht versinken, wenn wir schlafen und träumen.

Sowohl die Wurzeln des Baumes als auch der kreisrunde Brunnen wecken nicht nur das Bild, dass sich da einer hinunterstreckt bis zum Quell des Lebens, sondern beide wecken auch das Bild von Stabilität und Standfestigkeit. Das Grimm'sche Märchen lehrt uns, dass all diese Eigenschaften eine wesentliche Voraussetzung sind für die psychische Gesundheit und dafür, dass eine Person ihre »Souveränität« einfordern kann. So sagt man nicht nur von jemandem, er sei »stark wie ein Baum«, sondern auch ein altes Sprichwort weiß um die Unerschütterlichkeit eines starken, souveränen Menschen: »Was schadet es der stolzen Eiche, wenn eine Sau sich daran reibt?« Und wir wissen, dass wir etwas Tiefes und Wesentliches verloren haben, wenn unsere Inspirationsquelle oder unsere Kräfte »versiegen« und wir »ausgelaugt« sind.

Der Abstieg zu tieferer Einsicht ermöglicht es uns unter Umständen, zu den Ur*sprüngen* vorzustoßen, dem Punkt, an dem die Quelle ent*springt*. Der Abstieg erlaubt uns möglicherweise auch, zu den Wurzeln eines Problems vorzudringen. Jede der drei Wurzeln der Weltesche Yggdrasil wird von einer Quelle oder einem Brunnen gewässert (Kreis). In der fruchtbaren und geheimnisumwobenen Unterwelt liegt die unsichtbare Verbindung zwischen Baum und Kreis verborgen.

## Die beschädigten Wurzeln und der vergiftete Brunnen

Während unserer therapeutischen Arbeit entdeckte Jan, dass eine psychische Verbindung zwischen ihren aktuellen Schwierigkeiten und gewissen Kindheitserfahrungen im Zusammenhang mit ihrem Vater bestand. Es gab einen Anknüpfungspunkt, einen roten Faden, der von der Gegenwart bis zu einem Teil ihres Stammbaumes zurückzuverfolgen war, zu den Wurzeln in ihrer Kindheit. Jans Entdeckung bestätigte das, auf was Therapeuten immer wieder stoßen: Gleich ob bewusst oder unbewusst, ob sie uns nähren oder uns den Lebenssaft entziehen – unsere Wurzeln sind immer mit uns verbunden.

Bleibt man bei der Metapher des Grimm'schen Märchens, so waren Jans Wurzeln »angenagt« und in einer Weise vergiftet, die es ihrem Lebensbaum schwer machte, in ihrem aktuellen Leben Früchte zu tragen. Sie hatte mit ihrem eigenen, höchstpersönlichen Drachen zu kämpfen, der exakt mit der bösen Schlange Nidhögg aus der germanischen Mythologie zu vergleichen war, die an den Wurzeln des Weltenbaums Yggdrasil nagte und versuchte, alles Feste zu lösen und die Ewigkeit ins Endliche zu verkehren. Jans Wurzeln waren in den Tiefen ihres Unbewussten verborgen, bis sie den Blick auf sie richtete. An dem Punkt begann ihre Heilung.

## Psychologische Wurzeln und Heilung

Sigmund Freud war der erste moderne Psychologe, der das Augenmerk auf die Tiefen der Baumachse lenkte. Freud entdeckte die psychologische Unterwelt des Unbewussten und suchte die Ursachen psychischer Probleme in den »Wurzeln« der Person, nämlich in ihrer frühen Kindheit. Freud sah die Aufgabe der Psychoanalyse darin, sämtliche unbewussten Faktoren, die an der Entstehung der Erkrankung beteiligt waren, ins Bewusstsein zu holen. Diese Arbeit besteht darin, das Material aus unserem Unbewussten »herauf« ins Bewusstsein zu fördern, Verdrängtes ans Licht zu »heben« und unerwünschte Triebe zu sublimieren (von lateinisch »sublimare« = erheben) und in gesellschaftlich akzeptierte Motive zu verwandeln. Die Freud'sche Behandlung orientiert sich bei der Heilung an der Baumachse, indem Analytiker und Patient sich in die Wurzeln vertiefen und anschließend wieder auftauchen.

Einer der renommiertesten Freud-Schüler, C. G. Jung, bewegte sich bei seiner Arbeit ebenfalls innerhalb der Baumdimension. Jungs Begriff für den Prozess der Ganzwerdung ist die Individuation. Die Jung'sche Analytikerin Frieda Fordham fasst Jungs Ansichten zusammen, wenn sie bemerkt, dass es für die gelungene Individuation nötig sei »ein *Bindeglied zwischen den bewussten und den unbewussten Komponenten der Psyche* zu schaffen. [...] Niemand, der wirklich ein ganzer Mensch zu werden versucht, kann seinen Intellekt entwickeln, wenn er sein Unbewusstes verdrängt, andererseits kann er es sich nicht leisten, in einem mehr oder weniger unbewussten Zustand zu verharren.« (Hervorhebung durch den Autor.)

Um dieses Bindeglied zu schaffen, muss man im psychologischen Sinne entlang der Baumachse zwischen den »höheren« Ebenen im Bereich des Bewusstseins und den tiefer gelegenen Schichten des Unbewussten hinauf- und hinunterreisen. Genau das hat Jan begonnen zu tun.

Die Psychologie hat sich in verschiedener Weise dem Bild des Baumes genähert und dabei unterschiedliche Teile des Baumes in den Vordergrund gerückt. Man könnte festhalten, dass Freud und seine Anhänger an den Wurzeln interessiert waren: am Unbewussten und den verdrängten Ereignissen der frühen Kindheit. Psychologen wie Erik Erikson lag dagegen die Entwicklung von den Wurzeln durch den Stamm bis zu den Früchten am Herzen. Alfred Adler, der die Schule der so genannten Individualpsychologie entwickelte, richtete das Hauptaugenmerk auf die Triebe, die sozialem Erfolg und Macht zugrunde liegen. Bezogen auf das Baumsymbol lässt sich sagen, dass Adler den Blick zwar auf einen Bereich oberhalb der Wurzeln lenkt, allerdings nicht bis weit hinauf in die Krone. Fähigkeiten und Macht lassen sich als eine Stufe in der Baumhierarchie irgendwo um das dritte Chakra herum verstehen, unterhalb von Weisheit und Erkenntnis, die ihrerseits noch unterhalb der Verbindung mit dem Göttlichen liegen. Abraham Maslow interessierte sich im Rahmen seiner Motivationstheorie für die Bedürfnisse im oberen Teil der schon erwähnten Bedürfnispyramide, nahe dem höchsten Abschnitt des Baumes. Von der höchsten Stufe her betrachtet auch eine psychologische Schule, die unter dem Namen *Logotherapie* bekannt geworden ist, die Dinge.

Die Logotherapie wurde entwickelt von Viktor E. Frankl, einem Psychiater, der drei Jahre in Auschwitz und anderen Konzentrationslagern der Nationalsozialisten überlebte. Durch seine Erfahrungen in der Gefangenschaft kam Frankl zu dem Schluss, dass die Suche nach Sinn im Leben zu psychologischer Gesundheit führt. Nach Sinn zu suchen bedeutet, nach den oberen Abschnitten des Baumes zu streben, nach Weisheit, Verstehen und letztlich dem göttlichen »Trost von einer höheren Warte« aus. Es ist eine Spielart der »vertikalen Sehnsucht«. Frankl schreibt, in der Logotherapie sei der Patient eigentlich mit dem Sinn des Lebens konfrontiert und sein Blick auf diesen zurückgelenkt. Die Logotherapie sehe das Streben, den Sinn des eigenen Lebens zu finden, als beherrschende Triebkraft des Menschen an. Frankl spricht von einem *Willen zum Sinn*, im Gegensatz zu Freud, der von einem *Willen zur Lust* oder Adler, der von einem *Willen zur Macht* spricht. Sinn, Lust und Macht sind alle verschiedene Abschnitte des Baumes.

Wenn wir von verschiedenen Abschnitten des Baumes sprechen, ist damit nicht gemeint, dass ein psychologischer Ansatz besser ist als der andere. Es gibt einfach divergierende Ansätze, die unterschiedliche Teile des Baumes ins Blickfeld rücken. Das Individuum reift gleich einem Baum, indem es sich auf seine Wurzeln besinnt und dann in die Höhe wächst, Kraft gewinnt, Fähigkeiten, Wissen und Weisheit erwirbt und schließlich Früchte trägt. Die Wirksamkeit einer Therapie hängt ein Stück weit davon ab, ob der gewählte Ansatz mit dem Bereich zusammenpasst, in dem sich der Patient oder Klient gerade auf seiner Reise durch die Baumdimension befindet.

## Die eigenen Wurzeln finden

Der Weg des Aufstiegs und des Abstiegs ist ein und derselbe.
*Heraklit*

Es war einmal ein armer Holzhacker, der hatte einen einzigen Sohn. Dieser Holzhacker liebte seinen Sohn mehr als das Leben selbst. Der sparsame Mann hatte genügend Geld zusammengespart, um den Jungen auf eine Schule zu schicken, so dass er einst ein besseres Leben hätte als sein Vater.

Der Junge lernte fleißig, und seine Lehrer rühmten ihn, doch leider war das Geld aufgebraucht, bevor der Junge »in allem vollkommen« war. Es blieb ihm nichts anderes übrig, als heimzukehren.

Nun wollte der Sohn dem Vater unbedingt helfen und schlug ihm vor, sie sollten beim Nachbarn eine Axt borgen, und er würde am andern Tag zusammen mit dem Vater Holz zuhauen. Gesagt, getan. Nachdem sie den ganzen Morgen hart gearbeitet hatten, hielten sie inne, um zu rasten und Mittag zu halten. Der Vater ruhte sich aus und aß, aber der Junge beschloss sein Brot zu essen, während er in den Wald ging und sah, ob er etwa ein Nest entdeckte.

»So ging er hin und her, bis er endlich zu einer großen gefährlichen Eiche kam, die gewiss schon viele hundert Jahre alt war ... Da deuchte ihn auf einmal, als höre er eine Stimme. Er horchte und vernahm, wie es mit einem recht dumpfen Ton rief: ›Lass mich heraus, lass mich heraus.‹ Er sah sich um, konnte aber nichts entdecken. ... Da rief er: ›Wo bist du?‹ Die Stimme antwortete: ›Ich stecke da unten bei den Eichwurzeln. Lass mich heraus, lass mich heraus.‹«

Der Junge lockerte die Erde bei den Wurzeln des Baumes und entdeckte endlich in einer kleinen Höhlung eine Glasflasche. In der Flasche sprang ein hässliches kleines Ding auf und nieder und rief: »Lass mich heraus, lass mich heraus!« Der Junge, der an nichts Böses dachte, nahm den Pfropfen von der Flasche ab. Alsbald quoll der Geist in der Flasche in einer aufsteigenden Rauchfahne heraus und erhob sich als eine riesige und fürchterliche Gestalt über dem Jungen.

»Nun bekommst du deinen Lohn dafür, dass du mich herausgelassen hast«, rief der Geist mit einer fürchterlichen Stimme. »Den Hals muss ich dir dafür brechen.«

»Warum würdest du das demjenigen antun, der dich befreit hat?«, fragte der Junge.

Der Geist antwortete, er sei der großmächtige Merkurius und wer ihn loslasse, dem müsse er den Hals brechen.

»Sachte, nicht so geschwind«, sagte der Junge und überlegte. »Du magst anfangen mit mir, was du willst, aber ich möchte nicht unter den Händen eines Lügners sterben.«

»Was soll das heißen?!«, heulte der aufgebrachte Geist.

»Ich kann nicht glauben, dass ein Geist so groß wie du derselbe sein kann, der wirklich in der kleinen Flasche gesessen hat. Kannst du auch wieder hinein, so will ich's glauben, und dann magst du mit mir anfangen, was du willst.«

»Das ist eine geringe Kunst.« Damit verwandelte sich der Geist wieder in eine bunte Rauchfahne und kroch in die Flasche zurück.

Kaum aber war der Geist in der Flasche, so drückte der Junge den Pfropfen wieder auf und hielt so den Geist erneut gefangen. Nun wollte der Junge die Flasche unter die Eichwurzeln an ihren alten Platz werfen und zu seinem Vater zurückgehen, da hörte er den Geist ganz kläglich rufen: »Lass mich heraus, lass mich heraus, so will ich dir so viel geben, dass du dein Lebtag genug hast.«

Was hätten Sie jetzt getan?

Der Junge weigerte sich zuerst. Jedoch versprach der Geist, ihm nichts zu tun, sondern ihn reichlich zu belohnen. Der Junge dachte, vielleicht belohnt er mich ja, und wenn nicht, so kann er mir doch nichts anhaben.

Da nahm er den Pfropfen ein zweites Mal ab. Als der Geist herausstieg, hielt er sein Wort. Er reichte dem Jungen einen Zauberlappen, dessen eines Ende Eisen durch Reiben in Silber verwandeln würde. Das andere Ende des Lappens würde jede Wunde heilen.

Mit der Macht des Silbers konnte der Junge seinen Vater bis an sein Lebensende unterhalten; und mit der Macht des Heilens wurde der Junge »der berühmteste Doktor auf der ganzen

Welt«. Der Junge war glücklich verheiratet und führte ein langes und erfülltes Leben.

Dieses Märchen aus der Sammlung der Gebrüder Grimm erzählt davon, wie das Bewusstsein reift. Zu Beginn ist der Junge nur teilweise reif – »nicht in allem vollkommen« in der Sprache des Märchens. Er muss immer noch viel lernen. Aber er hat genug gelernt, dass er sich der tiefen Lebenskraft zuwenden kann. Dieses Märchen enthält viele Lehren, darunter auch die über die mögliche Gefahr der Kundalini-Energie und des zu raschen Aufstiegs, Warnungen, die wir schon gehört haben. Die wichtigste Lehre ist jedoch vielleicht, dass, wie C. G. Jung betont, das Geheimnis der Individuation, der »Geist in der Flasche«, nicht hoch oben verborgen ist, dort wo die Vögel ihr Nest bauen, sondern in den Wurzeln des Baumes. Das Geheimnis ist potenziell tödlich, bis der Junge lernt, wie man es beherrscht – es eindämmt, es freisetzt – und wann welches Vorgehen angezeigt ist.

Der Abstieg zur Weisheit, zur Anbetung oder zur Gnade ist seit mindestens zehntausend Jahren und wahrscheinlich schon länger in der menschlichen Tradition verankert. Dass unsere Vorfahren hinabgestiegen sind, um Segen zu erflehen, beweisen die Kunstwerke der großen Kultstätten der Altsteinzeit wie die Höhlen von Lascaux in Frankreich. Herkömmliche Mythologien in der ganzen Welt, von den arktischen Gebieten bis Afrika, erzählen Geschichten vom Hinabsteigen in das Reich der Geister und der Toten, das mit unterschiedlichen Namen belegt wird wie Unterwelt, Niedere Welt, Reich der Tiefe und Hölle. Typischerweise bringt das Hinuntersteigen in diesen Erzählungen eine Form von Weisheit oder Heilung – sei es der Einblick in die Geheimnisse des Lebens, sei es die Fähigkeit zu heilen, die Fähigkeit, die Toten wieder zum Leben zu erwecken, oder die Entdeckung eines Gegenstandes, der als Talisman für Weisheit steht.

Psychologisch betrachtet ist dieses Reich tief unten mit allem unterhalb des uns zugänglichen Bewusstseins verbunden. Dies umfasst zum einen unser persönliches Unbewusstes – Erfahrungen, Gefühle und Gedanken aus unserem Leben, die uns nicht bewusst gegenwärtig sind –, aber es umfasst auch, was C. G. Jung das kollektive Unbewusste nennt – den unterirdischen Speicher für Gedanken und Gefühle, der zu uns gehört, einfach weil wir Menschen sind. Es umfasst unseren psychologischen Schatten, die Seiten von uns, die wir erfolgreich aus unserem Bewusstsein verdrängt haben, weil sie zu schmerzlich oder peinlich sind, als dass wir sie wahrhaben und zu ihnen stehen könnten.

Es gibt viele Methoden, wie man zu den Wurzeln hinabsteigen kann. Doch all diese Methoden erfordern einen Verbindungsweg. Da das Ziel des Abstiegs das Unbewusste ist, wird ein rein bewusstes Vorgehen uns nicht dorthin bringen. In vielen traditionellen Erzählungen und bei den spirituellen Reisen der Schamanen auf der ganzen Welt verläuft der Verbindungsweg über die Wurzeln eines Baumes. Der Schamane fährt hinunter in die Wurzeln des Unbewussten über eine dünne »Halteleine« aus Trommelklang oder hochwirksamen pflanzlichen Arzneimitteln, geschützt durch einen Ring von feierlichen Ritualen. Die Shipibo-Conibo-Schamanen in Südamerika (Peru) folgen beispielsweise den Wurzeln des riesigen Catahua- oder Sandbüchsenbaumes hinunter in die Erde, um in die Unterwelt zu gelangen. In Vergils ›Äneis‹ weist der Baum der Persephone dem Helden den Weg hinunter zur Weisheit.

Das wichtigste psychologische Äquivalent zum Hinabsteigen über die Wurzeln ist das Hinabsteigen über den Traum. Freud nennt den Traum den »Königsweg« zum Unbewussten. Jungianer setzen Techniken der *Verstärkung* (das bewusste Assoziieren zu Traumbildern) und der *aktiven Imagination* ein, um in einen Traum wieder einzusteigen. Gestalttherapeuten ermuntern ihre Klienten dazu, in einen Dialog mit Elementen ihrer Träume zu treten und in dem Prozess selbst zu diesen Elementen zu werden und sie sich wieder »zu eigen zu machen«. Eine andere psychologische Möglichkeit des Hinabsteigens ist beispielsweise, dass man seinen innersten Gedanken und Gefühlen, sobald sie an die Oberfläche dringen, höchste Aufmerksamkeit schenkt und ihnen dann nach unten nachspürt (wie in der Hakomi-Therapie), und auch die ungewöhnlichen Bewusstseinszustände, die Schamanen einsetzen, wenn sie jemanden heilen.

Gleich mit welcher Technik, wir Menschen müssen von Zeit zu Zeit hinuntersteigen, weil unser Bewusstsein, der Teil des Baumes über der Erde, vertrocknen kann, wenn es nicht ständig erquickt wird durch die geheimnisvollen Gewässer des Unbewussten. Ja, es sind häufig die dunkelsten Teile, der »Mist« und der Kompost, die am nahrhaftesten sein können. Marie-Louise von Franz, eine der bekanntesten Schülerinnen von C. G. Jung, sagt, dass die Heilung in der Unterwelt geschehe, im Dunkeln, wo kein Licht scheine.

Sie erinnert uns auch daran, dass die heilende Arbeit in den Tiefen nicht immer angenehm ist. Manchmal, so sagt sie, habe man einen peinlichen Traum, der einen beim Aufwachen abstoße; er sei entweder unanständig oder obszön, schrecklich albern oder dumm, und das sei irritierend. Man wollte einen wunderbaren archetypischen Traum, und dann kommt so etwas! Aber … es seien diese Träume, die so wertvoll seien; sie hätten eine unnahbare, abstoßende Schale aus niederdrückender Schwärze, aber darin stecke das Licht des Unbewussten. Es seien oft die deprimierenden Bilder des Traumes, in denen man das Licht finden könne, und natürlich finde es sich auch in den dunklen Impulsen, die voller Bedeutung seien, wenn man sie liebevoll untersuchte.

Liebevolle Untersuchung bedeutet, dass man sich selbst genügend liebt, so dass man bereit ist, die Arbeit auf sich zu nehmen, sich der Dunkelheit oder dem Drachen, der an den eigenen Wurzeln nagt, zu stellen. Wir wissen aus unzähligen Märchen, dass Drachen das Gold hüten. Gold jedoch, das einfach nur unter dem kalten, schuppigen Bauch eines Drachen aufgehäuft liegt, ist nutzlos. Drachen horten nur, sie wissen das Gold nicht zu verwenden. Um den Schatz aus den Tiefen wieder zu bergen, müssen wir hinabsteigen und uns mit unserem persönlichen Schatten auseinandersetzen, der den Namen »Drachen« trägt.

Es ist schön und gut, theoretisch zu wissen, dass es sich lohnt, in die dunklen Tiefen hinabzutauchen, doch häufig wollen wir gar nicht dort hinab. Selbst die Arbeit im Vorfeld eines Abstiegs kann sich wie ein schweres Joch anfühlen. Die Schwere selbst ist ein Zeichen für das Hinabsinken. Manchmal beginnt der Abstieg unabsichtlich. Wie Robert Bly oft wiederholt hat, streckt sich bisweilen eine Hand nach oben und zieht einen hinunter in eine Depression. Und doch warten da unten Gaben. Keiner weiß genau, wie diese Gaben uns zuteil werden. Die Tiefen liegen im Schatten. Aber ein echter Abstieg in die Tiefen kann den Zugang zu bestimmten Gaben bedeuten. Hades, der griechische Gott der Unterwelt, war auch als Pluto (»Reichtum«) und Trophonios (»Der Nahrhafte«) bekannt.

### Die Finsternis oder der Drache an der Wurzel

Es war einmal vor vielen Jahren, da wuchs im Garten des Königs ein wunderbarer Apfelbaum. Der König liebte diesen Baum so sehr, dass er es nicht ertragen konnte, dass ihn irgendein anderer berührte. In seinem tiefsten Innern sagte der König zu sich selbst und sprach dies auch laut aus: »Wenn jemand einen Apfel von diesem Baume pflückte, würde ich ihn hundert Klafter unter die Erde verwünschen!« Nun geschah es, dass zur Erntezeit dieser Baum voll hing mit saftigen Äpfeln, die so rot wie Blut waren. Es traf sich auch, dass der König drei Töchter hatte und es die Jüngste gewaltig gelüstete nach einer dieser süßen roten Früchte.

»Ich bin sicher, unser Vater liebt uns zu sehr, als dass er uns hundert Klafter unter die Erde wünschen würde«, sagte sie zu ihren Schwestern. »Und sie sehen so saftig aus. Lasst uns einen Apfel essen.« Kaum hatten die drei von dem Apfel gekostet, da sanken sie alle tief unter die Erde, »wo kein Hahn mehr krähte«.

Dies Märchen der Gebrüder Grimm mit dem Titel ›Dat Erdmänneken‹ (oder bisweilen auch ›Das Erdmännchen‹) erzählt weiter von der Trauer des Königs und von den drei Brüdern, die sich aufmachten, die Prinzessinnen zu suchen. Schließlich entdeckte der jüngste Bruder, wo die Prinzessinnen sich aufhielten, und ließ sich in einem Eimer hinunter in einen tiefen Brunnen, um sie zu retten. Auf dem Boden des Brunnens fand er sie bewacht von drei Drachen, die er sodann einen nach dem anderen erschlug.

Die beiden Älteren jedoch hintergingen ihn. Nachdem sie die drei Prinzessinnen aus dem Brunnen hochgezogen hatten, ließen die zwei großen Brüder den jüngsten im Stich, auf dass er in den Gemächern tief in der Erde stürbe.

Der jüngste Bruder blieb lange Zeit dort unten. Man könnte sagen, er steckte in einer Depression. Er war sicherlich abgeschieden vom Leben. Er hatte mit einigen giftigen Drachen gerungen und sie besiegt. Und doch blieb noch etwas zu tun. Vielleicht war es eine Frage der Ausdauer. Das Märchen erzählt, dass er in den unterirdischen Zimmern so viele Male auf und ab lief, dass der Erdboden davon glatt wurde.

Schließlich kamen ihm andere Gedanken. Seit langem hatte er an der Wand in einem der Zimmer eine kleine Flöte hängen sehen, hatte diese jedoch nicht weiter beachtet. Nun endlich nahm er die Flöte von der Wand und spielte einen Ton. Plötzlich erschien ein Erdmännchen. Er spielte fünf Töne, und fünf Erdmännchen kamen herbei. Er spielte eine kleine Melodie, und bald war das Zimmer voll von Erdmännchen. Sie fragten ihn nach seinem Begehr. Wieder auf der Erde am Tageslicht zu sein, antwortete er. Jedes der Erdmännchen packte ihn an einem seiner Haare, die er auf dem Kopf hatte, und so flogen sie geschwind mit ihm nach oben auf die Erde.

Nach einigen weiteren Abenteuern endet das Märchen damit, dass dieser Bruder die jüngste Prinzessin heiratet und daraufhin alle in Freuden leben. Aber der junge Mann hat auch eine Gabe errungen durch seinen unterirdischen Aufenthalt, eine kreative Gabe, verkörpert durch das Symbol der Flöte und der Musik.

Der Jazzsaxophonist Sonny Rollins schien Ende der fünfziger Jahre auf dem Höhepunkt seiner Karriere zu stehen, als er mit Leuten wie Miles Davis, Charlie Parker und Thelonious Monk zusammen auftrat. Als junger Musiker war er schnell bekannt geworden. Und doch war er unzufrieden mit seinem eigenen Spiel. 1959 fasste er den äußerst ungewöhnlichen Entschluss, ein Jahr lang nicht aufzutreten. Er zog sich zurück, lebte an der Lower East Side in Manhattan und übte nachts auf der Williamsburg Bridge, um seine Nachbarn nicht zu belästigen. Rollins sagte: »Ich erlangte zu jener Zeit große Berühmtheit und hatte das Gefühl, ich müsste an meinem Spiel das eine oder andere verbessern. Ich hatte das Gefühl, dass ich zu früh zu viel erreicht hatte, daher sagte ich mir, einen Moment mal, *ich* möchte bestimmen, wie es mit mir weitergeht.« Vielleicht war das seine Zeit unter der Erde. Nach vielen Monaten, als sein beständiges Üben »den Erdboden unter seinen Füßen glatt gemacht hatte«, vernahm er in seinem Innern eine neue Art von Musik. Er bemerkte die Flöte und nahm sie von der Wand; dann kam er zurück, und es gelangen ihm viele außergewöhnliche Konzerte und Aufnahmen.

Marie-Louise von Franz erklärt, wenn nicht eine latente Psychose vorliege, solle man eine Depression befürworten und dem Menschen dazu raten, sich darauf einzulassen und deprimiert zu sein – nicht auszuweichen. Sie empfiehlt, hinzuhören, immer tiefer einzutauchen, bis man wieder auf der Ebene der psychologischen Energie angekommen sei, wo sich eine kreative Idee entwickeln kann und plötzlich ganz weit unten vielleicht ein bisher unbemerkter Impuls voll Leben und Kreativität auftaucht. Wir alle brauchen gelegentlich »eine Zeit in der Tiefe«.

Die Arbeit des Ringens oder des bewussten Tragens von dem Gewicht der Finsternis ist die Genesungsarbeit. Wenn wir ein Leiden auf uns nehmen oder »ertragen«, steckt darin ja das Bild einer Last, die zu tragen ist. Wenn wir nicht angemessen schwer an etwas tragen, werden wir neurotisch, sagt Jung. Wenn wir also nicht mit dem Drachen kämpfen, wenn wir nicht die nagende Maus töten oder die giftige Kröte, dann dringt das Gift langsam durch die Wurzeln herauf und wird zum Bösen in der Welt. Dann trägt unser Baum schlechte Früchte. Mit welcher Finsternis, mit welchem Drachen kämpfen Sie?

Vor vielen Jahren litt ich unter einer stumpfsinnigen Arbeit, die ganz allmählich meine Seele abtötete. Ich hatte immer wieder versucht, eine passendere Stelle zu finden, aber irgendwie hatte das nie geklappt. Der offenkundige Teil des Problems bestand darin, dass ich keinerlei Ersparnisse hatte und es mir nicht leisten konnte, meine alte Stelle aufzugeben, während ich eine neue suchte. Der verdeckte Teil des Problems war, dass ich Angst hatte, loszulassen und zu tun, was mein Herz begehrte.

Ich spürte, dass ich unwillkürlich oder vorsätzlich dabei war, in die Tiefe zu steigen. Schon seit einigen Jahren hatte ich die alte Schamanentechnik angewandt, mich über die Wurzeln eines Baumes in die Unterwelt hinabzubegeben. So wanderte ich eines Tages hinauf in den Bergwald und fand einen Baum, und durch die Wurzeln des Baumes begann mein bewusster Abstieg.

Im tiefsten Bereich dieses Wachtraumes begegnete ich einem riesigen Drachen. Wir begannen einen schrecklichen Kampf. Schließlich gelang es mir, zwei Schneidezähne des Drachens abzubeißen. Als ich später auf dem Waldweg zurück zu meinem Auto lief, kam ich an einem vom Blitz getroffenen Baum vorbei, den ich auf dem Hinweg gar nicht bemerkt hatte. Mein Blick wurde wie magnetisch angezogen von zwei großen Tropfen aus gehärtetem Harz, die der Blitz aus dem Baum herausgeschmolzen hatte. Irgendwie war mir klar, dass diese beiden die zwei Zähne des Drachen darstellten. Ich nahm sie mit und steckte sie in meinen Zauberbeutel.

Eine knappe Woche später bekam ich völlig unerwartet mit der Post einen Scheck. Es war ein spontan gewährtes Darlehen eines Freundes, das zurückgezahlt werden sollte, wann immer es mir möglich wäre. Es war kein großer Betrag, doch es genügte, um ein paar Monate davon zu leben, vorausgesetzt, ich machte keine allzu großen Sprünge. Das unerwartete Angebot und die dahinter steckende Großzügigkeit machten mir Mut, den Sprung ins Unbekannte zu wagen. Ich gab meine Stelle auf und begab mich auf eine schwierige, gelegentlich schmerzhafte, aber schließlich von Erfolg gekrönte Reise in ein neues Leben.

Nach einer Zeit des bewussten Ringens ist der unerwartete Lohn unseres Abstiegs irgendeine kreative Gabe. Wir lernen die Flöte der Erdmännchen zu spielen. Tief drinnen in der Höhle reiben wir Aladins Wunderlampe. Einer meiner Klienten war ein Mann, der als erfahrener Mitarbeiter und Vorstandsmitglied in einem großen Unternehmen äußerlich besehen beachtliche Erfolge vorweisen konnte. Und doch fühlte er sich so elend, dass er den Tränen nahe war, weil er nicht tat, was ihm wirklich am Herzen lag. Wir begannen behutsam, mit den Techniken des Bewusstmachens und des Vertiefens einige der dunklen, überschatteten Bereiche seines Schmerzes zu untersuchen. Er kam schließlich zu dem Bild eines dunklen Waldes voller Prophezeiungen. Zwischen ihm und dem Wald erhob sich ein schmiedeeiserner Zaun mit scharfen Spitzen. Obwohl das Tor in diesem Zaun zugeklinkt war, lag der Mechanismus für das Öffnen des Schlosses sichtbar auf der Seite meines Klienten. Während er noch das Tor betrachtete, tauchte aus den Tiefen des Waldes ein weiser alter Mann auf, der ihn hereinwinkte. Die Dunkelheit des Waldes erschreckte meinen Klienten, aber schließlich war er in der Lage, das Tor zu öffnen und dem weisen Mann zu folgen. Der weise Alte wurde ein innerer Begleiter, ein Bild für die tiefe innere Weisheit meines Klienten, der ihm schließlich dabei half, zu einem neuen, von persönlicher Erfüllung gezeichneten Leben zu finden.

Überlegen Sie, welche unerwartete Gabe Ihnen in Ihrem eigenen Leben zuteil geworden ist zu Zeiten, da Sie in der Tiefe gearbeitet haben. Vielleicht war es eine Neubelebung der natürlichen Kreativität oder aber schlicht und ergreifend die Gabe, anderen in ihrer Verzweiflung zu helfen.

Eine kabbalistische Schule lehrt, dass jeder Abstieg die Vorstufe eines Aufstiegs ist. Genau wie bei einem Baum, der seine Wurzeln in die Tiefe streckt, wird auch für uns neues Wachstum nach oben möglich, wenn wir die Hand nach unten ausstrecken, um das Wasser des Lebens zu schöpfen. So ist der Abstieg immer ein wesentlicher Teil der Initiation.

Einst vor langer, langer Zeit, in einer längst vergangenen Epoche, vor Anbeginn aller Zeiten, war einmal eine junge Frau, die war schön und fleißig, wurde aber von ihrer Stiefmutter schlecht behandelt und musste alle Arbeit im Hause tun. Das arme Mädchen musste sich täglich neben einen Brunnen hinsetzen und so viel spinnen, dass ihm das Blut aus den Fingern schoss. Nun trug es sich zu, dass die Spule einmal ganz blutig war; da bückte es sich damit in den Brunnen und wollte sie abwaschen. Die Spindel sprang ihm aber aus der Hand und fiel hinab auf den Grund des Brunnens. Als die unbarmherzige Stiefmutter dies hörte, befahl sie dem Mädchen, die Spindel wieder herauszuholen. In seiner Herzensangst sprang das Mädchen in den Brunnen und verlor die Besinnung.

Als es wieder zu sich kam, war es auf einer schönen Wiese. Auf dieser Wiese ging es fort und kam zu einem Backofen, der war voller Brot. Das Brot aber rief: »Ach, zieh mich raus, zieh mich raus, sonst verbrenne ich: Ich bin schon längst ausgebacken.« Das Mädchen holte das Brot heraus; danach ging es weiter und kam zu einem Baum, der hing voller roter Äpfel. Der Baum rief ihm zu: »Ach, schüttel mich, schüttel mich, wir Äpfel sind alle miteinander reif.« Da schüttelte es den Baum und legte alle Äpfel in einen Haufen zusammen.

Endlich kam es zu dem Haus einer Furcht erregenden alten Frau mit großen Zähnen. Die alte Frau jedoch begegnete ihr freundlich; und das Mädchen begab sich in den Dienst der alten Frau. Das Mädchen arbeitete gewissenhaft und hatte auch eine Zeit lang ein gutes Leben. Als der Zeitpunkt kam, dass das Mädchen wieder oben auf die Welt zurückkehren wollte, führte die Alte es durch ein Tor, wo ein gewaltiger Goldregen auf das Mädchen fiel. Das Gold segnete und bereicherte es bei seiner Rückkehr in das Leben der Menschen. Dieses Märchen der Gebrüder Grimm über den Abstieg heißt ›Frau Holle‹, nach der freundlichen alten Frau auf dem Grunde des Brunnens. Frau Holle oder Mutter Hel war die chthonische oder in der Unterwelt auftretende Form der großen Göttin in Nordeuropa. Traditionellerweise wurden Brunnen als Wasserwege zu ihrem unterirdischen Schoß betrachtet. Mutter Hels Name ist verwandt mit den Wörtern *heilig* und *heilen*.

Der Rest des Märchens von Frau Holle erzählt von der Stiefschwester des Mädchens. Als unser Mädchen mit Gold bedeckt ankam, wollte die Stiefmutter ihrer eigenen Tochter, einem hässlichen und faulen Mädchen, gerne zu demselben Glück verhelfen. Die Stiefmutter hieß die Tochter sich an denselben Brunnen setzen und spinnen. Damit ihre Spule blutig ward, stieß die faule Tochter sich die Hand in die Dornhecke. Dann warf sie die Spule in den Brunnen und sprang selbst hinein.

Sie kam, wie die andere, auf die schöne Wiese und ging auf demselben Pfade weiter. Die selbstsüchtige Faule aber achtete nicht auf die Hilferufe des Brotes im Backofen und des Apfelbaumes. Als sie vor Frau Holles Haus kam, verdingte sie sich gleich bei ihr. Obwohl das Mädchen am ersten Tag fleißig arbeitete, fing sie am zweiten Tag schon an zu faulenzen, und am dritten Tag wollte sie morgens gar nicht aufstehen. Das ward die Frau Holle bald müde und sagte ihr den Dienst auf. Die Faule war das wohl zufrieden und meinte, nun würde der Goldregen kommen. Aber als sie durch das Tor zurückging, wurde nicht Gold, sondern klebriges Pech über ihr ausgeschüttet. Und im Märchen wird berichtet, dass das Pech fest an ihr hängen blieb und, solange sie lebte, nicht abgehen wollte.

Hier ist der Abstieg in den Brunnen, wie der Abstieg in die Wurzeln des Baumes, ein Hinabsteigen zu Weisheit oder Heilung. Dieses Märchen handelt davon, dass ein Mädchen mündig wird (das Brot ist »gebacken«, die Äpfel sind »reif«, das Blut an der Spindel verweist auf die Menarche). Es bedeutet, dass ein Mädchen, um wirklich erwachsen zu werden, hinabsteigen und dem zutiefst Weiblichen seine Ehre erweisen oder ihm »dienen« muss, eine Begegnung, die beim ersten Mal nicht immer angenehm ist.

Eine noch dramatischere Erzählung vom Hinabsteigen zur Weisheit wurde vor etwa viertausend Jahren zum ersten Mal mit keilförmigen Griffeln aus Schilfrohr auf Tontafeln aufgezeichnet. Es ist möglicherweise die älteste bekannte Erzählung von einer Gottheit, die durch Tod und Abstieg ein Opfer für die Erlösung bringt. Diese Geschichte handelt von der Göttin Inanna, der sumerischen »Himmelskönigin«, die mit dem schönen Morgenstern in Verbindung gebracht wird und den semitischen Völkern auch unter dem Namen Ischtar bekannt war. Für die Sumerer spielte Inanna im Mythos, im Epos und im Lied eine größere Rolle als jede andere Gottheit, sei sie nun männlich oder weiblich. Sie wurde verehrt und angebetet.

Wir wissen, dass Inanna mit dem Baum in Verbindung gebracht wurde. Nach dem Mythos der Sumerer war das erste Lebewesen auf Erden ein Baum – der Huluppa-Baum, der an den Ufern des Euphrat wuchs. Aber es erhob sich der wirbelnde Südwind und zerrte am Baum, und die steigenden Wasser des Euphrat trugen ihn hinweg. Es war Inanna, die den Baum aus dem Fluss barg und ihn in ihrem heiligen Garten einpflanzte. Dieser Baum lieferte Inanna später das Holz für ihr Bett und ihren Thron. Da Inanna auch als die Göttin der Liebe gilt, ist ihr Bett ebenso Sinnbild für ihre Macht wie ihr Thron.

Wie aus den Aufzeichnungen in Keilschrift zu entnehmen ist, »öffnete Inanna eines Tages ihr Ohr dem großen Unten« und beschloss, ihre ältere Schwester Ereschkigal, die Königin der Unterwelt und Todesgöttin, zu besuchen. Ereschkigals Gemahl war gestorben, und Inanna wollte hinabsteigen und bei den Begräbnisfeierlichkeiten zugegen sein. Diane Wolkstein, die heute in ihren Liedern von Inanna singt, erklärt dazu: »Inanna ist die Königin des Himmels und der Erde, aber sie kennt die Unterwelt nicht. Bis sie dem großen Unten ihr Ohr öffnet, ist ihr Verständnis notwendigerweise begrenzt. In der Sprache der Sumerer ist das Wort für Ohr und Weisheit dasselbe … Erst das große Unten und das Wissen um Tod und Wiedergeburt, um Leben und Stillstand machen Inanna zur ›Verehrten Ratgeberin‹«.

In der oberen oder äußeren Welt gibt Inanna ihre Tempel und ihr Amt als heilige Priesterin auf. Sie gibt »Himmel und Erde« auf und begibt sich zu den äußeren Toren der Unterwelt, wo sie laut anklopft. Sie ruft dem Türhüter mit wütender Stimme zu: »Öffne das Tor, Neti! Nur ich allein möchte hinein.«

Neti berichtet seiner Herrin Ereschkigal von diesem unehrerbietigen Ansinnen. Ereschkigal ist wütend. Als Göttin des Unten ist sie genauso Göttin wie Inanna, die Göttin des Oben. Inanna hat das nicht anerkannt. Ereschkigal sagt daher: »Neti, mein Obertorhüter, gib gut Acht auf meine Worte: Verriegle die sieben Tore zur Unterwelt. Dann öffne sie nacheinander jeweils einen Spalt. Lass Inanna herein. Wenn sie eintritt, nimm ihr die königlichen Gewänder ab.

Sorge dafür, dass die heilige Priesterin des Himmels tief gebückt eintritt.«

Inanna schreitet durch das erste Tor, und die Schugurra, die Krone der Steppe, wird ihr vom Haupt genommen. Inanna protestiert: »Was soll das?« Aber sie erfährt nur, dass die Wege der Unterwelt vollkommen seien. Sie dürften nicht infrage gestellt werden.

An jedem der sieben Tore wird ihr ein symbolisches Gewand oder Schmuckstück abgenommen, bis Inanna nackt und tief gebückt den Thronsaal der Ereschkigal betritt. »Da richtete Ereschkigal das Auge des Todes auf Inanna. Sie sprach zu ihr Worte des Zorns. Sie stieß einen Schrei über ihre Schuld aus. Sie schlug sie. Inanna wurde in einen Leichnam verwandelt, ein Stück verwesendes Fleisch, und wurde an einem Haken an der Wand aufgehängt.«

Psychologisch gesprochen stößt Inanna bei der Begegnung mit Ereschkigal auf das kühle, objektive Auge, das den Tod klar erkennt, und sie weiß, dass das Zerlegen in einzelne Teile und die Auflösung untrennbar zum Leben gehören. Ereschkigal ist im Bereich des Wurzel-Chakras angesiedelt. Die Jungsche Analytikerin Sylvia Brinton Perera schreibt: »Hier sind sowohl Trägheit als auch elementarste Heilung zu finden, das nackte Überleben, die Erde und der Neubeginn. Hier befindet sich das Selbst im Status Nascendi – als in der Materie verstecktes Juwel.«

Bevor Inanna sich aufgemacht hatte zur Reise in die Unterwelt, hatte sie ihrer Gehilfin Ninschubur Weisungen erteilt für den Fall, dass sie nicht heimkehren sollte. Als Inanna nach drei Tagen und drei Nächten nicht zurückkommt, beschließt Ninschubur, etwas zu ihrer Rettung zu unternehmen. In einem Zustand der Trauer bittet Ninschubur einige der wichtigen Götter um Hilfe. Zwei der Götter weisen sie ab, aber Enki, der Gott des Wassers und der Weisheit, formt zwei kleine geschlechtslose Trauernde aus dem Schmutz unter seinem Fingernagel. Sie gelangen unbemerkt mit ihren Gaben, Speisen und dem Wasser des Lebens, in die Unterwelt. Als sie in der Tiefe ankommen, finden sie Ereschkigal, die stöhnende Schreie ausstößt wie eine Frau in den Wehen. Die beiden kleinen Trauerfiguren sind voll Mitgefühl mit Ereschkigal und klagen und stöhnen mit ihr. Ereschkigal ist so berührt von ihrer Empathie, dass sie ihnen etwas schenken möchte. Das Geschenk, das sie sich erbitten, ist die Heimkehr von Inanna. Ihrer Bitte wird stattgegeben. Dies ist noch nicht das Ende der mythischen Erzählung, aber wir wollen uns weitere Ausführungen für eine andere Gelegenheit aufheben.

Psychologisch betrachtet wird dieses ganze Drama in der Psyche in Szene gesetzt, und all die Spieler stellen verschiedene Aspekte ein und derselben Psyche dar. So steht die Erschaffung der beiden Trauernden und ihre Bereitschaft, mit Ereschkigal zu leiden, für das Auftauchen von etwas Neuem in der Psyche. Eben dank dieser neu gewachsenen Bereitschaft, die Unterwelt, so wie sie ist, anzunehmen, darf der Teil der Psyche, den Inanna verkörpert, in die Oberwelt zurückkehren.

Inannas Hinabsteigen kann als die Beschreibung eines Initiationsprozesses gesehen werden, wobei man etwas vom Geheimnis des Todes erfährt. Es kann auch als ein Vorgang des psychologischen Ausgleichs betrachtet werden, in dessen Verlauf die verdrängten, verleugneten, abgespaltenen »Unterwelt«-Seiten der Psyche wieder neben den bewussten Anteilen integriert werden und somit die von Jung proklamierte Verbindung zwischen den bewussten und unbewussten Aspekten der Psyche hergestellt wird. Der Mythos beschreibt ein Muster vom psychologischen Wachstum des weiblichen Prinzips, sowohl bei Frauen als auch bei Männern.

Bei dieser psychologischen Deutung ist Ereschkigal aus der Unterwelt die vernachlässigte Seite des bewussten Weiblichen, das durch Inanna repräsentiert wird. Keine der Kräfte, die Inanna in der Welt oben »auszeichnen«, sind für sie in der Unterwelt von irgendeinem Nutzen. Man könnte diese Fähigkeiten der Welt »hier oben« vergleichen mit denen eines tüchtigen Anwalts oder einer charmanten Gastgeberin. Inanna muss sich dreinfügen und dem zutiefst Weiblichen unterwerfen. Sylvia Brinton Perera sagt: »Diese Bereitschaft, sich jeglicher Einwirkung auszuliefern, ist die essenzielle Erfahrung der menschlichen Seele, wenn sie mit dem Überpersönlichen konfrontiert wird. Sie beruht nicht auf Passivität, sondern auf der aktiven Bereitschaft zu empfangen.« Sie führt weiter aus, dass über die Arbeit mit diesem Mythos so manche moderne Frau dazu gekommen sei, ihr eigenes Potenzial an lustvoll erlebter Sexualität und ihrer aktiven Bejahung aus der Unterwelt der Psyche zu erlösen, während andere die Fähigkeit zu einem ausgewogenen Maß an Empfänglichkeit und zum Nachdenken entwickelt hätten. Beim Hinabsteigen lernt das bewusste Ich etwas über die tief greifenden, wesentlichen Vorgänge des Lebens.

Bei ihrem Abstieg entlang der Baumachse stößt Inanna auf Aspekte der weiblichen Energie, die kalte Wut umfassen und »das Auge des Todes« – die Fähigkeit, einen Lebensvorgang zu beenden. Solche Qualitäten sind das Gegenteil der konventionellen »oberirdischen« Attribute des Weiblichen, die typischerweise warm und lebensspendend sind. Sicher möchte niemand ein Leben lang im freudlosen Reich der Ereschkigal verbleiben. Doch ohne die Fähigkeit, etwas zu beenden wie auch neu zu beginnen, ist kein Mann und keine Frau fähig zu einer echten, seelenvollen und leidenschaftlichen Beziehung zu einem anderen Menschen als gleichberechtigtem Partner. Leben ist ohne Tod nicht möglich, und wie Clarissa Pinkola Estés in ›Die Wolfsfrau‹ sagt, »muss man eine intime Beziehung zur Leben/Tod/Leben-Natur herstellen, wenn man für den Rest seines Lebens ›gut im Fleisch‹ stehen will«.


## Verwurzelt im Universum

Der Abstieg zu den Wurzeln unserer Psyche begräbt uns im *Humus* – das lateinische Wort für »Erde« oder »Boden« – und bewirkt, dass wir bescheiden auf dem Boden bleiben. Die traditionellen Weisheitslehren besagen, dass man nur mit der gebotenen demütigen Bodenhaftung sicher wieder an die Oberfläche gelangen kann. Als Inanna hinabsteigt, symbolisiert das Wegnehmen ihrer Gewänder diesen Vorgang, dass sie demütig wird. Jeder von uns hortet eine Menge »Mist«, der von ihm selbst stammt und für den er sich schämt. Wenn der Mist jedoch kompostiert wird, dient er als Dünger und fördert das Wachstum des Baumes. Die Arbeit des Hinabsteigens ist die Arbeit des Kompostierens.

Mit unseren eigenen Wurzeln sind wir verbunden über unseren Stammbaum, den Baum unserer Vorfahren. Die Wurzeln dieses Baumes können zugleich eine unausweichliche Verstrickung mit der Vergangenheit, mit der Familiengeschichte, mit der Engstirnigkeit einer kleinen Gemeinschaft bedeuten. Unsere Familiengeschichte enthält möglicherweise eine Abfolge von negativem Verhalten, Schweigen, Inzest, Geisteskrankheit oder Alkoholismus. Die Arbeit des Abstiegs bedeutet auch die Arbeit, sich mit solchen Verstrickungen, Schwierigkeiten und dunklen Seiten auseinanderzusetzen. Einige schamanische Lehren besagen, dass man durch die Heilung derartiger negativer Punkte diese nicht nur im eigenen Leben und zum Wohle der Nachkommen heilt, sondern auch bei den Vorfahren, über all die Generationen zurück bis zum Ursprung der Schwierigkeiten.

Die Wurzeln unserer Vergangenheit und unserer Familiengeschichte dienen auch dazu, uns zu nähren, zu erden und zu stabilisieren; sie verhindern, dass ein übermäßig stolzer, hochmütiger, hoch aufragender Baum entsteht, der unweigerlich ins Kippen käme, und wir können zu wahrer Größe heranwachsen. Daniel Webster bringt die mächtige Verbindung zwischen gesunden, mit den Vorfahren verbundenen Wurzeln und einem erforderlichen Sich-Aufrichten oder Sich-Erheben entlang der Baumachse zum Ausdruck, wenn er schreibt: »Es gibt eine moralische und philosophische Achtung vor unseren Vorfahren, die den Charakter aufrichtet.«

Malidoma Patrice Somé, ein zeitgenössischer Schamane, der nach den überlieferten Praktiken des Stammes der Dagara in Westafrika ausgebildet wurde, hat eine gewisse Erfahrung mit Wurzeln. Seine eigene Initiation in die Welt der Erwachsenen im Volk der Dagara umfasste eine gefährliche schamanische Reise hinab in die Unterwelt, von der mindestens einer seiner Gefährten nicht zurückkam. Die Erfahrung in der Unterwelt war die letzte Aufgabe bei der Initiation, die Somé die Möglichkeit verschaffte, in sein Selbst als erwachsener Mann hineinzuwachsen. Malidoma Somé betont, dass wir ohne unsere Wurzeln nicht voll erwacht, voll entwickelt sein können: »Dieses Erwachen wird nicht von irgendjemand in den Wolken ausgelöst, sondern dadurch, dass wir mit beiden Füßen auf dem Boden stehen und die Vorfahren uns Wärme senden.«

In unserem Leben erfasst uns diese Wärme häufig gleich einem Schauder, wenn wir einen Gegenstand in der Hand halten, der einem unserer Vorfahren gehörte – die Uhr des Großvaters vielleicht oder die Brosche unserer Großmutter. Zu meinen Schätzen gehört der stabile schwarze Lederkoffer meines Großvaters, der die Überreste der homöopathischen Medikamente birgt, die er seinen Patienten verordnete. Wann immer ich ihn zur Hand nehme, spüre ich, dass er in meinem Leben gegenwärtig ist. Diese Gegenstände verstärken stets, was sich gerade abspielt. Welche Art Wärme mögen Ihnen wohl Ihre Vorfahren gerade in diesem Augenblick vermitteln?

Eine weitere Form von Wurzeln, die uns erden, finden wir, wenn wir unsere Fertigkeiten über die Generationen zurückverfolgen. Isaac Newton sagte einmal: »Wenn ich weiter gesehen habe als andere, dann deswegen, weil ich auf den Schultern von Riesen gestanden habe.« Bei jeder Art von Arbeit stehen wir auf den Schultern von Riesen. Diese sind die Ahninnen und Ahnen, die es geschafft haben, die Glühbirne zu erfinden, die Verwendungsmöglichkeiten des Senfkorns zu entdecken oder wie man ein zahnendes Kleinkind beruhigen kann. Dass unser Leben leichter ist, verdanken wir ihnen. Des Weiteren können wir, gleich welcher Arbeit wir nachgehen – sei es die Besorgung eines Haushalts oder der Bau einer Hängebrücke –, neue Probleme lösen, weil wir von den Vorfahren, die vor uns diese Kunst ausgeübt haben, das Handwerkszeug und die Techniken übernommen haben.

Martin Luther King wirkte in der Tradition des gewaltlosen gesellschaftlichen Wandels. Er erkannte Mahatma Gandhi aus Indien dankbar als seinen Wegbereiter an, vor dem er große Achtung zeigte und von dem er sich getragen fühlte. Gandhi seinerseits wusste, was er Henry David Thoreau, einem amerikanischen Schriftsteller und Philosophen des neunzehnten Jahrhunderts, verdankte. Unsere nährenden Wurzeln reichen tief.

## Der Baum als Zentrum des Kreises

Ein altes Rätsel stellt die Frage: »Wo genau ist der Nabel der Welt?« Die übliche Antwort lautet: »Genau da, wo ich meinen Fuß hinsetze!« Wenn wir um uns blicken, sehen wir, dass dort, wo wir stehen, der Mittelpunkt des Kreises liegt, den der weite Horizont bildet. Aus eben dieser Stelle, genau da, wo jeder von uns den Fuß hinsetzt, wächst der Kosmische Baum hervor, weil er zugleich auch ein Baum des Selbst ist. Der Baum durchbohrt den Kreis in seinem Zentrum. Das Wort *Zentrum* stammt ursprünglich von dem griechischen Wort *kéntron*, das die Spitze eines Zirkelschenkels bezeichnet, welche in eine Fläche gestochen wird, während der andere Schenkel einen Kreis rund herum beschreibt. In seinen berühmten ›Vier Quartetten‹ nennt T. S. Eliot das Zentrum »den stillen Mittelpunkt der bewegten Welt«.

## Der Bettpfosten des Odysseus

Am Ende der ›Odyssee‹ ist der Held Odysseus zwanzig Jahre lang in der Fremde gewesen. Er hat ein Leben hinter sich, dass geprägt war von Töten, Plündern, Gefahren und Abenteuern, erst während des Krieges gegen die Trojaner und dann bei seiner berühmten Reise zurück in die Heimat Ithaka. Im Kampf gegen Troja verhalf er den Griechen mit seiner List vom Trojanischen Pferd zum Sieg. Während seiner Abwesenheit hat seine Gemahlin Penelope in zwanzig einsamen Jahren als allein erziehende Mutter die Schmähungen und parasitären Ausschweifungen von einem Haufen ungehobelter, unerwünschter Verehrer erdulden müssen. Sie hat überlebt und ist Odysseus treu geblieben dank ihrer großen Geduld und Gewitztheit, worin sie ihrem berühmten Gemahl durchaus ebenbürtig war. Schließlich, nach vielen Prüfungen, kehrt Odysseus wieder nach Ithaka zurück. Aber er findet sein Haus besetzt vor und seine Frau gleichsam als Gefangene von Dutzenden stark bewaffneter Männer. Nur sein junger Sohn und ein alter Schweinehirt bleiben ihm als Helfer.

Bald schon jedoch besiegt Odysseus mit viel List und großer Tapferkeit die Horde von Freiern. Nach dem Kampf heißt er die Diener das Haus reinigen. Sodann kommt der Moment der Wiedervereinigung für Odysseus und Penelope.

Für Letztere stellt sich die Situation folgendermaßen dar: Ein Fremder ist gekommen. Er behauptet, Odysseus zu sein. Aber Odysseus ist zwanzig Jahre lang fort gewesen. Wenn dies Odysseus ist, hat er kein häusliches Leben geführt, sondern hat sich in einer Welt übersteigerter Männlichkeit bewegt – in einer Welt, die bestimmt war von Aggression, Plündern, Töten. Wenn dies wirklich Odysseus ist, muss er wieder seinen richtigen Platz in der Beziehung einnehmen. Penelope ist nicht bereit, irgendeinen hinterlistigen Kerl in ihr Bett zu lassen, auch wenn dieser gerissene Halunke vielleicht wie Odysseus aussieht und auftritt und Odysseus' großen Bogen zu spannen vermag. Sie unterzieht ihn einer Prüfung.

Im Beisein von Odysseus weist Penelope ihre Dienerin an, ihr Bett für ihn herzurichten, das Bett jedoch aus ihrem Schlafgemach zu entfernen. Odysseus tobt vor Zorn. Er weiß, dass niemand dieses Bett von seinem Platz bewegen kann, es sei denn, Penelope habe ihn betrogen. Er hat das Bett einst mit eigenen Händen gebaut und dabei als einen der Bettpfosten einen lebenden Olivenbaum gewählt, der an eben dieser Stelle verwurzelt war. Nur er und Penelope wissen um dieses Geheimnis. Die heftige Reaktion von Odysseus beweist Penelope, dass er ihr echter Gemahl ist.

Der Bettpfosten des Odysseus hat nicht nur dem gemeinsamen Ehebett einen soliden Stand verliehen, sondern er stellt die Achse der gesamten Beziehung zwischen diesem Mann und dieser Frau in dem Epos dar. Er war und ist der gemeinsame Dreh- und Angelpunkt ihrer beider Geschichten. Odysseus fordert den Baum des Bettpfostens zurück und damit sowohl seinen eigenen Mittelpunkt wie auch die Beziehung zu Penelope. In der Metapher von John Donne sind Penelope und Odysseus miteinander verbunden wie die Schenkel eines Zirkels, der für das Zeichnen eines Kreises verwendet wird. Penelope, die die Mitte hält, ist »der stete Fuß«.

> Der stete Fuß du, regungslos,
> Und kreist doch mit des andern Kreise.
>
> Zwar hält er in der Mitte Wacht,
> Doch schweift der andere weit hinaus,
> So neigt er sich und lauscht ihm nach
> Und reckt sich, kehrt der Freund nach Haus.
>
> Bist du mir so, dann zieh ich gleich
> Dem zweiten Fuß die schräge Bahn:
> Dein Festsein rundet meinen Kreis,
> Und endet mich, wo ich begann.

Dass der Bettpfosten des Odysseus ein Olivenbaum war, ist nicht ohne Bedeutung. Der Olivenbaum war der Göttin Athene, der Schutzherrin des Odysseus, heilig, und spielte bei der Gründung der Stadt Athen eine Rolle. Zu jener Zeit wetteiferten Athene und der Gott Poseidon darum, als Schutzpatron für die neue Stadt erwählt zu werden. Kekrops, der erste König, wirkte als Schiedsrichter in einem Wettstreit zwischen den beiden. Poseidon versuchte sein Glück, indem er mit seinem Dreizack auf einen Fels schlug und das Wasser herausprudeln ließ. Athene dagegen pflanzte den Olivenbaum, und dafür sprach Kekrops ihr den Sieg zu. Der Olivenbaum war gewissermaßen der Weltenbaum Athens und damit der Weltenbaum der griechischen Hochkultur.

An dem Dreh- und Angelpunkt, wo der Baum den Kreis schneidet, fangen wir an, uns selbst zu finden. Der Zen-Meister Dogen sagt: »Wenn du deinen Platz da findest, wo du bist, kommt die Übung, und der entscheidende Punkt wird offenbar.« Der Psalmendichter drückte es folgendermaßen aus: »Lasst ab und erkennt: Ich bin Gott!« (Psalm 46, 11).

## Wie geht es Ihrem Baum?

Wenn wir diese Geschichten über den Baum hören, könnten wir zu der Annahme verleitet werden, dass sie »da draußen« in einer historischen, prähistorischen oder mythischen Zeit spielen oder in einem mythischen oder physischen Raum, der losgelöst ist von uns selbst. Wenn wir sie jedoch nicht »da draußen« sehen, sondern »hier drinnen«, in unserem eigenen Wesen, vermögen wir eine wesentliche Dimension der Psyche zu erkennen: die Dimension des Baumes. Der Baum wächst in jedem von uns. Wir müssen nur hinsehen.

Dieser Baum zentriert uns auf der Ebene des Kreises, er sorgt für unsere Verwurzelung im All und verleiht uns die Kraft, unsere höchsten Ziele zu erreichen. Er ergänzt den Kreis und verhilft uns zur Ganzheit. Wo der Kreis das Moment der Immanenz enthält, birgt der Baum das der Transzendenz. Wo der Kreis horizontal ist, ist der Baum vertikal. Wo der Kreis die Neigung verkörpert, die Zeit zyklisch zu sehen, repräsentiert der Baum eher die Betrachtung der Zeit als etwas Lineares, als etwas, das von einem Anfang auf ein Ende hin zuläuft. Wo der Kreis für uns selbst steht, wie wir im Begriff sind, mit der restlichen Welt in Beziehung zu treten, symbolisiert der Baum unseren Weg bei der Erlangung von Weisheit.

Man kann es auch anders ausdrücken, dass der Baum eines von zwei Schlüsselbildern ist, mittels derer das Selbst das Selbst versteht. Er ist das Bild, mit dem das Selbst zum Selbst über den wachsenden inneren Kern spricht, den Kern, der nach dem Erwerb bestimmter Fähigkeiten, Weisheit und der Begegnung mit dem Göttlichen strebt; den Kern, der weiß, wo er in der Welt steht, und der in der Lage ist, sich von seinen Vorfahren und aus den tiefen Quellen des Schlafes, der Träume und der unbewussten Prozesse zu speisen.

Wenn wir nicht in gewisser Weise Bäume wären, hätten wir keine Wurzeln, würden wir nicht erwarten, dass unsere Arbeit Früchte trägt, und wir würden ein Kind auch nicht wie »unseren Aug*apfel*« lieben.

Eines meiner Lieblingsbilder vom Baum betrifft etwas, was im Englischen als *candle*, also als »Kerze« der Kiefer bezeichnet wird. Hoch oben im Wipfel der Kiefer befindet sich die noch wachsende Spitze, ein zarter grüner, mit Nadeln gefiederter Trieb, der gerade zum Himmel weist. Diese Spitze hat tatsächlich die Form einer Kerze. Schneidet man sie ab, so wird das Wachstum des Baumes gehemmt. Das Wort *candle* wurde in die englische Sprache in einem religiösen Kontext eingeführt; und Kerzen werden seit langem mit spirituellen Praktiken in Verbindung gebracht. Die Kiefer wächst und streckt dabei ihre »Kerze« dem Licht des Himmelsgewölbes entgegen, und in dem Maße, wie wir einen Baum in uns haben, tun wir dasselbe.

# Lebensbaum und Lebenskreis:
# Die verborgene Struktur des Selbst

Ich lebe mein Leben in wachsenden Ringen,
die sich über die Dinge ziehn.
Ich werde den letzten vielleicht nicht vollbringen,
aber versuchen will ich ihn.

Ich kreise um Gott, um den uralten Turm,
und ich kreise jahrtausendelang;
und ich weiß noch nicht: bin ich Falke, ein Sturm
oder ein großer Gesang.
*Rainer Maria Rilke, ›Stundenbuch‹*

In dem Maße, wie wir wachsen und uns der Ganzheit nähern, weiten sich unsere Kreise und umspannen weitere Bereiche der Welt. Der Stamm unseres Baumes wird kräftiger, während wir Wurzeln schlagen und uns nach dem Licht strecken. Unser Leben ist ein fortlaufender Prozess des Strebens nach Ganzheit, wenn wir in einen neuen Lebensabschnitt eintreten und uns mit den Herausforderungen, die das Leben für uns bereithält, auseinandersetzen. Typischerweise beginnt unsere Reise zur Vollkommenheit allerdings damit, dass wir einseitig eine der beiden Dimensionen in den Vordergrund rücken, entweder den Baum oder den Kreis.

In der Kultur der Vereinigten Staaten wird dieses Ungleichgewicht oft sichtbar in den Unterschieden zwischen den Geschlechtern. Erik Erikson untersuchte spontan gestaltete Werke von Jungen und Mädchen, die aufs Geratewohl ausgewählte Spielsachen bekommen hatten und mit ihnen auf dem Tisch eine aufregende Szene aus einem Phantasiefilm konstruieren sollten. Er stellte fest, dass der bedeutsamste Unterschied zwischen Jungen und Mädchen darin lag, dass die Mädchen eher Umfriedungen oder Innenräume entwarfen und Jungen lieber Türme bauten. Die Mädchen gestalteten Kreise und die Jungen Bäume.

Auch bei der Wahl ihrer Kommunikationsmuster legen männliche Jugendliche häufiger den Baum als Maßstab zugrunde, und junge Mädchen orientieren sich eher an der Dimension des Kreises. Nach Untersuchungen der Soziolinguistin Deborah Tannen haben Jungen in den Vereinigten Staaten eher die hierarchische Ordnung innerhalb der Gesellschaft im Blickfeld, während Mädchen dazu tendieren, sich auf das Netzwerk von sozialen Beziehungen, auf Vertrautheit und Gemeinschaft zu konzentrieren. Es ist, als ob Jungen und Mädchen in zwei unterschiedlichen Welten aufwüchsen und die Kommunikation zwischen den beiden eine Kommunikation zwischen verschiedenen Kulturen sei. Dieser Unterschied ist möglicherweise das Ergebnis der geschlechtsspezifischen Sozialisierung und nicht so sehr das einer angeborenen Verschiedenartigkeit. Und doch bleibt der Unterschied bestehen, wenn Jungen und Mädchen zu Männern und Frauen heranwachsen, zumindest bis zu einer gewissen Entwicklungsstufe. Tannen hat nachgewiesen, dass Jungen und Männer das Gespräch eher dazu nutzen, ihren Status in einer Gruppe zu sichern und andere davon abzuhalten, sie zu dominieren (durch den Baum verkörperte Hierarchie). Mädchen und Frauen versuchen eher, das Gespräch zu nutzen, um Nähe und Vertrautheit zu schaffen und andere um sich zu scharen (Beziehungsebene des Kreises).

Dieser Unterschied zwischen Jungen und Mädchen zeigt sich schon früh. Tannen zitiert die Untersuchung von Marjorie Harness Goodwin, die anderthalb Jahre damit verbracht hat, Interaktionen zwischen Großstadtkindern zu beobachten. Goodwin stellte fest, dass Jungen Befehle erteilten und dies als Mittel nutzten, um an sozialem Status zu gewinnen. Jungen, die in der Rangordnung weit oben standen, erteilten Befehle, nur um ihre Dominanz aufrechtzuerhalten, und nicht weil es wirklich nötig für sie gewesen wäre, dass das Befohlene ausgeführt wurde. Im Spiel der Mädchen gingen diese mehr von der Gleichheit aller aus, wobei jedes von ihnen Vorschläge machte und Vorschläge anderer akzeptierte.

Der Unterschied in der Ausrichtung zwischen hierarchischer Kommunikation und Beziehungskommunikation, Baum und Kreis, kann zu Reibungen und Verwirrung in Beziehungen führen. Beispielsweise fängt eine Frau vielleicht an, ihrem Mann von irgendeinem Kummer zu erzählen, der sie beschäftigt. Sie spricht über etwas, was für sie wichtig ist, um mit ihrem Partner in Kontakt zu kommen. Da der Mann davon ausgeht, dass ein Gespräch stets dazu dient, den Status zu sichern, stellt sich das Reden über Schwierigkeiten für ihn wie eine Bitte um eine Lösung dar. Jemand, der keine Antwort weiß (niederer Rang), erbittet Hilfe von jemand, der diese vielleicht zu gewähren vermag (höherer Rang). Männer ihrerseits haben oft das Gefühl, dass man von ihnen eine Antwort erwartet, dass man sie für unfähig (niederer Rang) hält, falls sie der Erwartung nicht entsprechen. So fühlt sich der Ehemann dazu gedrängt, eine Lösung anzubieten, und betrachtet die Angelegenheit danach als erledigt. Er hört nicht einfach nur zu und fühlt mit seiner Frau mit – was sie sich möglicherweise gewünscht hätte. Und er ist dann vielleicht frustriert, wenn sie seinen Rat scheinbar nicht befolgt und einfach weiter erzählt.

Der Unterschied in der Ausrichtung zwischen dem männlichen und dem weiblichen Geschlecht in den Vereinigten Staaten bedeutet nicht, dass *voll entwickelte* Männer und Frauen sich so einseitig verhalten. Es war immerhin ein Mann, nämlich Carl Rogers, der eine Richtung in der Psychotherapie entwickelt hat, die auf dem Kreis von Beziehungen aufbaut. Und doch zeigen die von Tannen zusammengefassten Untersuchungsergebnisse ganz deutlich, dass Hierarchie und Beziehung, Baum und Kreis der Schlüssel für die Psyche auf der Suche nach dem Weg in die Welt sind und dass zumindest in den Vereinigten Staaten unreife Männer und unreife Frauen sich häufig einseitig verhalten.

## Baum und Kreis im Entwicklungsprozess

Der Weg, wie wir aus unserem einseitigen Verhalten herauswachsen, ist als eine Art Spirale beschrieben worden. Zu Beginn unserer Reise konzentrieren wir uns auf eine Seite, neigen uns dann ein wenig zur anderen Seite und erfahren etwas über diese Perspektive; sodann pendeln wir zurück zu unserer ursprünglichen Perspektive, jedoch auf einer höheren Ebene oder Stufe der Reife. Wir entwickeln uns beständig weiter, indem wir regelmäßig zwischen den Perspektiven von Kreis und Baum hin- und herwechseln und dadurch schrittweise in beiden Dimensionen an Reife gewinnen.

Robert Kegan, ein Entwicklungspsychologe in Harvard, sagt, dass jede Phase der menschlichen Entwicklung nur die zeitweilige Auflösung eines lebenslangen Spannungsverhältnisses zwischen diesen beiden Dimensionen sei, die er »die beiden größten Sehnsüchte im Leben des Menschen« nennt.

Spannungen bestehen, weil einerseits unser am Kreis orientierter Wunsch nach Anbindung uns fürchten lässt, wir könnten irgendwie zu sehr von der Gruppe abweichen. Andererseits jedoch wollen wir im Allgemeinen nicht nur ein Teil der Masse sein, sondern uns positiv daraus hervorheben oder zumindest wahrgenommen werden wegen unseres einmaligen Beitrags. Wir möchten innerhalb der Dimension des Baumes höher steigen und an unseren Früchten erkannt werden.

Jede Stufe der Entwicklung stellt die (zu dem Zeitpunkt) größtmögliche Annäherung zwischen Kreis und Baum dar. Wir finden über eine Folge von Näherungen zu mehr Ganzheit im Sinne von Kreis und Baum. In dem Maße, wie wir wachsen, vermögen wir die Ambiguität des »sowohl ... als auch« statt des »entweder ... oder« eher zu ertragen.

Wir können unser eigenes Verhalten daraufhin überprüfen, ob wir augenblicklich stärker den Baum oder den Kreis betonen. Der Psychologe Andras Angyal weist darauf hin, dass das am Baum ausgerichtete Verhalten (das er als Neigung zur »Autonomie« bezeichnet) charakteristischerweise rastlos ist und nach Wachstum drängt, während das am Kreis orientierte Verhalten (»Homonomie«) eher von Ruhe und dem Streben nach Dauerhaftigkeit gezeichnet ist. Das Baum-Verhalten ist eher rationalistisch bestimmt, getragen von dem Wunsch nach Beweisen und Sicherheit, während das Kreis-Verhalten enger mit dem nicht von der Vernunft geprägten Teil unseres Wesens verbunden ist und sich der Betreffende eher von Glauben und Intuition leiten lässt. Leben wir wie ein Baum, werden wir von Situationen angeregt und reagieren darauf mit einer Art selbstbewusster Aktivität. Folgen wir dem Kreis, bewegen wir uns durchs Leben, indem wir Eindrücke aufnehmen und uns selbst ausdrücken. Wir verspüren im Innern ein Gefühl von Harmonie oder Resonanz und empfinden daraufhin das Bedürfnis, diese Resonanz in irgendeiner Form auszudrücken, zum Beispiel durch kreative künstlerische Betätigung oder im Gebet oder in einem Gottesdienst.

Einen faszinierenden Einblick in unseren Entwicklungsprozess bietet uns die Arbeit von Mihaly Csikszentmihalyi, der ehemals einen Lehrstuhl am psychologischen Institut der Universität von Chicago innehatte. Dieser Mann mit dem wunderbaren Namen wollte genau wissen, wie es sich mit der Psychologie der optimalen Erfahrung verhielt – mit den Momenten, in denen wir so aufgehen in dem, was wir gerade tun, dass nichts anderes mehr wichtig zu sein scheint, in denen die Erfahrung selbst so angenehm ist, dass wir uns dem Tun um seiner selbst willen hingeben. Csikszentmihalyi nennt diesen Zustand »Flow«.

Im Laufe vieler Jahre befragten er und seine Kollegen in der ganzen Welt Tausende von Leuten aus den unterschiedlichsten sozialen Schichten. Sie setzten auch elektronische Funkrufempfänger ein, um in zufällig gewählten Abständen ihre Testpersonen daran zu erinnern, dass sie innehielten und aufschrieben, was sie in dem Augenblick gerade dachten und wie sie sich fühlten. 1990 hatte er dann mehr als hunderttausend solcher typischen Ausschnitte aus dem Leben von Menschen zusammengetragen.

Auf der Grundlage all seiner Untersuchungen kam Csikszentmihalyi zu dem Schluss, dass nach einem Flow-Erlebnis ein psychologischer Wachstumsschritt folgt, ein Wachsen des Selbst. Das Wachsen des Selbst, sagt er, bedeutet, dass die Organisation des Selbst komplexer wird. »Komplexität ist das Resultat zweier wichtiger psychologischer Prozesse: *Differenzierung* und *Integration*. Differenzierung bedeutet eine Bewegung auf Einzigartigkeit hin, auf die Absonderung des Selbst von anderen. Integration bedeutet das Gegenteil: Vereinigung mit anderen Menschen, mit Gedanken und Gebilden jenseits des Selbst. Ein komplexes Selbst ist eines, dem es gelingt, diese beiden Tendenzen miteinander zu verbinden.«

Differenzierung, oder die Bewegung auf Einzigartigkeit hin, ist die Bewegung entlang der Achse des Baumes. Integration, oder die Vereinigung mit anderen Menschen, mit Gedanken und Gebilden jenseits des Selbst, ist das wesentliche Merkmal des Kreises. Wann immer wir also besonders gute Erlebnisse haben, wachsen wir ein Stück in Richtung Ganzheit in ihren beiden Dimensionen.

Csikszentmihalyi betont, dass weder der Kreis noch der Baum für sich alleine genügen. »Ein Selbst, das nur differenziert ist – nicht integriert –, kann große individuelle Leistungen erbringen, riskiert aber, sich in Egozentrik zu verfangen. Ein Mensch, dessen Selbst ausschließlich auf Integration beruht, lebt verbunden und sicher, doch es fehlt ihm an eigenständiger Individualität. Erst wenn man psychische Energie gleichermaßen in beide Prozesse leitet und sowohl Eigensucht wie Konformität vermeidet, wird das Selbst der Komplexität gerecht werden.«

Zahlreiche Erfahrungen in unserem Leben, nicht nur unsere besonders guten Erfahrungen, tragen dazu bei, dass wir zur vollen »Komplexität« oder Ganzheit gelangen. Eine der Qualitäten einer gut funktionierenden menschlichen Kultur liegt darin, dass sie Erfahrungen ermöglicht, die sowohl unsere Differenzierung oder das Verlangen nach Unabhängigkeit unterstützen wie auch unsere Integration oder das Verlangen, einbezogen zu sein.

Vor einigen Jahren untersuchte der Psychologe und Ökologe Paul Shepard, wie der normale Prozess der menschlichen Entwicklung aussehen müsste, wenn er von der Kultur unterstützt würde. Der normale Prozess, so erklärt Shepard, sei ein langer Prozess, der sowohl beinhalte, dass der Einzelne in seinem Leben bestimmte Erfahrungen durchmache, als auch, dass die Gesellschaft angemessen und zum richtigen Zeitpunkt auf den Einzelnen eingehe.

In Shepards Version der Entwicklungsspirale wird die Baumperspektive als »autonome Phase« und die Kreisperspektive als »symbiotische Phase« bezeichnet. In der autonomen Phase geht es um die Entwicklung eines reifen Gespürs für ein losgelöstes Selbst. Zu ihren Aufgaben gehören die Arbeit der Analyse, der Trennung, der einsamen Bewährung sowie andere Formen, die dazu beitragen, ein Gefühl von subjektiver Einzigartigkeit oder von Autonomie entstehen zu lassen. In der symbiotischen Phase geht es um die Entwicklung eines gesunden Gespürs für ökologische und soziale Wechselbeziehungen. Zu ihren Aufgaben gehört die Entwicklung eines Verhältnisses zur Mutter, zur Erde und zur Gemeinschaft.

In einigen Kulturen begleiten der Vater oder die mit der Initiation betrauten älteren Männer die Entwicklung des jungen Menschen in der autonomen Phase, und die Mutter oder die mit der Initiation betrauten älteren Frauen begleiten den Jugendlichen in der symbiotischen Phase. Unabhängig davon, wer die Entwicklung leitet, besteht der entscheidende Punkt darin, dass eine gut funktionierende Kultur die Entwicklung sowohl des Kreises wie auch des Baumes unterstützt.

Shepard betont, dass die vollständige Entwicklung hin zur Ganzheit von Baum und Kreis ohne die natürliche Welt, den »ökologischen Zyklus« des Kreises nicht stattfinden kann: »Ungefilterte, saubere Luft, das Flattern wilder Vögel, Sonnenschein und Regen, Tierlaute und Insektensummen wie auch menschliche Stimmen – all dies sind nicht unbestimmte und angenehme Reize für das Kleinkind, sondern der Stoff, aus dem eine zweite Erdung ihren Anfang nimmt, noch während es in den Armen seiner Mutter liegt.« Ja, wenn »es im Leben des Kindes zwischen dem vierten und zehnten Jahr nicht in ausreichendem Maße eine Erdmutter gibt, wird es niemals fähig sein zu einer vollauf befriedigenden, philosophischen Annäherung an das Universum der Sterne oder an die grundlegenden Fragen, um die es in der Religion stets geht.«

## »Folge deinem Genius«

Drei wesentliche Merkmale des Genius –
Ein Auge, das vermag, die Natur zu sehen,
Ein Herz, das vermag, die Natur zu fühlen,
Und eine Kühnheit, die es wagt, ihr zu folgen.

*Bardische Triaden*

Wir brauchen den Kreis in der Beziehung zur Erde oder zur
Mutter Erde, und sei es, weil nur so der in jedem von uns
schlummernde Genius zur vollen Blüte gebracht wird. Im Alt-
lateinischen bedeutete das Wort *genius* »Gottheit der Zeugung
und der Geburt«, was später erweitert wurde zu »Schutz-
geist«. Die Griechen hatten eine ähnliche Vorstellung von
einem »leitenden Geist«, den sie *daimon* nannten (daher
stammt das – negativ konnotierte – Wort Dämon). Dieser Daimon oder Genius wird von Henry David Thoreau in seinem
Werk ›Walden‹ gepriesen. »Folge deinem Genius möglichst genau«, so sagt er, »und er wird dir ganz sicher mit jeder Stunde
eine neue Sichtweise eröffnen … Keiner, der seinem Genius
gefolgt ist, ist je an den Punkt gelangt, an dem ihn dieser in die
Irre geführt hätte.« Sokrates vertraute der Stimme seines Dai-
mons sein Leben lang. Seinen »Genius« in dieser alten Bedeutung des Wortes zu finden ermöglicht es uns, ein »Genie« im
moderneren Sinne zu sein, was bedeutet, dass wir über außergewöhnliche und transzendente schöpferische Kräfte verfügen.
Sokrates war ein Genie, das auf seinen Genius hörte.

Wie findet man den eigenen Genius? Die Überlieferung
der keltischen Barden lehrt uns die Hinwendung zur Natur.
Entwickeln Sie »ein Auge, das vermag, die Natur zu sehen,
ein Herz, das vermag, die Natur zu fühlen, und eine Kühnheit, die es wagt, ihr zu folgen.«

Diese überlieferte Weisheit wird durch die Arbeiten von
Edith Cobb bestätigt. Sie untersuchte die Lebensgeschichte

von etwa dreihundert Menschen seit dem Mittelalter, die als Genies in der modernen Bedeutung des Wortes galten. Sie stellte dabei fest, dass der Genius fast ausnahmslos seine Wurzeln in einer mystischen Naturerfahrung während der Kindheit hat.

Die Fähigkeit, ein Genie im modernen Sinn des Wortes zu sein, hängt zum Teil von der Qualität unserer Denkprozesse ab. Unsere Denkprozesse, ja selbst unsere Sprache sind im Wesentlichen metaphorisch. Wir erklären eine Sache mit den Begriffen einer anderen. Wie stark ist er? Er ist stark wie ein Bär. Abstrakte Vorstellungen sind uns tendenziell leichter verständlich, wenn wir sie mit den Begriffen für andere Vorstellungen beschreiben, die wir eher aus unmittelbarerer Erfahrung heraus begreifen. »Dies ist ein schwer haltbares Argument, es entbehrt jeder Grundlage« – diese Aussage ist nur verständlich über die zugrunde liegende Metapher: Eine Theorie ist ein Gebäude. Theorien haben wörtlich genommen kein Fundament. Und doch ist es nützlich, sie sich so vorzustellen. Metaphern befruchten unsere Denkvorgänge.

Unser Repertoire an Metaphern und Gleichnissen entstammt unseren Interaktionen mit der Welt und der daraus gewonnenen Erfahrung. Und der üppigste Urquell (man beachte die Metapher) von Metaphern und Gleichnissen in der Welt ist die natürliche Umgebung. Hier einige Beispiele: für Wachstum – Pflanzen, Bäume und so weiter; für Verwandlung – Schmetterling; für Hoffnung – das Grün der Natur; für das Geistige – Vögel; für Reinheit – Schnee und Quellwasser; für Stabilität und das Gefühl der Zugehörigkeit – Wurzeln. Die Liste ließe sich beliebig verlängern. Natur ist nicht nur, *was* wir sehen, sondern auch *wie* wir etwas sehen und *wodurch* wir es sehen.

Ein inniges Verhältnis zu »all unseren Verwandten« in der natürlichen Welt eröffnet einen besonders großen Schatz an

Metaphern und erweitert daher unser Denkvermögen. Edith Cobb weist darauf hin, dass sowohl die natürliche Schöpferkraft des Kindes wie auch die kultivierte erfinderische Tätigkeit des erwachsenen Genies auf der Suche nach der wahren Metapher sind. Allein schon aus diesem Grunde ist es plausibel, dass Naturerfahrungen in der Kindheit das Genie im Erwachsenen fördern, weil es die Berührung mit einer wahren Metapher ist, welche »die strukturierenden Kräfte von Geist und Nervensystem für das Handeln und die Herstellung von Sinnzusammenhängen freisetzt«.

Der Zugang zu der Metapher jedoch ist der weniger wichtige Aspekt der mystischen Naturerfahrung in der Kindheit. Cobb stellte fest, dass die eigentliche Ursache für die Verwandlung, die diesen Erfahrungen folgt, sowohl ein momentanes Gefühl der Diskontinuität ist – ein gesteigertes Bewusstsein des Kindes für seine einmalige Losgelöstheit und Identität – wie auch ein sich offenbarendes Gefühl der Kontinuität – ein Eintauchen des gesamten Organismus des Kindes in die äußere Welt der Formen, Farben und Bewegungen in Zeit und Raum, die nicht in ihren Einzelheiten wahrgenommen werden. Innere und äußere Welten werden als eine Einheit empfunden. Es ist sowohl eine Erfahrung der radikalen Einmaligkeit (Baum) wie auch des universellen Verbundenseins (Kreis).

Im zarten Alter von zehn Jahren hatte der Dichter William Wordsworth solche Erfahrungen während seiner Wanderungen durch die Hügel und Täler des Lake District, einer malerischen Seenlandschaft im Nordwesten Englands. Dort, so sagte er, »sprachen die Erde und das gewöhnliche Antlitz der Natur zu mir … Unbewusst nahm ich Verbindung auf mit einer Schönheit, alt wie die Schöpfung selbst, und trank dabei reine organische Wonnen aus zu silbernen Kränzen gewundenen Nebelschwaden.« Ähnlich ist Baal Shem Tov, der

Begründer des modernen jüdischen Chassidismus, oft aus der Schule weggelaufen, um im Wald allein zu sein. Und der bekannte Kunstkritiker Bernard Berenson erinnerte sich im Alter von siebzig Jahren noch so deutlich an seine Erfahrung, als ob er sie gerade durchlebt hätte, und doch lag diese Erfahrung vierundsechzig Jahre zurück:

> Es war ein früher Sommermorgen, und über den Lindenbäumen glänzte und flimmerte silbriger Dunst. Die Luft war getränkt mit Lindenduft und voll von zärtlicher Wärme. Ich erinnere mich gut – ohne es mir erst zurückzurufen –, wie ich auf einen Baumstumpf kletterte und plötzlich im »Einen« aufging und unterging. Ich nannte es nicht so, denn ich bedurfte keiner Worte. Das »Eine« und das Ich waren eins.

Es besteht also eine grundlegende Entsprechung zwischen dem Umstand, ein »Genie« zu sein, seinen »Genius« zu entdecken und Verbindung zur Natur aufzunehmen. Diese Entsprechung könnte man als Resonanz zwischen zwei Größen oder Stufen der fraktalen Baum- und Kreisgestalt der Ganzheit beschreiben: der Baum- und Kreisgestalt des Universums, wie sie in der Natur zum Ausdruck kommt, und der Baum- und Kreisgestalt der ganzen, gesunden Psyche oder Seele. Diese Resonanz zu erfahren kann den Verlauf eines ganzen Lebens ändern.

Da die Natur so den Genius des jungen Menschen entzündet, ermutigen viele traditionelle Kulturen jeden jungen Menschen dazu, zu einem geeigneten Zeitpunkt mindestens einmal auf die Suche nach einer Vision zu gehen. Auf der Suche nach der Vision wagt sich der junge Mann oder die junge Frau in die Wildnis, um allein zu sein mit seiner oder ihrer eigenen Seele und den Kräften des Universums. Der Suchende wird im Vorfeld entsprechend darauf vorbereitet und erfährt während dieser Erfahrung spirituelle Unterstützung durch die Gebete von Verwandten und weisen älteren Mitgliedern des Stammes. Danach empfängt die Gemeinschaft den Suchenden wieder in ihrem Kreis und hilft ihm, die Erfahrung zu verarbeiten und zu integrieren. Die Verwandlung jedoch vollzieht sich in der Natur selbst.

## Zwei Formen der Intelligenz

Wir können uns selbst helfen auf dem Weg zur Ganzheit aus Baum und Kreis, wenn wir beide Formen der Intelligenz, den Baum *und* den Kreis entwickeln. Der amerikanische Psychologe David Wechsler, der in den 1930er Jahren einen der auch heute noch einflussreichsten und meistverwendeten Intelligenztests entwickelt hat, definierte Intelligenz als »die zusammengesetzte oder globale Fähigkeit des Individuums, zielgerichtet zu handeln, rational zu denken und sich wirkungsvoll mit seiner Umwelt auseinanderzusetzen«.

Die Forschung hat gezeigt, dass das, was wir gemeinhin als »Intelligenz« bezeichnen, nicht eine einzelne, einheitliche Fähigkeit ist. Und doch messen die meisten Intelligenztests (IQ-Tests), einschließlich Wechslers Methode, eine verhältnismäßig beschränkte Anzahl von Fähigkeiten. Bei diesen Tests wird häufig in erster Linie das Sprachverständnis bewertet, die Fähigkeit zu logischen Schlussfolgerungen sowie andere Aspekte des abstrakten Denkens, die zusammengenommen unter dem Begriff »akademische Intelligenz« subsumiert worden sind.

Akademische Intelligenz hat durchaus ihren Wert. Sie zu testen kann uns dabei helfen, gewisse Fertigkeiten zu entwickeln, und kann uns helfen, vernünftige Entscheidungen hinsichtlich Ausbildung und Berufsweg zu treffen. Die akademische Intelligenz ist jedoch nicht die einzige Form der Intelligenz.

Neuere Arbeiten legen nahe, dass es ein ganz eigenes Bündel von Fähigkeiten gibt, das als Intelligenz identifiziert werden kann. Genau wie die akademische Intelligenz helfen diese Fähigkeiten einem Menschen, zielgerichtet zu handeln, rational zu denken und sich wirkungsvoll mit seiner Umwelt auseinanderzusetzen. Sie unterstützen uns dabei, die praktischen Probleme des Lebens zu bewältigen. Diese Fähigkeiten sind unter dem Oberbegriff der »emotionalen Intelligenz« subsumiert worden. Der Psychologe und Autor Daniel Goleman fasst zusammen, wie uns die fünf wesentlichen Bereiche der emotionalen Intelligenz auf dem Weg zum Erfolg zustatten kommen:

1. *Die eigenen Emotionen kennen.* Selbstwahrnehmung – das Erkennen eines Gefühls, während es auftritt – ist die Grundlage der emotionalen Intelligenz. ... Wer die eigenen Gefühle nicht zu erkennen vermag, ist ihnen ausgeliefert. Wer sich seiner Gefühle sicherer ist, kommt besser durchs Leben, erfasst klarer, was er über persönliche Entscheidungen wirklich denkt, von der Wahl des Ehepartners bis zur Berufswahl.

2. *Emotionen handhaben.* Gefühle so zu handhaben, dass sie angemessen sind, ist eine Fähigkeit, die auf der Selbstwahrnehmung aufbaut. ... Wer darin schwach ist, hat ständig mit bedrückenden Gefühlen zu kämpfen, wer darin gut ist, erholt sich sehr viel rascher von den Rückschlägen und Aufregungen des Lebens.

3. *Emotionen in die Tat umsetzen.* Emotionen in den Dienst eines Ziels zu stellen ist wesentlich für unsere Aufmerksamkeit, für Selbstmotivation und Könnerschaft sowie für Kreativität.

Emotionale Selbstbeherrschung – Gratifikationen hinausschieben und Impulsivität unterdrücken – ist die Grundlage jeder Art von Erfolg. Wer sich in den »fließenden« Zustand [Kreis des Fließens/Flow] versetzen kann, ist zu herausragenden Leistungen jeglicher Art imstande. Was er auch unternimmt, er macht es produktiver und effektiver.

4. *Empathie.* Zu wissen, was andere fühlen – eine weitere Fähigkeit, die auf der emotionalen Selbstwahrnehmung aufbaut –, ist die Grundlage der »Menschenkenntnis«. ... Wer einfühlsam ist, vernimmt eher die versteckten sozialen Signale, die einem anzeigen, was ein anderer braucht oder wünscht. Er wird in den Pflegeberufen, als Lehrer, Verkäufer oder Manager erfolgreicher sein.

5. *Umgang mit Beziehungen.* Die Kunst der Beziehung besteht zum großen Teil in der Kunst, mit den Emotionen anderer umzugehen. Sie sind die Grundlage von Beliebtheit, Führung und interpersonaler Effektivität. Diejenigen, die in diesen Fähigkeiten glänzen, sind erfolgreich in allem, was darauf beruht, reibungslos mit anderen zusammenzuarbeiten – sie sind »soziale Stars«.

Dies alles sind Bereiche der mit dem Kreis zusammenhängenden Intelligenz. Wir brauchen sie, um Beziehungen zu knüpfen und zu pflegen.

So wie der Kreis nicht das Gegenteil des Baumes ist, sondern etwas anderes, ganz Eigenes, das diesen ergänzt, ist emotionale Intelligenz etwas anderes als der IQ und ergänzt ihn. Emotionale Intelligenz und IQ sind klar voneinander zu trennen, da wissenschaftliche Untersuchungen nachweisen, dass man stark in dem einen Bereich sein kann, ohne dies notwendigerweise auch in dem anderen zu sein. Ja, ein Mensch kann einen vollkommen normalen IQ haben und doch aufgrund einer Schädigung jener Teile des Gehirns, welche die Emotionen verarbeiten, unter Impulsivität, Ängstlichkeit und verheerenden Weichenstellungen in seinem Leben leiden. Beides aber, die emotionale Intelligenz und der IQ, ist notwendig für den Erfolg im täglichen Leben.

## Wenn der Kreis nicht entwickelt ist

Vielerlei Probleme können sich ergeben, wenn der Kreis unterentwickelt ist. Bei einer besonders schwachen Ausprägung der Kreisdimension entsteht das Gefühl, keine Grenzen zu haben. Wenn jemand keine psychologischen Grenzen hat, gibt es nichts außer Beziehungen: Es gibt keine klare Kreislinie und keinen wirklichen Mittelpunkt. Wenn die Grenzen zu anderen Menschen fehlen, sie schwach oder wenig stabil sind, ist es für den Betroffenen schwierig, sein Gefühl der Individualität zu wahren. Ein Mensch mit schwachen Grenzen wird ständig überrannt von der Welt und hat für gewöhnlich ein verschwommenes Bild von sich selbst. Man weiß nicht, wo man selbst aufhört und wo die Welt beginnt. (Einen extremen Fall dieser Art bezeichnen Psychologen als »Borderline-Persönlichkeitsstörung«.)

In einem Familiensystem haben schwache oder instabile Grenzen zu anderen Menschen eine so genannte *verstrickte* Familie zur Folge oder eine Familie, wo der Einzelne mit den übrigen Familienmitgliedern emotional verwickelt oder *verschmolzen* ist. Maßgebliche Anstöße hierzu stammen von Salvadore Minuchin, dem Begründer der strukturellen Familientherapie, und Murray Bowen und der von ihm verfochtenen systemischen Familientherapie. Minuchin bemerkt, dass die Verstrickung einer Familie zu psychologischen Störungen wie beispielsweise Anorexie führen kann. Bowen vertritt die Ansicht, dass der Grad, bis zu welchem sich der Mensch von seiner jeweiligen Ursprungsfamilie persönlich gelöst hat, ein wichtiger Maßstab für die Gesundheit ist. So ist die Entwicklung eines Gefühls für die Kreisgrenzen wesentlich für die psychologische Gesundheit im Familiensystem und beim Einzelnen. Andernfalls wird man immer wieder feststellen, dass andere Menschen in den »eigenen Raum« eindringen.

Ich hatte einmal einen Klienten – nennen wir ihn Harry –, der Probleme hatte mit den Grenzen seines Kreises. Auf viele seiner Mitmenschen wirkte er, als ob er »ihnen einen Köder vor der Nase baumeln ließe« – mit all seinen Versprechungen, die er dann niemals hielt. Harry erweckte den Eindruck, dass er allen gefallen wollte, allerdings mit dem Erfolg, dass er es niemandem recht machte. Sein Verhalten verstimmte die Leute. Harry selbst erlebte sich so, dass er Entscheidungen traf, die nicht wirklich seine eigenen waren, sondern die darauf ausgerichtet waren, den Bedürfnissen des Menschen Rechnung zu tragen, mit dem er jeweils gerade sprach. Er hatte das Gefühl, dass ihn andere Menschen emotional in der Gewalt hatten und er dabei kein Mitspracherecht hatte. Er konnte nicht unterscheiden zwischen dem, was andere wollten, und dem, was er selbst wollte. Seine Grenzen waren zu durchlässig. Er selbst drückte es einmal folgendermaßen aus: »Ich verliere zu leicht das Vertrauen.«

Im Laufe unserer gemeinsamen Arbeit entwickelte Harry etwas, das er und ich seinen »Schildmuskel« nannten. Es war die Fähigkeit, toxische Übergriffe aus den emotionalen Bereichen anderer Menschen abzuwehren, und zugleich trotzdem in der Lage zu sein, den Schild zu senken und sich offen und zugänglich für enge Beziehungen zu zeigen.

Kreisgrenzen, die zu starr sind, können genauso problematisch sein wie Grenzen, die zu schwach oder zu wenig stabil sind. Übermäßig starre Grenzen in einer Familie können das zur Folge haben, was Minuchin als *bindungslose* Familie bezeichnet. Keiner in einer solchen Familie hat jemals enge Beziehungen zu irgendeinem anderen. Diese Art von Familie kann bei Kindern leicht zu asozialem Verhalten führen. Die Kinder aus solchen Familien entwickeln anderen Menschen gegenüber niemals ein sicheres Gefühl der Zuneigung und der Bindung, es fehlt ihnen an Empathie.

Der fest zusammengezurrte Kreis, der charakterisiert ist durch Ichbezogenheit, den Rückzug auf sich selbst, die Unfähigkeit, »aufzumachen« oder aus sich herauszugehen, kennzeichnet anerkanntermaßen zahlreiche Formen der Persönlichkeitsstörung. Solche Menschen scheinen zu befürchten, dass ein Sich-Öffnen zum Verlust oder zur Vernichtung ihrer Identität führen könnte.

Eine zu starke Betonung der mit dem Kreis zusammenhängenden Eigenschaft, sich vom Fluss der Dinge tragen zu lassen, kann zu Problemen wie Verträumtheit, mangelnder Kreativität und Gleichgültigkeit gegenüber Leid führen. Im Allgemeinen ziehen Schwierigkeiten in der Kreisdimension die Unfähigkeit nach sich, gesunde Beziehungen aufzubauen und zu pflegen, wie auch spezifische, für eine Beziehung zerstörerisch wirkende Verhaltensweisen wie den Hang zu Klatsch und übler Nachrede. Gefühle der Einsamkeit, der Isolation, des Ausgeschlossenseins vom Leben und der Verlassenheit weisen alle auf Probleme mit der Kreisdimension hin, genau wie umgekehrt das Gefühl, überflutet oder überwältigt zu werden.

Andererseits ist ein gut entwickelter Kreis von Beziehungen eine kraftvolle Stütze für die seelische Gesundheit. Wenn wir uns selbst als kleinen Teil eines größeren Ganzen erfahren, werden unser persönliches Leid und unsere Kümmernisse wieder in die richtige Perspektive und in das rechte Verhältnis gerückt.

Menschen, die auf den Kreis eingestimmt sind, neigen dazu, die Variable Zugehörigkeit aufmerksam zu beachten: Wer ist im Kreis aufgenommen, oder wer ist ausgeschlossen? – Wer ist »in«, und wer ist »out«? Psychologische Untersuchungen an Kindern auf dem Spielplatz zeigen das Verhalten im unreifen Kreis: Kleine Gruppen von denen, die dazugehören, stoßen grausam die Ausgeschlossenen aus. Eine weitere, gleichermaßen grausame Dynamik beim Einbeziehen oder Ausschließen kann man beobachten, wenn eine Gruppe eines ihrer Mitglieder, das versucht ein bisschen anders zu sein, jemanden, der beginnt sich zu individuieren, sich abzuheben, ächtet oder in sonstiger Weise gesellschaftlich unter Druck setzt. Der Versuch der Individuierung ist der erste Spross an der Achse des Baumes. Der Kreis ohne den Baum gestattet es niemandem, sich von der Ebene der Konformität abzuheben. Ja, in einem solchen Fall würde der Kreis eher töten als den Baum nähren. Ein sicheres Mittel, wie man den Baum umbringt, ist ihn zu ringeln: also rundum seine Rinde einzuschneiden.

## Wenn der Baum nicht entwickelt ist

Während der am Kreis orientierte Mensch darauf achtet, wer dazugehört und wer nicht, achtet der am Baum orientierte Mensch auf die Variable soziale Stellung: Wer ist oben und wie hoch, wer ist unten und wie tief? Auch hier zeigt wiederum eine Untersuchung am Spiel von Kindern, wie der Baum sich verhält, wenn er kein Gegengewicht im Kreis hat. Menschen, die ganz Baum und gar nicht Kreis sind, sind übermäßig besorgt um Stellung und Macht und verschwenden kaum einen Gedanken daran, dass ihr Vorgehen anderen im Kreis zum Schaden gereichen könnte. Was für diese Menschen zählt, ist, dass sie an der Spitze der Hackordnung stehen. In einer reinen Baumwelt sind diejenigen, die am unteren Ende der Hierarchie stehen, die Leidtragenden.

Wenn es nicht zu einer Integration entlang der Baumachse kommt, können der Körper, der Wille, das Herz, der Verstand und die Seele unter Umständen alle unabhängig voneinander agieren. Oder schlimmer noch, das Bewusstsein eines Menschen bleibt möglicherweise auf einer unteren Stufe stehen, und der Betreffende richtet seine Konzentration auf diese und darunter liegende Stufen und schenkt der Entwicklung der höheren Stufen keine Beachtung. Man könnte von einem *gestutzten* Baum sprechen. Jemand, dessen Baum gestutzt ist, wird Entscheidungen aus dem Zentrum des Willens und der Macht heraus (untere Bereiche des Baumes) treffen, die keinerlei Verbindung zu Herz und Seele (höhere Bereiche des Baumes) aufweisen. (In diesem Zusammenhang ist interessant, dass Leni Riefenstahls berühmter Film von 1934, der das Nazi-Deutschland verherrlichte, den Titel ›Triumph des Willens‹ trug.) Man könnte sagen, dass dominierende und tyrannische Menschen beim Macht-Chakra (drittes Chakra) stecken geblieben sind und das Herz-Chakra nicht geöffnet haben, welches ihnen die Möglichkeit verschafft hätte, Verbindung mit dem Kreis aufzunehmen und ihre Macht zum Nutzen anderer einzusetzen.

Ein Wirken nach dem Baumprinzip drückt sich in Leistung, Einstufung, Absonderung, Rangordnung und einem Gefühl für die eigene Identität aus. Eine übertrieben starke Betonung dieser Qualitäten kann dazu führen, dass der Lebenssaft für ein künstliches Gebilde von »Sinn«, »Fortschritt« oder »Ergebnissen« geopfert wird. Eine allzu starke Gewichtung des Baumes kann auch zu einem Gefühl der Absonderung oder der Isolation (kein Kreis) führen und zu Starrheit (der übermäßig steife Baum, der vom Wind umgefegt wird, statt ein wenig nachzugeben). Weitere Symptome für Baumprobleme können unter anderem die Unfähigkeit sein, für sich selbst »einzutreten«, das Gefühl, seine Mitte verloren zu haben, ein Gefühl, dass die eigenen Pläne ständig durchkreuzt werden, und Gefühle der Wurzellosigkeit oder der Hoffnungslosigkeit.

Eine allgemein bekannte Folge der zu starken Betonung des Baumes ist der Narzissmus. Narzisstische Persönlichkeiten haben ein stark ausgeprägtes Gefühl für die eigene Bedeutung. Sie neigen dazu, ihre Leistungen und Begabungen zu hoch zu bewerten, und erwarten, dass man ihre Überlegenheit ohne entsprechende Leistung anerkennt. Es sind diejenigen, die andere Menschen ausnutzen oder sich an die Spitze der Schlange vordrängen, während alle anderen warten. Sie zeichnen sich aus durch einen Mangel an Empathie. Da der Baum im Kreis wächst, könnte man sagen, dass narzisstische Persönlichkeiten kleine Bäume sind, die versuchen, große Bäume zu sein, ohne den Kreis zu schaffen, in dem Bäume wirklich zu voller Größe heranwachsen können.

Narzissmus ist eines der Wesensmerkmale des klassischen *puer aeternus*. Dieser »ewige Junge«, der nicht erwachsen werden will und häufig auch mit dem fliegenden Helden aus James Barries bekanntem Märchenspiel ›Peter Pan‹ verglichen wird (Peter-Pan-Syndrom), versucht sich zu den höheren geistigen Regionen der Baumachse hinaufzuschwingen, ohne die Bereitschaft, sich zu erden oder Wurzeln zu schlagen im gewöhnlichen Lebensalltag.

Das Gefühl, dass der eigene Baum entwurzelt ist, hängt zusammen mit dem, was Psychologen als *dissoziative Störung* bezeichnen, wobei es zu einer Behinderung oder Veränderung der Funktionen von Identität, Gedächtnis oder Bewusstsein kommt, die uns normalerweise ein Gefühl vermitteln, wer wir sind. Das wache Bewusstsein wird abgetrennt (dissoziiert) von früheren Erinnerungen, Gedanken und Gefühlen. Ohne Wurzeln und ohne einen festen Kern aber sind wir verloren.

Mein Klient Harry litt sowohl unter Baum- als auch unter Kreisproblemen. Seine Wurzeln waren, genau wie die von Jan im dritten Kapitel, beschädigt, angenagt. Harry hatte unter einem perfektionistischen Vater zu leiden gehabt, der seinen Sohn pausenlos anbrüllte und ihn schlug, wenn er seine Erwartungen nicht erfüllte. Harry sagte: »Ich dachte, dass ich überhaupt nichts richtig machen konnte. Dachte, ich sei ein schlechter Mensch.« Diese Erfahrung machte es Harry schwer, als Erwachsener für sich selbst einzutreten. Und zu seinem großen Kummer merkte er, dass er selbst mit den eigenen Kindern genauso umging, wie sein Vater es mit ihm getan hatte. Seine angekränkelten Wurzeln vergifteten nun seine Früchte.

Während unserer gemeinsamen Arbeit entdeckte Harry andere Wurzeln, die ihn stützen konnten: Rollenmodelle in Gestalt seines Großvaters und seines Schwiegervaters, die beide tauglichere Vorbilder abgaben als seinerzeit sein Vater. Harry konnte langsam seinen Vater so sehen, wie er jetzt war: ein älterer, pensionierter Mann, der im Laufe der Jahre weicher geworden war und Harrys Hilfe brauchte. Er entdeckte auch allmählich, dass seine wahren eigenen Bestrebungen nicht die waren, die er als Kind vermittelt bekommen hatte. Er begann darauf hinzuarbeiten, die Früchte zu erzeugen, die ihm in seinem eigenen Dasein am teuersten waren. Er begann auch, die Beziehung zu seinen Kindern zu heilen. In dem Maße, wie Harry an der Ganzheit seines Kreises und seines Baumes arbeitete, merkte er, dass er sowohl stark (Baum) als auch eine Stütze für andere (Kreis) sein konnte.

Wir brauchen die Baumdimension für unsere seelische Gesundheit, genau wie wir die Kreisdimension brauchen.

Durch den Baum entfalten wir unsere ganz ureigene Kraft und unsere Individualität.

In der herrschenden, von Handel und Industrie geprägten Kultur scheint ein unvollständig ausgebildetes Kreis- und Baumverhalten nach Geschlechtern aufgeteilt zu sein. Terrence Real, stellvertretender Leiter des Forschungsprojektes zu geschlechtsspezifischen Fragen an der Universität in Harvard und hochrangiges Fakultätsmitglied am Family Institute in Cambridge (Institut für systemische Familientherapie), fasst die Situation folgendermaßen zusammen: »Das Spektrum der Störungen zu heilen, an denen Mädchen und Frauen leiden, bedeutet im Wesentlichen die Erneuerung der Selbstbehauptung (Baum). Die Gesundung von Jungen und Männern bedeutet vornehmlich die Fähigkeit zur Anerkennung (Kreis).«

## Sucht und Co-Abhängigkeit

*Sucht* ist ein unausgewogenes Verhältnis zu einer Sache oder zu einem Verhalten, das die Fähigkeit eines Menschen einschränkt, auf gesunde, angemessene und authentische Art und Weise auf die Herausforderungen des Lebens zu reagieren. Sucht ist häufig gekennzeichnet durch Selbsttäuschung. Eine Art, Sucht zu betrachten, ist die Vorstellung, dass es sich dabei um einen Versuch handelt, die Mitte eines beschädigten Kreises mit einem falschen Baum zu füllen.

Typisch für Süchtige ist, dass sie mit der Kreisdimension zusammenhängende Probleme mit unausgewogenen oder nichtauthentischen Beziehungen haben – zu anderen Menschen, zu sich selbst sowie zu Dingen oder Verhaltensweisen. Ihre Kreise sind zerbrochen, unvollständig oder leer. Süchtige streben außerdem nach einer Art von Hochstimmung. Die

Höhe ist eine Dimension des Baumes. Aber das Hoch des Süchtigen stammt von außen; es ist sozusagen »nicht auf dem eigenem Mist gewachsen«. Alkohol und Drogen können vorübergehend ein Gefühl der Macht oder höheren Erkenntnis hervorrufen. Wirkliche Macht und Erkenntnis zu erlangen setzt allerdings voraus, dass man daran arbeitet, Wurzeln zu schlagen und den Baum zu erklimmen.

Versuche von Süchtigen, die Mitte des persönlichen Kreises zu füllen, haben häufig Auswirkungen auf den weiteren Kreis. Die Sucht eines Menschen kann eine Ehe zerrütten, eine Freundschaft zerstören und verheerende Folgen am Arbeitsplatz oder in der Gemeinschaft nach sich ziehen.

Eine ähnliche Schwierigkeit im Zusammenhang mit der Entwicklung von Kreis und Baum ist die Co-Abhängigkeit. Ein Co-Abhängiger ist dadurch gekennzeichnet, dass er eine Person oder eine Sache mit Beschlag belegt und von diesen extrem abhängig ist (emotional, sozial und manchmal auch körperlich). Schließlich wird diese Abhängigkeit von einem anderen Menschen zu einem pathologischen Zustand, der den Co-Abhängigen in allen anderen Beziehungen beeinträchtigt. So hat ein co-abhängiger Mensch häufig Probleme bei intimen Kontakten, leidet oftmals unter Angstgefühlen und Verwirrung und kann bisweilen eine Situation nicht einmal richtig genießen. Wie bei der Sucht findet man auch bei der Co-Abhängigkeit als Merkmal unzulängliche Grenzen und eine geringe Selbstachtung, mit anderen Worten: einen unzulänglichen Kreis und keinen Baum.

Ein über viele Jahre erprobtes Heilverfahren bei Sucht und Co-Abhängigkeit ist das so genannte Zwölf-Schritte-Programm, für das die Anonymen Alkoholiker bahnbrechende Arbeit geleistet haben. Es ist ein ausgezeichnetes Beispiel für einen Heilungsansatz, der Kreis und Baum integriert. Die Teilnehmer an diesen Programmen arbeiten an den zwölf Schritten im stützenden Kreis einer Gruppe von ihresgleichen, die ebenfalls an ihrer eigenen Gesundung arbeiten. Die Schritte zwei und drei lauten: »Wir kamen zu dem Glauben, dass eine Macht, größer als wir selbst, uns unsere geistige Gesundheit wiedergeben kann. Wir fassten den Entschluss, unseren Willen und unser Leben der Sorge Gottes, *wie wir ihn verstanden*, anzuvertrauen.« (Hervorhebung d. d. Autor.) Das ist der Aufstieg entlang der Achse des Baumes. Der Abstieg kommt in Schritt vier: »Wir machten eine gründliche und furchtlose Inventur in unserem Inneren.« Das bedeutet hinabzusteigen, um seiner dunklen Seite zu begegnen.

Die Teilnehmer an dem Zwölf-Schritte-Programm arbeiten sodann an der Verbesserung des Kreises: »Wir machten eine Liste aller Personen, denen wir Schaden zugefügt hatten, und wurden willig, ihn bei allen wieder gutzumachen. Wir machten bei diesen Menschen alles wieder gut – wo immer es möglich war –, es sei denn, wir hätten dadurch sie oder andere verletzt.« (Dies sind die Schritte acht und neun.) Schritt zehn vertieft den Abstieg entlang der Baumachse mit der Fortsetzung der eigenen inneren Bestandsaufnahme. Schritt elf ist der Aufstieg durch Gebete und Meditation, um den bewussten Kontakt mit dem Göttlichen zu verbessern. Der zwölfte Schritt ist eine klassische Integration von Kreis und Baum: »Nachdem wir durch diese Schritte ein spirituelles Erwachen erlebt hatten [Baum], versuchten wir, diese Botschaft an Alkoholiker weiterzugeben und unser tägliches Leben nach diesen Grundsätzen auszurichten [Kreis].«

Gegenwärtig geht es bei dem Zwölf-Schritte-Programm nur um den menschlichen Ring des Kreises. Weltweit betrachtet stellt jedoch unsere heutige Lebensweise eine Sucht dar, die nicht nur uns selbst zum Schaden gereicht, sondern auch dem erweiterten Kreis. Wir leiden heutzutage nicht nur als Einzelne unter der Abhängigkeit von chemischen Produkten, sondern auch global unter der Abhängigkeit von der Erdölchemie und von materiellen Dingen. Viele Menschen räumen ein, dass sie »süchtig« danach sind, etwas zu kaufen. Oder wie der amerikanische Wissenschaftler Theodore Roszak es ausdrückt: »Sie wissen, sie tun etwas zwanghaft; sie wollen diesen ganzen Plunder nicht kaufen; sie würden am liebsten aufhören. Aber sie sagen, sie säßen in der Falle. Das ist die Sprache der Sucht.«

Folglich müssen wir das Zwölf-Schritte-Programm ausweiten. Wir müssen etwas unmittelbar »wiedergutmachen« an dem Umweltring des Kreises. Umweltfreundliche Praktiken wie die drei R, »Reduce, Reuse, Recycle«, also »Einschränkung, Wiederverwendung und Recycling«, sind nicht nur ein Weg zur Schonung der Ressourcen, sondern auch eine Methode, um unsere »Nüchternheit« zu bewahren. Auf diese Weise können wir anfangen, uns selbst zu heilen von unserer »materialistischen Störung« oder dem »Überfluss-Syndrom«, für das die Amerikaner den Begriff »affluenza« kreiert haben, eine Mischung aus »influenza« (Grippe) und »affluence« (Reichtum).

Ein Kreis- und Baumproblem, das etwas mit Sucht und Co-Abhängigkeit zu tun hat, ist das Sektenproblem. Kreis und Baum sind ein so zwingendes Modell, dass Menschen davon selbst in seiner schwachen Form angesprochen werden können. Sekten ziehen Mitglieder an mit einer Verquickung von Ködern wie Nähe in der Gruppe (Kreis) und der Möglichkeit, mit einem mächtigen Satz zu persönlichen Erkenntnissen zu gelangen (Baum). Das Problem dabei ist, dass Kreis und Baum stark reduziert werden: Der Kreis ist nicht umfassend genug, und der Baum wird »gekappt« oder in der Höhe begrenzt durch eine Vergegenständlichung des Göttlichen – die Menschen behaupten, sie würden das große Unergründliche »kennen«. Sekten gestehen auch selten den psychologischen Tiefen des Menschen (Wurzeln des Baumes) ihre Daseinsberechtigung zu und agieren daher häufig die dunklen Anteile aus, statt sie bewusst zu machen.

## Auf dem Weg zu psychospiritueller Ganzheit

Sämtliche Weisheitslehren der Welt stellen den allen Menschen eigenen Impuls dar, das Bewusstsein mit dem Ziel psychologischer und spiritueller Ganzheit zu ergründen. Über die Jahrtausende hinweg haben Menschen sich dieser Arbeit unterzogen unter Verwendung der für ihre geschichtliche Epoche geeigneten Metaphern.

Im Mittelalter setzten Alchemisten chemische Substanzen und gläserne Phiolen, Feuer und Zangen im Zuge ihrer Bemühungen ein, die zum Teil primitive Chemie und zum Teil eine Metapher für die Verwandlung von Psyche und Geist waren. Bei der berühmten Umwandlung von »Blei zu Gold« ist das Blei sowohl Grundstoff wie auch undifferenzierte psychische Energie; das Gold ist sowohl echtes Gold wie auch die voll entwickelte Psyche. Diese Verwandlung herbeizuführen erforderte den Kreis wie auch den Baum. Die chemische Retorte, das »gut versiegelte Gefäß« der Alchemisten, war der Kreis. (Eines der modernen Gegenstücke dazu ist der geschützte oder geschlossene Raum der therapeutischen Beziehung.) Innerhalb dieses Kreises trachteten die Alchemisten danach, den *arbor philosophica,* den »philosophischen Baum«, zu züchten. Was sie letztendlich suchten, war die Frucht des Baumes, manchmal »Lebenselixier« genannt oder »Stein der Weisen«. Dieser »Stein« bezeichnet die mystische Erfahrung Gottes in der eigenen Seele. An diesem Punkt sind Kreis und Baum voll entwickelt.

Eine der gebräuchlichsten Metaphern für diese tiefe mystische Erfahrung ist die Ekstase in der sexuellen Vereinigung. Der Religionshistoriker und -philosoph Mircea Eliade sagt, dass außer in der modernen Welt die Religionen die Sexualität immer als Hierophanie (Offenbarung des Heiligen) behandelt hätten und den Geschlechtsakt als vollkommene, ganzheitliche Handlung und somit als einen Weg zur Erkenntnis. Die meisten Weisheitslehren erkennen den heiligen Charakter der sexuellen Energie an und haben Rituale entwickelt für sexuell bestimmte Ereignisse im Leben wie den Eintritt in die Pubertät und die Heirat. In der Sprache des Geistes ist das Bild der sexuellen Vereinigung in der Ehe das Bild für die Erfüllung.

Wie Freud uns ins Gedächtnis rufen würde, ist die sexuelle Vereinigung auch die Vereinigung von Kreis und Baum. Es ist deutlich, dass der Kreis unter anderem ein Bild ist für die Vulva, die Vagina, die Gebärmutter, und dass der Baum unter anderem eine Phallusmetapher ist. So ist auch hier wieder das Modell für Integration und Ganzheit die heilige Verbindung zwischen Kreis und Baum.

Bei der Betrachtung von Vulva und Phallus ist es wichtig, zwischen Vulva und Matriarchat auf der einen und Phallus und Patriarchat auf der anderen Seite zu unterscheiden. Worum es uns dabei geht, ist das physische Organ und die Bedeutung für die Psyche, nicht irgendein soziales System, welches man unter Umständen damit verbindet.

Den Sexualorganen kommt ein großes psychisches Gewicht zu. Eugene Monick, der in seinem Buch ›Die Wurzeln der Männlichkeit‹ die Rolle der phallischen Bildsprache in der männlichen Psychologie untersucht hat, sagt, dass das Phallussymbol das maskuline innere Gottesbild für den Mann enthalte. Es ist das geheimnisvolle Organ, durch welches eine Verbindung geschaffen wird zwischen dem Mann (oder dem Tier oder der Blume) und der Schöpferkraft, die das Wesen des Göttlichen ist. Es ist der Baum, dessen Wurzeln bis zu den Vorfahren reichen und der den Samen für die Zukunft trägt.

Für einen Mann transportiert der Phallus die positiv besetzten Bilder, aufrecht, stark, kreativ und zielbewusst zu sein. Wenn ein Mann diese Werte in seine Persönlichkeit integriert, kann er sie zum Nutzen der ganzen Gemeinschaft in sich tragen (Kreis). Sein Verhalten wird eine Verkörperung dieser Werte darstellen.

Natürlich gibt es beim Phallus auch eine Schattenseite: Starre, Zudringlichkeit und den einäugigen Blick, den der englische Dichter und Maler William Blake beklagte. (Phallus ist der einäugige Gott.) Bei der »einschichtigen Betrachtungsweise« sieht man nur die physikalischen Tatsachen im Universum, reduziert das All auf einen Mechanismus und klammert das Geistige, die Menschen, das Leben und all die Werte aus, die das Leben lebenswert machen. Wie der verknöcherte Sergeant Friday in dem Film ›Schlappe Bullen beißen nicht‹ zu sagen pflegt: »Bitte nur die Fakten, gnä' Frau.« Diese kalte, mechanistische Art, dem Leben gegenüberzutreten, ist eine Gefahr, wenn der Baum und damit das Rationale zu stark sind.

Die Vulva ist gleichermaßen ein Bild für das zutiefst schöpferische weibliche Prinzip. Die traditionelle Verehrung dieses geweihten Kreises reicht zurück bis in die Altsteinzeit und erstreckt sich quer über Nordeuropa und Asien, von Spanien bis Sibirien.

Im Hinduismus taucht die heilige Vulva sehr anschaulich als Yoni auf. Die Yoni bildet zusammen mit dem männlichen Lingam oder Phallus den heiligen Schrein im Sanktuarium zahlreicher Tempel. Als Teil des Schreines besteht die typische Yoni aus einem kreisrunden Stein, in dessen Mitte eine Vertiefung eingebracht ist, und bei ihrer Verehrung werden Trankopfer und Blütenblätter dargebracht. Die Vulva erscheint auch in Form von Yoni-Bildern in Mandalas, die für die spirituelle Meditation herangezogen werden. Der Hinduismus und andere Glaubenslehren verehren die Vulva zudem überall dort, wo sie in irgendeiner Weise in Gestalt einer Quelle oder eines unerschöpflichen Brunnens erscheint. In dem hinduistischen ›Shiva Samhita‹, einem der vier Hauptwerke des Hatha-Yoga aus dem siebzehnten Jahrhundert, steht geschrieben: »Die wunderschöne Yoni ist die höchste Gottheit Kundalini, die schöpferische Kraft der Welt, die stets mit der Schöpfung beschäftigt ist.«

Für eine Frau sind in den Begriffen Vulva, Vagina, Mutterleib die positiven Bilder der Empfänglichkeit, der Fülle und Kreativität enthalten. Wenn eine Frau diese Werte in ihr Dasein integriert, verhelfen sie ihr zu innerer Balance und stützen sie bei ihrer Entwicklung der Baumeigenschaften wie Beherrschung bestimmter Fähigkeiten, Wissen, Weisheit und Erlangen spiritueller Ziele.

Die Schattenseite von Vulva, Vagina und Mutterleib umfasst eine ganze Palette von Problemen, von denen weiter oben im Zusammenhang mit mangelnder Reife oder schwach ausgeprägten Grenzen bereits die Rede war. Diese Schattenseite beinhaltet außerdem eine restriktive Haltung, Beschränkung, Konformismus und Gleichgültigkeit. Zu allen Dingen und Geschehnissen im Universum Verbindung zu haben kann zu einem Gefühl der Gelassenheit führen. Doch die Tugend der Gelassenheit birgt das, was die Buddhisten den »nahen Feind« nennen, und dieser nahe Feind ist die Gleichgültigkeit.

Der Kreis und der Baum als Vulva und Phallus, Göttin und Gott, treffen aufeinander in der Yoni und im Lingam sowie in dem Mysterium des Liebesaktes, das, wie Mircea Eliade bemerkt hat, eine Manifestation des Heiligen in der

Natur darstellt. Die Wicca-Kulte kennen die Vereinigung als den Großen Ritus, »wo süße Lust sich paart mit wilden Freuden«. Hier berühren die Wurzeln des Mannes den feuchten Urgrund in der Quelle der Frau.

Der Kreis und der Baum als Vulva und Phallus vereinen sich auch in dem Bild des Hermaphroditen oder androgynen Wesens. Nach Ansicht von Mircea Eliade verkörpert das androgyne Wesen in zahlreichen alten Kulturen einen idealen oder vollkommenen Menschen, allerdings eher im metaphysischen als im physischen Sinne. Adam Kadmon beispielsweise, das Inbild des perfekten Menschen in der kabbalistischen Überlieferung, trägt androgyne Züge. Nach der gnostischen Lehre, die sich unter anderem auf das Thomas-Evangelium beruft, sagt Jesus: »Wenn ihr Mann und Weib zu einem einzigen Menschen zusammenfasst, so wird der Mann kein Mann mehr sein, das Weib nicht länger Weib ... Dann werdet ihr das Reich Gottes betreten.« (85: 24–35)

Das höchste Ziel der Alchemisten war genau dieser Hermaphrodit im metaphysischen Sinne, der Homunkulus oder auch eine auf chemischem Wege sich vollziehende Gottesgeburt – die psychologisch und spirituell vollständige Person.

Diese *coniunctio* oder Konjunktion ist das Gold des Alchemisten, der Stein der Weisen, die Frucht des philosophischen Baumes. Sie gleicht der Vereinigung von Kalachakra und seiner Gefährtin Vishvamata genau in der Mitte des buddhistischen Kalachakra-Mandalas. Und sie entspricht der Vereinigung von Shakti und Shiva im Kronen-Chakra des hinduistischen Kundalini-Systems. Auch Dantes geheimnisvolle Vermählung von Instinkt und Intellekt, die in einem ausgewogenen Verhältnis zueinander stehen sollen, wäre hier zu nennen. Sie bedeutet Erleuchtung, Wissen im tiefsten und im höchsten Sinne sowie Mitgefühl im weitesten Sinne. Sie steht für die Harmonie von Kreis und Baum.

Eben diese Balance aus männlichen und weiblichen Eigenschaften finden wir bei Menschen, die ein besonders erfülltes Leben führen. Im Rahmen einer detaillierten Langzeitstudie an Erwachsenen, geleitet von Douglas Heath, wurden die psychischen Merkmale erfolgreicher und erfüllter Personen erforscht. Die Studie verfolgte den Werdegang von Männern und dann auch ihren Lebenspartnerinnen (fünfundsechzig Männern und vierzig Frauen) von der Zeit an, da sich die Männer zwischen Mitte und Ende des Studiums befanden, bis zu dem Punkt, da sie Mittvierziger waren. Sie umfasste ausführliche Gespräche, die Einschätzung nahe stehender Dritter (enger Freunde, Ehefrau) und eine ganze Reihe der anerkanntesten psychologischen Tests. Die Untersuchung zeigte die wesentlichen Stärken, die für ein erfolgreiches Erwachsenenleben nötig sind, sei es in der Rolle als Bürger, als Ehe- und Sexualpartner, Elternteil, Freund oder Berufstätiger. Das Hauptergebnis der Studie ist, dass eine der beiden wichtigsten Voraussetzungen für ein erfolgreiches und erfülltes Leben die Androgynie darstellt.

Unter Androgynie verstehen die Wissenschaftler, dass jemand über viele der Stärken verfügt, die sowohl mit Männlichkeit wie auch mit Weiblichkeit assoziiert werden. »Einige stereotype männliche Stärken sind Selbstvertrauen, Unabhängigkeit und Ehrgeiz; typische weibliche Stärken sind ein Gespür für die Bedürfnisse anderer, Loyalität und Mitgefühl. Unter anderem fühlen sich androgyne Männer und Frauen ausgefüllt und sind gute Ehepartner, Kollegen, enge Freunde und mit Verantwortung betraute Gemeindemitglieder.« Bei den untersuchten Personen führte reife Androgynie nicht zu einem diffusen Selbstgefühl, zu ambivalenter sexueller Identität oder lähmenden emotionalen Konflikten. Die Versuchspersonen zeichneten sich vielmehr dadurch aus, dass sie vital waren, klare Vorstellungen davon hatten, wer sie waren, und über die nötigen Energien für ein aktives Leben verfügten.

Dieses Ergebnis hinsichtlich der Androgynie deckt sich mit dem alchemistischen Bild des Hermaphroditen als Ziel des Schaffensprozesses sowie mit dem Bild der Umarmung von Shiva und Shakti in der Krone der aufsteigenden Kundalini. Es zeigt uns, dass das ganze Selbst sowohl Kreis- als auch Baumelemente in sich vereint und dass sich beide in einem ausgewogenen Verhältnis zueinander befinden müssen.

Daher lautet eine Frage, die Sie sich zu Ihrer eigenen Entwicklung stellen können: Wie steht es um meine persönliche Balance? Bin ich imstande, wenn es die Situation erfordert, bestimmt aufzutreten *und* zugleich ein Gespür für die Bedürfnisse anderer zu zeigen, unabhängig *und* zugleich loyal zu sein, Ehrgeiz *und* Mitgefühl zu beweisen? (Die Reihe ließe sich noch beliebig fortsetzen.)

Die Leiter dieser Studie kamen ebenfalls zu der Erkenntnis, dass sich im Laufe eines gesunden Reifeprozesses der Kreis von der Ich-Bezogenheit zur Ausrichtung auf andere weitet. Etliche, wenn nicht gar die meisten Kernstärken, derer es für ein erfülltes Erwachsenendasein bedarf, sind mit dem Kreis zusammenhängende Eigenschaften: Fürsorge, Mitgefühl, Offenheit und ein Heraustreten aus der Defensive, wo es um das Teilen von Gefühlen geht; Toleranz und das Akzeptieren der Marotten und Fehlern anderer sowie Verständnis, Respekt und Empathie gegenüber den Mitmenschen.

## Das vollständig entwickelte Selbst

Einst, vor langer Zeit, in der Epoche der chinesischen Sung-Dynastie, ritt ein Mann namens Su Tung-po auf seinem Pferd durchs Gebirge, ganz vertieft in eine Lektion, die sein Zen-

Meister ihm kurz zuvor erteilt hatte. »Wie kannst du es wagen, zu mir zu kommen, um die toten Worte von Menschen zu suchen!«, hatte sein Meister gebrüllt. »Warum öffnest du nicht deine Ohren für die lebendigen Worte der Natur? Scher dich fort!« Während er über diese Lektion nachsann, hatte Su Tung-po sein Pferd nach Belieben durch die Landschaft traben lassen. Dabei trug ihn sein Reittier unter anderem zu einem Wasserfall in den Bergen. Das Rauschen des Wassers riss Su Tung-po mit einem Ruck aus seinen Gedanken und verhalf ihm zur Erleuchtung. In jenem Augenblick nahm er den tosenden Wasserfall als den goldenen Mund des Buddha wahr und die Berge in der Ferne als dessen reinen, leuchtenden Körper.

Das vollständig gereifte Selbst zeichnet sich nicht nur durch eine Balance zwischen männlichen und weiblichen Anteilen, zwischen Kreis und Baum aus, sondern auch durch seinen Kreis von Beziehungen, der über den menschlichen Zirkel hinaus in den ökologischen reicht.

Der Psychologe Abraham Maslow untersuchte Personen, die im Begriff waren, sich selbst zu verwirklichen, Personen, die einen hohen Grad an Reife sowie Gesundheit und persönlicher Erfüllung erlangt hatten. Verglichen mit anderen zeichnen sich diese Menschen, die dabei sind, sich selbst zu verwirklichen, durch folgende Charakteristika aus:

- eine klarere, realistischere Wahrnehmung der Realität
- größere Offenheit gegenüber neuen Erfahrungen
- wachsende Integration, Ganzheit und Einheit der Persönlichkeit
- zunehmende Spontaneität, Ausdrucksvermögen; vollständiges Funktionieren; Lebendigkeit
- ein authentisches Selbst; eine stabile Identität; Autonomie; Einzigartigkeit

- gesteigerte Objektivität und Distanz gegenüber der Umwelt, Transzendieren des Selbst
- Wiedererlangen der Kreativität
- die Fähigkeit, Konkretes und Abstraktes zu vereinen, primäre und sekundäre Prozesswahrnehmung
- demokratische Charakterstruktur
- Liebesfähigkeit

Dies sind die am deutlichsten erkennbaren Charakteristika. Weniger messbar sind die subjektiven Gefühle wie Lebensfreude, Glück, Heiterkeit, Freude sowie Ruhe, Verantwortungsgefühl und Vertrauen in die eigenen Fähigkeiten im Umgang mit Stresssituationen, Ängsten und Problemen.

Maslow erkannte, dass diese reifen Menschen, die im Begriff stehen, sich selbst zu verwirklichen, die Natur so betrachten, als bestünde sie in sich selbst und für sich selbst, und nicht einfach als wäre sie für menschliche Zwecke eingerichtet. Eine Person, die im Begriff ist, sich selbst zu verwirklichen, sieht die Natur »mehr in ihrer eigenen Seinshaftigkeit ... denn als etwas, woraus man Nutzen zieht oder wovor man sich fürchtet oder auf das man in sonst einer menschlichen Weise reagiert.« Mit anderen Worten *ist ein Teil dessen, was Gesundheit ausmacht, diese Art Beziehung zur Natur.* Maslows Untersuchung zufolge verfügen die am vollständigsten entwickelten Menschen über diese ökologische Ausrichtung.

Maslows Studie legt ebenfalls nahe, dass ein Wachstum in Richtung Selbstverwirklichung die Form eines in einem Kreis befindlichen Baumes annimmt. Maslow schreibt: »Menschliche Wesen beweisen in ihrer eigenen Natur einen unausweichlichen Drang, sich auf ein immer erfüllteres Dasein hinzubewegen, auf eine immer perfektere Einlösung des Menschseins in eben jenem naturkundlichen, wissenschaftlichen Sinne, in welchem man von einer Eichel sagen kann, dass sie ›danach drängt‹, eine Eiche zu werden ...« Hier haben wir den Baum. Wo wächst er? Innerhalb des Kreises: »In einer Familie und in einer Kultur zu leben sind absolut unabdingbare Voraussetzungen, um diesen psychischen Potenzialen zur Entfaltung zu verhelfen, die das Menschsein ausmachen.«

Aus Cobbs Arbeit über den Genius und von den religiösen und philosophischen Praktiken der Vision her wissen wir, dass der weitere Kreis der Umwelt ein absolut unverzichtbarer Faktor für die vollständige Entwicklung des menschlichen Potenzials darstellt. Naturerlebnisse verwandeln die sich entfaltende Psyche wie eine Raupe, die in ihrem Kokon eine Metamorphose durchmacht. Aus diesem Grunde, und auch weil eine respektvolle Beziehung zum Kreis der natürlichen Umgebung charakteristisch für Menschen auf dem Wege der Selbstverwirklichung ist, lässt sich sagen, dass eine der Gesundheit förderliche Psychologie unweigerlich Ökopsychologie ist. Es ist die Psychologie von dem individuellen Baum im Kreis all unserer Beziehungen.

Die Lebensläufe von Menschen, die im Begriff sind, sich zu verwirklichen, bestätigen dies anhand ihrer Baum-und-Kreis-Geschichten.

Albert Einstein war zweifellos ein Genie im modernen Sinne des Wortes. Einsteins intellektuelle Stärke verhalf ihm zu einer hohen Stufe auf der Baumachse. Hören Sie nun, was Einstein über den Kreis, nämlich über den »Horizont unseres Mitgefühls« und über die Natur zu sagen hat:

Der Mensch ist ein Teil des Ganzen, das wir Universum nennen, ein in Raum und Zeit begrenzter Teil. Er erfährt sich selbst, seine Gedanken und Gefühle als abgetrennt von allem anderen – eine Art optische Täuschung des Bewusstseins.

Diese Täuschung ist für uns eine Art Gefängnis, das uns auf unsere eigenen Vorlieben und auf die Zuneigung zu wenigen uns Nahestehenden beschränkt. Unser Ziel muß es sein, uns aus diesem Gefängnis zu befreien, indem wir *den Horizont unseres Mitgefühls erweitern, bis er alle lebenden Wesen und die gesamte Natur* in all ihrer Schönheit *erfasst.* (Hervorheb. d. d. Autor)

Aus all unserem mythologischen und psychologischen Belegmaterial geht klar hervor, dass Sie mit einem vollständig entwickelten Kreis über diesen weiten Zirkel des Mitgefühls verfügen würden. Sie wären in der Lage, ein ökologisches Atom zu zeichnen, das Vertreter und Elemente des mineralischen Bereichs, des Tier- und Pflanzenreichs und der Geistsphäre (einschließlich der Seelen der Vorfahren) umfassen würde, genau wie im menschlichen Bereich die verschiedensten Teile der Menschheit Platz finden – Menschen aller Hautfarben, beiderlei Geschlechts, aus unterschiedlichen Kulturen und so weiter. Diese Beziehungen wären nicht von psychologischer Verstrickung gezeichnet, sondern sie würden gesunde Grenzen aufweisen. Für uns alle wäre die Natur ein Medizinrad, innerhalb dessen sich unser Dasein ausrichtet. Sie würden aus einem Gefühl der *ahimsa* heraus handeln – also Respekt und Achtung gegenüber allem Leben und einem Gefühl der Verbundenheit mit sämtlichen Wesen. Sie würden gleich dem wahren Gläubigen im Islam glauben, dass die Erde die ursprüngliche Moschee ist. Sie würden mit dem großen christlichen Mystiker Meister Eckhart Gott in allen Dingen sehen, denn, wie dieser sagt, ist Gott in allen Dingen. Sie würden die Beziehung zu dem allem innewohnenden Göttlichen pflegen.

Wäre Ihre Baumdimension vollständig entwickelt, würden Sie erkennen, dass die Achse des Kosmos auf mystische Weise mitten durch Ihren eigenen Körper verläuft. Sie würden instinktiv Bäume und Berge als Metaphern für den Baum im Zentrum Ihres Seins verehren. Sie würden nicht auf irgendeiner Stufe des Baumes stecken bleiben oder festhängen oder auf diese fixiert sein – weder auf die Sexualität, noch auf die Macht oder bestimmte Fähigkeiten, ja nicht einmal auf das Wissen oder die Weisheit. Sie würden vielmehr all diese psychospirituellen Stufen schlicht als Sprossen einer Leiter erkennen, Chakras, die es zu gegebener Zeit zu öffnen gilt. Sie würden Verantwortung dafür übernehmen, dass Sie aufrecht durchs Leben gehen, Ihren Wurzeln Respekt zollen und dass Ihr Wirken Früchte trägt. Sie wären geerdet und hätten Erfahrung darin gesammelt, nach dem Göttlichen zu streben.

Solche Stufen einer Baum-und-Kreis-Entwicklung sind das Ideal der Ganzheit, auf das wir alle hinarbeiten, und der Weg führt uns durch all die Lektionen, Freuden und Sorgen des Lebens. Wir streben danach, zu vollständig entwickelten Personen zu werden, die Baum- und Kreisaspekte in sich vereinen, die ökologisch denken und handeln, im Kosmos verwurzelt sind, zum Licht hin wachsen und zentriert sind in einem Kreis von Beziehungen zu allem Seienden.

# Der Weg zur Ganzheit

Das Selbst ist nur wirklich geworden, wenn es in den Handlungen in
Raum und Zeit zum Ausdruck kommt.
*Marie-Louise von Franz*

Es war einmal vor langer Zeit, da gab es ein wunderbares
Huhn, das legte jedes Jahr ein goldenes Ei. Dieses Huhn lebte
schon immer und gehörte seit Generationen einer einfachen
Bauernfamilie. Das goldene Ei, das es Jahr für Jahr legte,
reichte stets aus, um alles zu bezahlen, was die Familie über
das, was sie auf dem Hof anbauen konnte, hinaus benötigte.
Die Familie bestellte das Land, sang gemeinsam Lieder zum
Erntedankfest und lebte zu allen Zeiten des Lebens mit ihren
Nachbarn in gutem und glücklichem Einvernehmen, denn
jede der anderen Familien besaß ebenfalls ein wunderbares
Huhn. Die Luft war sauber, es gab zu essen in Hülle und
Fülle, und die Flüsse waren klar und führten wohlschme-
ckendes Trinkwasser.

Eines Tages, in einem gewissen Jahr, zu Lebzeiten einer
bestimmten Generation klopfte ein seltsamer kleiner Geselle
an die Tür des Bauernhauses. »Dies reicht nicht!«, erklärte
der Mann der Familie. »Was ihr braucht, sind Mobiltelefo-
ne, Geländewagen, ein weit größeres Haus, vier Fernseh-
geräte und noch weitere Dinge darüber hinaus.« Die Worte
des kleinen Mannes klangen so überzeugend, dass die Familie alsbald seiner Meinung war.

»Natürlich werdet ihr zusätzliches Gold brauchen, um euch
diese Dinge anzuschaffen«, fuhr der Mann fort. »Doch fürchtet euch nicht, ich kann euch ein ganz besonderes Futter für
euer Huhn verkaufen, das bewirkt, dass es mehr Eier legt.«

Und siehe da, das Spezialfutter, das aussah wie trockenes Knochenmehl, brachte das Huhn tatsächlich dazu, schon am nächsten Morgen *zwei* goldene Eier zu legen. Mit dem zusätzlichen Gold erwarb die Familie etliche der reizvollen Dinge, die der kleine Mann zum Verkauf feilbot. In jener Nacht verschwand der Mond vom Himmel und ward nie wieder gesehen.

Offensichtlich stattete der merkwürdige kleine Geselle sämtlichen Nachbarn ebenfalls einen Besuch ab, denn bald schon war das Tal erfüllt vom Rattern und den Abgasen von Maschinen, während große Teile des Waldes abgeholzt wurden, um Platz zu schaffen für herrliche neue Häuser.

Jahr für Jahr kam der seltsame kleine Mann wieder mit verführerischen neuen Produkten und nochmals verbessertem Hühnerfutter zu dem Bauernhaus. Was dazu führte, dass all die Hühner, die mittlerweile ziemlich mitgenommen aussahen, binnen einer für sie selbst verschwindend geringen Zeitspanne, nämlich binnen eines Jahres, zehn goldene Eier legten. Dies war selbstverständlich ein Glück, da die Preise für alles fortlaufend stiegen. Das Flusswasser war nicht länger genießbar, sondern stank widerlich und schmeckte bitter, so dass die Familie in Flaschen abgefülltes Wasser kaufen musste, dass von weither importiert worden war. Sie hörte auf, gemeinsam zu singen und zu tanzen, und hatte auf diese Weise mehr Zeit, um ihre neuen Besitztümer zu benutzen und instand zu halten.

Eines Tages kam der Familie die erschreckende Nachricht zu Ohren, dass das wunderbare Huhn ihrer Nachbarn gestorben sei. Den Eltern wurde klar, dass sie selbst noch weitere Kinder zeugen sollten, damit im Falle, dass es je nötig sei, ihr eigenes wunderbares Huhn gegen Diebstahl zu schützen, genügend Soldaten zur Stelle wären, um diese Aufgabe zu übernehmen. Kaum hatten sie begonnen, die Zahl ihres Nachwuchses zu vergrößern, stieg natürlich der Bedarf an goldenen Eiern, um die Grundversorgung sicherzustellen. Als der kleine Mann zu einem späteren Zeitpunkt desselben Jahres erneut zu Besuch kam, erklärte er der Familie, gegen ein paar zusätzliche goldene Eier würde er ihnen einige Waffen verkaufen.

Bald schon erwarb die Familie mehr Waffen als Nahrungsmittel. Bisweilen musste ein krankes Kind ohne einen Arzt auskommen, weil die goldenen Eier alle für Munition und Tränengas ausgegeben waren. Die Familie machte die Besorgnis erregende Beobachtung, dass fast auf jeden Besuch des kleinen Mannes Hurrikans und Erdbeben folgten und der Himmel sich verdunkelte. Auch schwammen nicht mehr so viele Fische im Meer, und von Frühling zu Frühling sangen weniger Vögel.

Schließlich starben die wunderbaren Hühner sämtlicher Nachbarn an Überanstrengung, und das Huhn der besagten Familie war das einzige, das noch lebte. Doch war es nur noch ein klägliches Knochengerippe mit Federn, auch wenn es mit fünfzig gelegten Eiern in die Jahresbilanz einging. Eine gut bewaffnete und zum Äußersten entschlossene Miliz, zusammengesetzt aus den ehemaligen Freunden der Familie, drängte sich an den Rändern des Bauernhofes. Der Krieg schien nicht länger vermeidbar.

Der kleine Mann tauchte ein weiteres Mal auf. »Ich kann euch helfen mit einem neuartigen, genetisch veränderten Hühnerfutter, das euch zu Gold verhelfen wird, mit dem ihr Waffen zur Tötung eurer Nachbarn erstehen könnt«, verkündete er. »Doch mit bestimmten Dingen bin ich knapp. Ich hätte gern, dass eure Kinder mit mir in meine Fabrik kommen und mit anpacken.«

Die Eltern erklärten sich einverstanden, wenn auch unter leichten Bedenken, denn der Himmel war mittlerweile von einem schmutzigen Gelb. Kurz nachdem die Kinder mit dem eigentümlichen kleinen Mann fortgegangen waren, kamen die Eltern zur Besinnung. Sie rannten dem kleinen Mann nach, doch er hatte bereits einen riesigen Vorsprung. Sie hämmerten an das Fabriktor. Es war verschlossen. Sie kletterten zu einem trüben Fenster hinauf und rieben mit ihren Ärmeln den Schmutz beiseite, um ins Innere zu schauen.

Und da sahen sie ihre geliebten Kinder eins nach dem anderen durch eine Öffnung am Ende einer Maschine hineinmarschieren. Am anderen Ende spritzte Knochenmehl zum Füttern der Hühner heraus.

Die entsetzten Eltern vernahmen ein Lärmen hinter ihrem Rücken und drehten sich herum. Es waren ihre Nachbarn, die einen erbitterten Kampf um das letzte wunderbare Hühnchen führten. Zahlreiche fiebernde Hände griffen nach dem Vogel, und in panischer Raserei, besinnungslos vor Gier zerrten sie so heftig an dem letzten wunderbaren Hühnchen, dass es sein Leben aushauchte.

## Unsere gegenwärtige Situation

In der heutigen Welt, wo Handel und Industrie die Gesellschaft bestimmen, schrumpft der Kreis. Die herrschende Kultur fördert Illusionen von Einzelgängertum und Selbstbestimmtheit, während sie die Gemeinschaft unterhöhlt. Der Kreis der Beziehungen zu nichtmenschlichen Geschöpfen und zur Erde selbst ist nicht mehr intakt, und das Gleichgewicht ist gestört. Jene, die sich für den Kreis stark machen, wie etwa die zahlreichen Indianer, die versuchen, Teile der Natur als heilige Stätten vor der Zivilisation zu bewahren, werden für gewöhnlich übergangen.

Ein alter nordischer Mythos erzählt uns in metaphorischer Weise, wie gefährlich es ist, wenn die Kreisdimension fehlt oder zerstört wird. Wie Sie sich erinnern werden, ist das nordische Bild für die verborgene Struktur der Ganzheit der große Weltenbaum, der als Achse des Kosmos von einer gigantischen Schlange umschlungen wird, die sich selbst in den Schwanz beißt. Wenn am Ende aller Zeiten die Katastrophe hereinbricht, wird dem Mythos nach diese Schlange ihren Schwanz loslassen, und der so entstandene Ring wird zerbrechen. Daraufhin wird sie wie ein außer Kontrolle geratener Feuerwehrschlauch zu wüten beginnen und nach allen Seiten hin tödliches Gift verspeien.

Der Psychologe Andras Angyal sah ganz deutlich, in welcher Form diese Verwüstung über uns hereinbrechen könnte. Als ich seine Ausführungen zum ersten Mal gelesen habe, lief mir ein kalter Schauer den Rücken herunter:

Es wurde häufig behauptet, dass Menschen in den Krieg ziehen, weil sie dazu gezwungen werden oder auch weil ihnen dies eine Chance bietet, ihren Aggressionen freien Lauf zu lassen. Wer die Gelegenheit hat, das Verhalten von Menschen in Massendemonstrationen zu beobachten, wie sie beipielsweise zu Beginn eines großen Krieges stattfinden, wird noch von einem weiteren Umstand beeindruckt sein. Solche Massendemonstrationen geben den Leuten nämlich die Chance, sich als zugehörig zu einer Gruppe zu erleben. Dies ist vermutlich der bedeutendste Faktor. Es ist sehr gut möglich, dass die »extrovertierte« westliche Kultur, die das Hauptgewicht auf Macht und Leistung legt, keine ausreichende Gelegenheit für das Ausleben des grundlegenden Bedürfnisses nach »Zugehörigkeit« bietet; daher sucht sich der Drang, dies auszuleben, bereitwillig jeden beliebigen Kanal, der sich ihm auftut. Paradoxerweise ziehen Menschen möglicherweise in den Krieg, weil sie nach Liebe hungern, nach Sehnsucht, kurz, nach Homonomie [also nach dem Kreis].

Obschon die herrschende Kultur dem Baum eine Vorrang-stellung einräumt, ist dieser doch krank und verkümmert. Wirtschaftliche Zwänge, hohe Mobilität für alle, Kriege und Völkermord auf der ganzen Welt, all das hat die Menschen entwurzelt. Robert Bly weist in seinem Buch ›Die kindliche Gesellschaft‹ darauf hin, dass wir die sinnvollen Seiten von Hierarchie zum Einsturz gebracht haben und in einer flachen Gesellschaft von »Geschwistern« leben. Wir hören nicht auf die Älteren in unserer Gesellschaft und auf jene, die sich der Mühe unterzogen und den Baum zu spiritueller Größe hin erklommen haben; wir schenken denen, die unter uns kom-men, nämlich unseren Kindern, immer weniger Aufmerk-samkeit. Die Massenkultur untergräbt unser Sehnen nach dem höchsten Gut. Sie lenkt den Blick auf die niedrigeren Ebenen des Baumes – auf Sexualität, Macht und technisches Wissen, und nicht so sehr auf die höheren Ebenen von Weis-heit oder Transzendenz. Sie nimmt den Menschen den Mut, sich eingehender mit dem Bösen zu befassen.

Wir leben in einem Zeitalter, in dem es beinahe keiner-lei Kreisattribute mehr gibt und das gerade mal einen ver-kümmerten Baum besitzt, dessen Wurzeln rapide verdorren. Man könnte sogar sagen, dass wir geistig verkümmert sind, *stumpf*sinnig, von unserem Geist also nur noch ein Stumpf übrig ist.

### Die Tiefenstruktur der gesunden Gesellschaft

Als tief verankerte Struktur des Universums liefern der Kreis und der Baum ein Modell dafür, wie unsere Gesellschaft sich aus dieser Misere befreien und in eine andere Richtung ent-wickeln kann. Unsere eigene Geschichte muss nicht zwangs-läufig mit dem Zerreißen des »wunderbaren Huhns« enden.

Wir können »besinnungslose Gier« und »Panik« durch den Kreis und den Baum, durch Mitgefühl und Weisheit ersetzen.

Soziologen haben lange Zeit zwei Organisationsprinzipien von Gesellschaft unterschieden. Da gibt es zum einen egalitäre, in Sippen oder Stämme untergliederte Gesellschaften (Kreisorientierung) und zum anderen einem einzigen Oberhaupt untergeordnete oder hierarchisch strukturierte Gesellschaften (Baumorientierung).

Die Kulturhistorikerin, Friedensforscherin und Futurologin Riane Eisler unterstellt, dass diese Differenzierung zwischen der Betonung der Horizontalen und der Egalität sowie der Vertikalen und der Hierarchie das fundamentale Unterscheidungskriterium sei, das unter der oberflächlich sichtbaren, großen Vielfalt menschlicher Kulturen verborgen liege. Sie bezeichnet diese beiden Grundmuster von Gesellschaft als Kelch- und Schwert-Modell.

Das Modell, das durch den Kelch symbolisiert wird und das Eisler auch *Partnerschaftsmodell* nennt, zeichnet sich durch relativ gleichberechtigte Beziehungen aus, insbesondere was die Beziehungen zwischen den beiden Geschlechtern anlangt, ebenso aber auch durch die Verehrung einer Göttin und einer Wertschätzung des Friedens. Unsere bäuerlichen Vorfahren in der Jungsteinzeit hielten eine solche partnerschaftlich aufgebaute Gesellschaft aufrecht. Ungefähr zwischen 7000 und 5000 vor unserer Zeitrechnung entwickelten diese Bewohner Südosteuropas ein komplexes Wirtschaftssystem, das den Anbau von Weizen, Gerste, Wicken, Erbsen und anderen Feldfrüchten ebenso umfasste wie die Aufzucht gezähmter Tiere, die Herstellung von Werkzeugen aus Knochen und Steinen, die Kupferschmelzerei und -verarbeitung, Techniken des Bootsbaus und Segelns sowie komplexe religiöse Institutionen und Regierungseinrichtungen. Es gibt Belege für die Gleichberechtigung der Geschlechter und ein eindeutiges Ausbleiben von

Kriegen. Die alten, im Gebiet der heutigen Türkei gelegenen Städte Çatal Hüyük und Hacilar weisen laut Eisler über eine Zeitspanne von mehr als fünfhundert Jahren keinerlei Spuren kriegerischer Verwüstungen auf. Aus der auf Kreta entstandenen minoischen Kultur, einer weiteren partnerschaftlich orientierten Gesellschaft, ist keine Statue und auch kein Relief bekannt, das irgendeinen Herrscher zeigen würde.

Das Schwert-Modell einer Gesellschaft bezeichnet Eisler auch als *dominatorisches* oder *Herrschermodell*. Autoritarismus und Hierarchie, besonders die Vorrangstellung der Männer gegenüber den Frauen, charakterisieren Herrschergesellschaften. Diese Gesellschaften haben auch eine Schwäche für den Krieg. Eisler beschreibt den physischen und kulturellen Einbruch, zu dem es etwa seit dem fünften Jahrtausend vor unserer Zeitrechnung kam, als Wellen von Nomadenstämmen und so genannten Kurgan-Völkern in die partnerschaftlich organisierten Gesellschaften des prähistorischen Europa einfielen. Betrachten wir die aus dieser Zeit erhaltenen Überreste der Kunst, beginnen wir eine zunehmende Darstellung von Waffen zu entdecken. Auch gibt es Zeugnisse von Beerdigungsbräuchen, bei denen erwachsene Männer eine höhere Stellung als Frauen und Kinder einnahmen.

Da das Partnerschaftsmodell auf dem Prinzip der Vernetzung basiert, erinnert es an den Kreis. Und das auf dem Prinzip der Rangordnung gründende Herrschermodell gemahnt an den Baum – an einen unreifen Baum. Man mag über einzelne von Eislers Thesen streiten, doch es ist eindeutig, dass im Laufe der Geschichte einige Gesellschaften stärkere egalitäre Züge aufwiesen und auf das Prinzip der Vernetzung aufgebaut waren und dass andere Gesellschaften eher hierarchisch strukturiert waren und auf der Einhaltung von Rangordnungen fußten.

Eisler vertritt die Ansicht, dass wir uns vor die Wahl ge-

stellt sähen zwischen der »guten« partnerschaftlich ausge-
richteten Gesellschaft und der »schlechten« Herrschergesell-
schaft. Aber dies ist nicht unsere einzige Wahlmöglichkeit.
Wir könnten vielmehr lernen, *sowohl* die Beziehungsebene
*als auch* die hierarchische Struktur zu integrieren, die im
Kreis und im Baum ihren vollkommenen Ausdruck finden.
Bei ihrer Beurteilung von »Schwert« und »Kelch« vergleicht
Eisler keine äquivalenten Faktoren. Eislers historisches Material kann man als ein Eindringen einer *unterentwickelten*
Baumkultur in eine *höher entwickelte* Kreiskultur ansehen.
Das Schwert ist ein nicht wirklich entwickelter Baum; der
Kelch ist ein besser entwickelter Kreis. Anstelle eines Entwe-
der-oders, bei dem die eine Daseinsform gut und die andere
schlecht ist, besteht als mögliche Alternative das Sowohl-als-
auch, mit einer *coniunctio*, Integration und Harmonie, als
Ziel, bei dessen Erlangen beide Seiten vollständig entwickelt
und im Gleichgewicht sind.

Eine der Kulturen, die den Kreis und den Baum in ein ausgewogenes Verhältnis zueinander brachten, waren die Fünf
(später Sechs) Nationen des Irokesenbundes (oder Haudenosaunee). Eben diese Zivilisation entwickelte auch das Modell für die grundlegende politische Struktur der Vereinigten
Staaten von Amerika. Zur Gründungszeit der Vereinigten
Staaten war diese Föderation der mächtigste Indianerbund
auf dem amerikanischen Kontinent. Aus ihrem Heimatland
im Norden von New York, zwischen dem Hudson River und
den Niagarafällen, hatten die Sechs Nationen die *pax iro-
quoia* herübergerettet, der sich einst vom heutigen Neueng-
land bis zum Gebiet um Illinois sowie vom Ottawa River bis
zur Chesapeake Bay erstreckt hatte.

Die Geschichte der Irokesenliga nahm ihren Anfang in
einer Zeit fürchterlichen Terrors und großer Sorgen:

Alle Ordnung und Sicherheit war komplett in sich zusammengestürzt, und das Gesetz der Blutrache beherrschte die Kultur. Wenn ein Mann oder eine Frau starb, gleich ob durch einen Unfall oder auf natürlichem Wege, heuerten ihre Verwandten einen Wahrsager an, der daraufhin den Tod des Verstorbenen als die Folge magischer Zauberkräfte eines konkret benannten Dritten deutete. Die gekränkte Familie sann sodann auf Rache, und eines ihrer Mitglieder zog aus, um den nichts ahnenden und aller Wahrscheinlichkeit nach unschuldigen »Täter« ausfindig zu machen und Revanche zu üben. Dieser Mord setzte eine Spirale aus Rache und Vergeltungsmaßnahmen in Gang, was dazu führte, dass sich in den Wäldern im Nordosten Mörder herumtrieben und einen nicht enden wollenden, sinnlosen Aderlass betrieben.

In diese Situation hinein kam der Kulturheld Deganawidah, bekannt als der Friedensstifter. Deganawidah überbrachte eine Botschaft von Frieden und Macht, deren zentrales Bild der Baum des Großen Friedens ist. Dies ist offenkundig ein Baumsymbol, wie wir es definiert haben. Es ist der Baum des Strebens nach etwas Höherem, der den Himmel gleichsam durchbohrt und dessen Spitze die Sonne berührt. Es ist auch der Baum der Gerechtigkeit; die Irokesen benutzten für »Frieden« und »Gesetz« ein und dasselbe Wort. Dieses Wort bezeichnet darüber hinaus den »Edlen« sowie den »Herrn« in den irokesischen Bibelausgaben. »Frieden« bedeutet für die Haudenosaunee nicht einfach nur die Abwesenheit von Krieg. »Frieden« beziehungsweise das »Gesetz« bedeutet vielmehr, rechtschaffen zu handeln sowie für Gerechtigkeit zwischen Individuen und Nationen zu sorgen.

Der Friedensbaum ist gleichzeitig auch ein Kreissymbol, da dieser Baum Wurzeln besitzt, die sich in die vier Himmelsrichtungen erstrecken und ein Mandala formen. Dieses Mandala greift als Kreis von Bezogenheit auf die ganze Menschheit hin aus. Der Friedensstifter sagte: »Diese Wurzeln werden weiterhin wachsen und den Guten Geist, Rechtschaffenheit und Frieden verbreiten helfen und in Gebiete von weiträumig über den Wald verteilten Völkern vordringen. Und wenn eine Nation, geleitet von den Großen Weißen Wurzeln, sich dem Baum nähern sollte, solltet ihr sie dort offen empfangen, sie am Arm fassen und sie an den Platz des Rates setzen.« Dies ist ein Bild für den Weltfrieden, das seiner Zeit weit voraus war.

Deganawidah brachte die mit dem Kreis verbundenen Werte dadurch zum Ausdruck, dass er sein Volk ermutigte, nicht gegen den natürlichen Lauf der Natur zu leben, sondern »in den Strom einzutauchen«. Er sagte auch: »Wir vertäuen uns selbst, indem wir uns alle gegenseitig so fest an den Händen halten und einen so starken Kreis bilden, dass dieser für den Fall, dass ein Baum darauf stürzt, nicht nachgibt oder zerreißt und unser Volk und unsere Enkel sicher, glücklich und in Frieden in dem Kreis leben können.« Ein eindeutiges Beispiel für einen Kreis.

Das Bild von Baum und Kreis im Mythos der Irokesen führte zur Entstehung einer Kultur, die dreihundert Jahre lang bestand, bis sie weitgehend durch den Einfall der europäischen Siedler zerstört wurde. Auch wenn diese Kultur nicht ohne Makel war, so zeichnete sie sich doch durch eine deutliche Schwerpunktsetzung auf Frieden, durch eine demokratische Regierung, ein gutes Gleichgewicht zwischen weiblichen und männlichen Energien und eine ökologische Weltsicht aus. Vertreter der irokesischen Nationen (der Mohawk, Oneida, Onondaga, Cayauga, Seneca und der später hinzugekommenen Tuscarora) trafen sich im Großen Rat in Onondaga (in der Nähe von Syracuse im Bundesstaat New York), um die Angelegenheiten ihrer Konföderation zu regeln. Während die Männer diejenigen waren, die sich im Rat trafen, waren die

Frauen es, die darüber entschieden, wer dort hinging. Der Sachem (Friedensvorsteher) verdankte sein Amt den Stimmen einer bestimmten Gruppe von Frauen aus seinem Clan. In jedem Familienrat besaß das weibliche Oberhaupt der Familie die entscheidende Stimme. Die Frauen im heiratsfähigen Alter und die Mütter verfügten des Weiteren über das Recht, ihre eigenen Ratsversammlungen abzuhalten, um Friedensvorsteher zu ernennen und Vorschläge auszuarbeiten, die sodann im Stammesrat vorgebracht werden konnten. Die Irokesen betrachteten es als unabdingbar, dass sowohl männliche wie auch weibliche Prinzipien in der Welt anerkannt werden.

Das Gleichgewicht kam daneben in der Struktur der drei irokesischen Regierungsprinzipien zum Ausdruck, die man grob mit Gesundheit, Rechtschaffenheit und Stärke übersetzen könnte. Diese Prinzipien bestanden aus ausgewogenen Bedeutungspaaren: Das erste Prinzip meint geistige und körperliche Gesundheit, aber auch Frieden zwischen den einzelnen Menschen sowie zwischen den Gruppen; das zweite bedeutet Rechtschaffenheit im Verhalten und das Eintreten dafür in Gedanken und Worten, aber auch Gleichberechtigung und Gerechtigkeit; das dritte umfasst körperliche Stärke und Kraft, aber auch *orenda* oder geistige Kraft.

Deganawidah, der Friedensstifter, lehrte auch ein Prinzip, das in Umweltschützerkreisen hinlänglich bekannt ist. Er erklärte: »Wenn ihr zum Wohle des Volkes im Rat beisammensitzt, so denkt nicht nur an euch selbst, und auch nicht an eure Familie, ja nicht einmal an eure Generation, sondern trefft sämtliche Entscheidungen mit Blick auf die Interessen der siebten Generation nach euch.«

Die ökologische Ausrichtung der irokesischen Kultur besteht bis zum heutigen Tage. Der Religionsphilosoph Huston Smith erzählt eine Geschichte über Oren Lyons, den ersten Mann aus dem Stamme der Onondega, der ein College besuchte. Als Oren das erste Mal vom College in sein Reservat zurückkehrte, lud ihn sein Onkel ein, auf dem See mit ihm fischen zu gehen. Nachdem sie eine Weile gefischt hatten, wandte der Onkel sich zu ihm um und sagte: »Nun, Oren, du bist jetzt vermutlich ziemlich klug, nach allem, was sie dir auf dem College beigebracht haben. Deshalb sage mir: Wer bist du?« Oren wusste nicht, was er antworten sollte.

»Wie meinst du das, wer ich bin? Was soll diese Frage? Ich bin dein Neffe, was sonst.« Sein Onkel gab sich mit dieser Antwort nicht zufrieden und wiederholte seine Frage. Der Neffe erklärte zunächst, er sei Oren Lyons aus dem Stamme der Onondaga, setzte dann hinzu, er sei ein menschliches Wesen, ferner ein Mann, und zwar ein junger Mann. Doch das war alles vergebens. Sein Onkel hieß ihn schweigen, und als ihn darauf der Neffe seinerseits bat, er möge ihm erklären, wer er sei, erwiderte der Onkel: »Siehst du diese Klippe dort drüben? Oren, du bist diese Klippe. Und siehst du diese riesige Kiefer am anderen Ufer? Oren, du bist diese Kiefer. Und siehst du dieses Wasser, das unser Boot trägt? Du bist dieses Wasser.«

Wie anders könnten die Vereinigten Staaten jetzt sein, hätten ihre Gründerväter von den Irokesen nicht nur einen Teil ihrer politischen Strukturen übernommen, sondern daneben auch ihre gesamte Weltsicht. Wir könnten heute damit beginnen, uns am Baum-und-Kreis-Modell zu orientieren, indem wir ein besseres ökologisches Gleichgewicht und die Gleichberechtigung der Geschlechter zum Gegenstand unserer Politik machen sowie einen auf die »siebte Generation« bezogenen Zusatz in unsere Verfassung aufnehmen würden.

Eine Untersuchung des an der Harvard University tätigen Politikwissenschaftlers Robert Putnam enthält weitere Hinweise zu den Möglichkeiten, die in einer ganz an Baum und Kreis ausgerichteten Gesellschaft bereitstünden. Putnam betrachtete die Entwicklung von etwa zwanzig Regionalregierungen, die 1970 in Italien eingerichtet wurden. Rein formal betrachtet war die Struktur all dieser Regierungen identisch. Und doch erwiesen sich einige Regierungen als ineffizient, lethargisch und korrupt, während andere sich dynamisch und effizient zeigten, indem sie innovative Programme für die Kinderbetreuung und berufliche Fortbildungszentren schufen, Investitionen und wirtschaftliche Entwicklung förderten sowie eine Vorreiterrolle bei der Durchsetzung von Umweltschutznormen und dem Bau von Eltern-Kind-Kliniken einnahmen. Das einzige Bündel von Kriterien, durch die sich Gegenden mit einer effizienten Regierung durchweg von solchen mit ineffizienten Regierungen abhoben, war das Vorhandensein von etwas, das Putnam als *soziales Kapital* bezeichnet: engmaschige Netzwerke aus zwischenmenschlichen Beziehungen jenseits des Marktes. Mit anderen Worten, das Unterscheidungsmerkmal war das Vorhandensein eines Kreises – zumindest des menschlichen Ringes im ganzen Lebenskreis.

Putnams Forschungen und die Geschichte der Irokesenkonföderation legen nahe, dass es noch viel mehr Möglichkeiten gäbe, wenn wir nicht nur den menschlichen Ring, sondern auch die ökologischen Ringe des Kreises und den Baum in seiner vollen Höhe und Breite in unsere Gesellschaftsstruktur integrieren würden.

# Kompass für ein erfülltes Leben

*Um sich in das Universum einzufügen, musste ein Indianer
zwei Dinge zugleich tun: als Individuum Stärke zeigen und
seine persönlichen Gefühle zum Wohle des Stammes hintanstellen.*
*Barry Lopez*

Die innere Erfahrung des vollständig entwickelten oder »ganzen« Selbst hat keine Bedeutung, wenn dies nicht auch in den äußeren Bereichen wie individuellem Verhalten, sozialen Beziehungen und Kultur zum Ausdruck kommt. Das Göttliche manifestiert sich nicht nur als innere Erfahrung, sondern auch in äußerer Schönheit, zwischenmenschlicher Moral und wissenschaftlicher Wahrheit. Wie Joseph Campbell sagt, liegt eine der Funktionen des Mythos darin, uns zu lehren, wie man ein erfülltes menschliches Leben führt. Das Baum-und-Kreis-Modell liefert einen dreidimensionalen Kompass für solch ein Leben. Es vermag uns Orientierungshilfe zu bieten im psychologischen Raum-Zeit-Kontinuum und uns in Bezug auf unser Sozialverhalten sowie auf unsere persönliche Entwicklung als Leitstern zu dienen. Erfolgreich mit dem Baum und dem Kreis zu arbeiten bedeutet, die eigenen angeborenen Gaben zu entfalten und sie sodann in die Welt hinauszutragen.

Derjenige, der daran arbeitet, Baum und Kreis in der Welt sichtbar zu machen, folgt dem Rat des irokesischen Friedensstifters, die Folgen jeglicher Entscheidung bis in die siebte nachfolgende Generation hinab zu bedenken. Der Entschluss, Nahrungsmittel aus biologisch-dynamischem Anbau zu beziehen, würde Baum und Kreis zum Beispiel besser unterstützen als der Entschluss, solche aus konventionellem Anbau zu kaufen. Biologisch-dynamische Landwirtschaft setzt die Landarbeiter keinen giftigen Chemikalien aus. Sie hinterlässt auch keine giftigen Rückstände in Boden und Wasser, die künftige Menschengenerationen oder andere Lebewesen belasten

würden. Die Entscheidung, das menschliche Bevölkerungs-
wachstum zu begrenzen, käme ebenso Baum und Kreis zugute,
da die Bevölkerungszahl momentan die Kapazitäten der Erde
übersteigt.

## Arbeit

Ein großer Lehrer hat einmal bemerkt: »Meine Arbeit ist
mein Altar.« Der Buddha lehrte, dass Arbeit oder »der rechte Lebensunterhalt« Teil des Pfades der Erleuchtung seien.
Die Weichen, die wir hinsichtlich der Arbeit stellen – welche
Arbeit wir ausüben und wie wir sie ausüben –, sind einfluss-
reiche Wege, Kreis und Baum zum Ausdruck zu verhelfen.
Idealerweise sollte die Arbeit zu geistiger Erhebung und see-
lischem Tiefgang entlang der Baumachse führen sowie zugleich dem Kreis förderlich sein.

An Baum und Kreis ausgerichtete Verhaltensweisen scheinen tatsächlich in verschiedenen Sektoren der Arbeitswelt
aufzutauchen, speziell hinsichtlich des weiter gesteckten Kreises der Umwelt, die es zu schützen gilt. Konzerne wie Patago-
nia, ein umweltbewusster Hersteller von Outdoor-Kleidung,
beginnen momentan damit, natürliche oder recycelte Rohstoffe bei ihren Produktionsprozessen einzusetzen. Andere
Firmen, wie die Interface Inc. (Teppiche, Bodenbeläge und
Heimtextilien) arbeiten an Möglichkeiten der geschlossenen
Kreislaufführung, an der Abfallreduktion sowie dem Einsatz
von Sonnenenergie und anderen neu aufkommenden Energien, nicht nur, um ökologisch nachhaltig zu handeln, sondern auch, um die Umwelt wieder aufzubauen. In einer der
ärmsten ländlichen Regionen in Kolumbien entwickelt die
Gemeinde von Gaviatos auf die jeweiligen Verhältnisse zuge-
schnittene, durch Menschen- oder Sonnenkraft angetriebene
Technologien zur Arbeitsersparnis für die Dritte Welt, wäh-

rend sie zugleich das Ökosystem aufbaut und das Weiterleben der örtlichen Kultur unterstützt.

In Bangladesch hat die 1976 von dem Wirtschaftsprofessor Muhammed Yunus gegründete Grameen Bank eine bahnbrechende Form der Kreditvergabe ins Leben gerufen, die die Moral, die hygienischen Bedingungen, die Wohnungslage, das Bildungssystem und die gesundheitliche Situation für unzählige der Ärmsten unter den Armen verbessert hat. Das Kreditmodell der Bank unterstützt sowohl den Baum als auch den Kreis. Die Darlehen selbst heben die Selbstachtung und die finanzielle Unabhängigkeit der Kreditnehmer (Baumachse). Zudem ist die Bank bestrebt, dass die Kreditnehmer sich selbst in kleinen Gruppen organisieren. Diese Gruppen greifen ihren Mitgliedern nicht nur bei der Rückzahlung ihrer Darlehen unter die Arme, sondern auch dabei, dass sie sich an die positiven und der Stärkung der Umwelt förderlichen gesellschaftlichen Werte halten (Kreis).

Initiativen wie diese sind ermutigend, ja sogar inspirierend. Und doch scheint das Erlangen einer Baum-und-Kreis-Ganzheit am Arbeitsplatz in größerem Rahmen unmöglich – es sei denn, wir schafften es, grundlegende Änderungen in unserem Wirtschaftssystem vorzunehmen. Die einseitige Ausrichtung weltweit agierender Gesellschaften auf finanziellen Profit, insbesondere auf kurzfristigen Profit, untergräbt das Fällen von Entscheidungen mit Blick auf die »siebte Generation«. Wir brauchen ein Wirtschaftssystem, das auf den Prinzipien der Nachhaltigkeit aufbaut.

Glücklicherweise sind die tragenden Prinzipien eines solchen Systems bereits entwickelt worden. Ein Team aus rund fünfzig hochrangigen Wissenschaftlern hat unter der Führung von Dr. Karl-Henrik Robèrt aus Schweden die vier zugrunde liegenden Prinzipien einer auf ökologische Nachhaltigkeit bedachten Gesellschaft ausgemacht. Diese Prinzipien, die er »The Natural Step« (Der natürliche Schritt) nennt, sind folgende:

1. Substanzen aus der Erdkruste – fossile Brennstoffe, Metalle und nichtmetallhaltige Mineralien – dürfen nicht schneller abgebaut werden, als sie sich in der Erdkruste neu bilden können.
2. Substanzen, die die Gesellschaft produziert, sollen nicht schneller hergestellt werden, als sie sich in der Natur zersetzen können.
3. Wir dürfen Ökosysteme nicht derart »abernten« oder manipulieren, dass wir ihre produktiven Kapazitäten schmälern oder die natürliche Artenvielfalt (Biodiversität) gefährden.
4. Um die obigen drei Systembedingungen zu erfüllen, müssen wir grundlegende menschliche Bedürfnisse mit einem möglichst effizienten Einsatz von Ressourcen decken, was eine gerechte Verteilung dieser Ressourcen einschließt.

Dies sind nicht nur abstrakte hochgeistige Überlegungen. Dank der Befolgung der Prinzipien des »Natural Step« hat eine Firma ihren jährlichen Plastikverbrauch um neunzig Tonnen gesenkt, ihren Metallverbrauch um fünfzehn Tonnen, den von Seife um fünfundzwanzig Tonnen und den von giftigem Quecksilber um sechzig Kilogramm, während gleichzeitig die Arbeitsmoral der Angestellten und der Gewinn gestiegen sind.

Wenn wir umschwenken und unser Wirtschaftssystem auf eine Erhaltung des Ökosystems ausrichten wollen, müssen wir nach Aussage des renommierten amerikanischen Publizisten und Unternehmers Paul Hawken damit beginnen, stärker von unserer gegenwärtig verfügbaren Sonnenenergie zu leben als mit Hilfe unserer wertvollen Energie-»Kapitalreserven« in Form unserer Erdöl- und Kohlevorräte. Wir werden uns darüber hinaus an das dem Kreis eigene Strukturprinzip halten müssen, dass der Abfall des einen Prozesses zur »Nahrung« oder zum Input für einen anderen wird. Das Aufkommen der industriellen Ökologie, die bei der Entwicklung industrieller Prozesse und Einrichtungen nach ökologischen Grundsätzen vorgeht, ist ein möglicher Anfang, dieses Prinzip in größerem Maßstab in die Praxis umzusetzen. Schließlich werden wir neue Rückkoppelungssysteme ersinnen müssen, um die Wirtschaft in die richtige Richtung zu steuern, so dass die Aktivitäten der Wirtschaft dahin gehen, die Erde eher wieder aufzubauen, als sie auszubeuten. Beispiele für Rückkoppelungssysteme beinhalten auf Umweltverschmutzung oder Abfallproduktion erhobene Steuern, wirtschaftliche Anreize für umweltschonende Verfahren und auch neue Wege bei der Messung von wirtschaftlicher Aktivität.

Standardmesswerte wie das Bruttoinlandsprodukt verzerren unsere Wahrnehmung für das Wohlergehen von Mensch und Umwelt vor allem deshalb, weil sie nicht zwischen schädlicher und nützlicher wirtschaftlicher Aktivität unterscheiden. Beim BIP ist es nämlich möglich, die Beschädigung von Umwelt und Gesellschaft als wirtschaftlichen Gewinn zu tarnen. Die Herstellung von Landminen und Stolperdraht, das Überfischen der Weltmeere, all das läuft hier unter dem Oberbegriff »Produktion«.

Eine von mehreren Alternativen zum Bruttoinlandsprodukt ist ein Messwert, der unter der Bezeichnung Genuine Progress Indicator (»Indikator für tatsächlichen Fortschritt«) läuft. Anders als beim BIP werden beim GPI die Beiträge in Form unbezahlter Haushalts- und gemeinnütziger Tätigkeiten positiv verbucht. Außerdem werden bei der Berechnung des GPI die Ausbeutung der natürlichen Umgebung, durch Umweltverschmutzung entstandene Kosten und Verbrechen als Negativposten angesetzt. Ein Parameter wie der GPI würde uns ein wahrheitsgetreueres Abbild unserer Situation liefern, als das BIP es uns derzeit zur Verfügung stellt. Auch wenn das BIP in den Vereinigten Staaten generell gestiegen ist, so ist doch der Genuine Process Indicator seit den 1970ern gefallen.

## Kurswechsel

*Im Idealfall kommt es zum Aktivismus,*
*wenn unser immer weitere Kreise ziehendes Mitgefühl und*
*unsere Fähigkeit zur freien Willensentscheidung*
*zusammentreffen.*
*Yes! Magazin*

Die Veränderungen, die wir in der Welt durchführen müssen, werden sich in Folge individueller Weichenstellungen vollziehen, die Sie und ich vornehmen. Während wir daran arbeiten, unsere innere psychische und spirituelle Ganzheit zu erlangen, können wir zugleich daran arbeiten, die äußere Welt zu heilen.

Unsere Arbeit an der äußeren Welt wird jedem von uns eine ausgewogene Mischung an Aktivismus und Pazifismus abfordern. Zahlreiche spirituelle Lehren ermutigen zu dem, was in der jüdischen Religion als *tikkun olam* bezeichnet wird, zu einem Heilen der Welt durch aktives soziales Engagement. Da wir durch den Kreis alle untereinander vernetzt sind, werden wir selbst geheilt, wenn wir uns dafür einsetzen, andere zu heilen. Ganz gleich, aus welcher Weltanschauung heraus wir handeln, bietet das Modell von Lebensbaum und Lebenskreis Leitlinien für soziale Aktivitäten. Das Modell weist uns darauf hin, dass wir Menschen und Gesellschaften dabei behilflich sein sollen, entlang der Baumachse nach oben zu wachsen, aber auch in die Tiefe zu gehen, und dass wir zugleich all unsere Beziehungen innerhalb des sozialen und ökologischen Kreises festigen sollen.

Wir können von den Irokesen lernen und aktiv fordern, dass in unseren Regierungen nicht nur »Oberhäupter« von unterschiedlich hohem Rang sitzen, sondern dass sie darüber hinaus eine wirkliche Vertretung des Volkes darstellen und die Weisheit der Natur anerkennen sowie männlichen und weiblichen Sicht- und Verhaltensweisen gleiches Gewicht einräumen. Wir können unsere sämtlichen Entscheidungen mit Blick auf die Folgen bis zur »siebten Generation« hinunter fällen. Wir können an unsere Bildungseinrichtungen herantreten mit der Bitte, sowohl die durch den Baum symbolisierte, über den IQ messbare Intelligenz zu fördern wie auch die durch den Kreis verkörperte emotionale Intelligenz. Wir können jeder unsere eigene spirituelle Lehre auf ihre Baumweisheit und ihre Kreisweisheit hin abklopfen. Wir können die Schaffung von Nationalparks und Naturschutzgebieten unterstützen, um den lebenden Planeten zu erhalten. Wir können uns bemühen, innerhalb des menschlichen Ringes im Kreis soziale Gerechtigkeit für die Vertreter sämtlicher Hautfarben, Glaubensrichtungen, beider Geschlechter sowie aller Lebensweisen zu erwirken. Wir können »soziales Kapital« aufbauen, indem wir unsere eigenen persönlichen sowie die gemeinnützigen Netzwerke in unserer näheren Umgebung unterstützen.

Die größte aktive Veränderung, die wir vornehmen können, ist eine Veränderung unserer Denkweise: Wir müssen anfangen, stärker als Beteiligte innerhalb eines ökologischen Kreislaufs zu denken und nicht mehr so sehr als Herrscher über die Natur, die unabhängig von ihr existieren. Denn die Art, wie wir denken, bestimmt die Art, wie wir planen, und diese wiederum entscheidet darüber, was wir mit unserem Geld und unserer Energie anfangen. Unsere Art zu denken wird darüber entscheiden, ob wir die aufregenden und schwierigen Lösungen wählen, die nötig sind, um die Welt in Richtung Regeneration und Nachhaltigkeit zu steuern und durch einen Kurswechsel den Untergang allen Lebens in einer trostlosen, von uns selbst verursachten Ödnis zu verhindern.

Einen solchen Kurswechsel in der Welt vorzunehmen erfordert von jedem von uns sowohl Pazifismus wie auch gesellschaftlichen Aktivismus. Dieser Pazifismus beinhaltet gewaltfreie Ansätze zur Aufnahme von Beziehungen. Er schließt die Bereitschaft ein, ebenso aus unseren gesellschaftlichen Netzwerken zu nehmen wie ihnen etwas zu geben. Hier gehört auch die Bereitschaft aller Beteiligten dazu, sich lediglich einen fairen Anteil vom Kuchen abzuschneiden und nicht mehr. Jene, die in den überentwickelten Ländern der Welt leben, haben eine verzerrte Vorstellung davon, was unseren »gerechten Anteil« ausmacht. Wir haben lange Zeit mehr bekommen als den uns gerechterweise gebührenden Anteil. Unsere persönliche Entscheidung, Abfall zu reduzieren, wieder zu verwenden und zu recyceln kann hier Abhilfe schaffen. Was vonnöten ist, ist das, was der Zen-Buddhismus Genügsamkeit nennt. Der Mensch, der Genügsamkeit übt, ist zufrieden, wenn er gerade genug hat und darin Fülle sehen kann.

In der Praxis kann »Genügsamkeit« den Unterschied zwischen Leben und Tod für die Erde, wie wir sie kennen, bedeuten. John Ryan und Alan Durning weisen in ihrem Werk ›Stuff: The Secret Life of everyday Things‹ (Sachen: Das geheime Leben von Alltagsgegenständen) darauf hin, dass über 34 Prozent der weltweit verbrauchten Energie sowie ein ähnlich hoher Anteil an anderen Versorgungsgütern auf das Konto der Vereinigten Staaten gehen, in denen weniger als fünf Prozent der gesamten Weltbevölkerung leben. Rein rechnerisch betrachtet sei es nicht möglich, dass die gesamte

Weltbevölkerung einen derart hohen Konsum aufrechterhalte. Um dafür ausreichend bebaubares Land zur Verfügung zu haben, müsste das Vierfache der Erdoberfläche vorhanden sein. Mit anderen Worten besitzen wir, so Ryan und Durning, drei Planeten zu wenig. Und uns fehlen mindestens neun Planeten – beziehungsweise Atmosphären –, um die Treibhausgase aufzunehmen, die entstünden, wenn alle Menschen der Erde die Luft in demselben Maße verschmutzen würden wie die Nordamerikaner.

Unsere klar erkennbare Herausforderung ist es, den Kreis und den Baum in der Welt sichtbar zu machen und zu nähren. Beginnen müssen wir damit in unserem eigenen Leben. Wir können alle daran arbeiten, starke Individuen zu werden, und uns gleichzeitig darum bemühen, etwas für das Wohlergehen des ganzen »Stammes« der Schöpfung beizutragen.

## Die Reise des Einzelnen

Meinen Weg möge Schönheit begleiten,
Schönheit sei vor mir,
Schönheit sei hinter mir,
Schönheit sei über mir,
Schönheit sei unter mir,
Schönheit sei um mich herum,
In hohem Alter auf einem Pfad aus
Schönheit wandeln, mit beschwingtem Schritt.
*Aus dem ›Nachtgesang‹ der Navajo*

Phra Prajak Kuttajitto, ein buddhistischer Mönch, ist das Beispiel eines Menschen, der sich zunächst entlang der Baumachse entwickelt hat und dann die Früchte seiner Erkenntnis zum Wohle seiner Gemeinschaft in den Kreis eingebracht hat.

Zufälligerweise hatte er bei seiner Arbeit im wahrsten Sinne des Wortes den Baum im Auge.

Seine Geschichte spielt in Thailand, einem Land, das einst über und über von dichten Wäldern bewachsen war. Während der letzten dreißig Jahre haben private und militärische Geschäftsinteressen zu einer schonungslosen Abholzung der majestätischen einheimischen Teakbäume geführt, und sie wurden für den Export nach Japan und Europa zu Bauholz und Möbeln verarbeitet. Heute ist nur noch ein Viertel des Landes bewaldet. Nach dem Verschwinden der feuchtigkeitsregulierenden Bäume ist Thailand von vernichtenden Überschwemmungen und entsetzlichen Dürrekatastrophen heimgesucht worden.

Vor einigen Jahren begann Phra Prajak Kuttajitto damit, etliche der riesigen Teakbäume in safrangelbe Kutten einzuhüllen und sie zu »Kindern des Buddha« zu weihen. Weitere im Wald lebende Mönche fingen an, seinem Beispiel zu folgen. Seit 1987 haben die Waldmönche Tausende Morgen voller Bäume geweiht. Diese Taktik vermag den Wald und die Menschen, die von ihm abhängig sind, erfolgreich zu schützen, weil viele potenzielle Ausbeuter sich fürchten, die »heiligen« Bäume zu fällen und den Zorn des Buddha auf sich zu ziehen. Zumindest eine Weile haben Prajak und die anderen Mönche die Zerstörung der Wälder aufgehalten.

Zusätzlich zum Schutz des großen Baumes und des weiten Kreises hat Prajak noch den Kreis der Gemeinschaft gestärkt und die Selbstständigkeit der ansässigen Dorfbewohner, also den Baum. Er gründete »Büffelbanken« und »Reisbanken«, die den Kreislauf der wirtschaftlichen Energie innerhalb der Gemeinschaft fördern. Die Bauern leihen sich Büffel, um ihre Felder zu bestellen, dann geben sie den Nachwuchs der Büffel an die Bank zurück. Sie leihen sich Reis, dann treten sie einen Teil ihrer Reisernte im Tempel ab, wo er als Speise an die alten Leute ausgegeben wird. Prajak lehrte die Bevölkerung auf den Dörfern zudem zu meditieren. Die Zahl der Alkoholiker, die während der von der Regierung erzwungenen Umsiedelungen in die Höhe geschossen war, fiel wieder. »Phra Prajak hat einer ganzen Reihe von Menschen zu einem neuen Selbstbild verholfen«, sagt ein einheimischer Bauer, der Reis und anderes Getreide anbaut. »Er hat unsere Lebensqualität wirklich verbessert und uns Hoffnung gespendet.«

Prajak war nicht immer derartig selbstlos und heilig. In jüngeren Jahren fiel er durch Trinken und Spielen auf. Doch während eines längeren Klinikaufenthaltes, den er seinem Lebensstil zu verdanken hatte, entschloss Prajak sich dazu, ein neues Leben anzufangen. Nach seiner Entlassung aus dem Krankenhaus wurde er ein Wandermönch. Seine spirituelle Reife führte schließlich zu seinem gemeinnützigen Engagement für den Kreis – den Kreis der menschlichen Lebensgemeinschaften im Wald und den Kreis des Waldes selbst. Er sagt:

Ich habe mir nicht bewusst gemacht, wie wichtig und lebensnotwendig der Wald war, bevor ich hier ankam und es selbst erfahren habe. Wie die meisten anderen Leute sah ich den Wald unter dem Aspekt seines Nutzwertes, sah, was man aus ihm herausholen konnte – Holz für den Hausbau oder für Kohle. Es war eine einseitige Beziehung.

Doch als ich erst einmal Mönch geworden war, begann ich zu begreifen, dass man nicht einfach nur nehmen kann, ohne etwas zurückzugeben, da sonst alles versiegt und stirbt.

Nachdem er zu spiritueller Erleuchtung gelangt war, arbeitete Prajak an seinem Verhältnis zur Natur, um eine wechselseitige Beziehung aufzubauen und nicht länger eine Einbahnstraße bestehen zu lassen. Er stieg den Baum hinauf und hinunter, und setzte sich dann für die Unterstützung des Kreises ein.

## Der erste Schritt

Eine Reise von tausend Meilen
beginnt mit einem ersten Schritt.
*Tao Te Ching*

Es gibt zwei Wege, die dazu führen, dass jemand Baum-und-Kreis-Ganzheit in die Welt hineinbringt. Einen der beiden haben sämtliche Heiligen, Weisen und Erlöser sowie die gereiften Menschen aller Zeiten überall auf der Welt beschritten. Doch man muss kein Heiliger sein, um einen dieser beiden Wege zu verfolgen. Phra Prajak Kuttajitto war in jungen Jahren ein Trinker und Spieler. Der heilige Matthäus war ein Steuereintreiber, bevor er ein Heiliger wurde. Die Frauen und Männer in der Studie des amerikanischen Psychologie-Professors Douglas Heath über erfüllende Lebensläufe sind mitnichten übers Wasser gelaufen.

Phra Prajak Kuttajitto schlug einen dieser Wege ein. Er tauchte in die Tiefen und wuchs entlang der Baumachse nach oben auf höhere Achtsamkeit hin, um diese Achtsamkeit anschließend in die Welt hineinzutragen und so den Kreis aus der Gemeinschaft der Menschen und der Umwelt zu unterstützen. Diesen Weg könnten wir den schamanischen Weg nennen. Er verläuft zunächst entlang des Baumes, dann erst kommt der Kreis. Dies ist der Weg Christi, Mohammeds, Moses' auf den Berg Sinai; er entspricht dem Verlauf des !kia-Heiltanzes und der traditionellen Reise des Schamanen, der den Baum hinauf- und wieder hinunterklettert, um spirituelle und heilerische Fähigkeiten zum Wohle des Kreises seines oder ihres ganzen Stammes mit zurückzubringen. Es ist der Weg des Sufi, eines islamischen Mystikers, der Stufe um Stufe höhere Stationen des Baumes erklimmt, um *marifa* (»innere Kenntnis« oder Gnosis) zu erlangen, und dann als lebender Beweis für die Existenz Gottes in diese Welt zurückkehrt. Es ist der Pfad des Buddha, der unter dem Baum der Erleuchtung saß und dann den Kreis oder das Rad der Lehre (das Rad des Dharma) zum Wohle alles Seienden in Bewegung gesetzt hat.

Den anderen Weg könnte man als den Pfad des taoistischen Weisen bezeichnen. Bei ihm steht am Anfang der Kreis, dann erst kommt der Baum an die Reihe. Der. Weise taucht in den Lauf der Natur, in den Fluss oder ins Netz (den Kreis) ein, und gelangt durch dieses Verbundensein zu tiefer Einsicht und höherem Wissen (Baum). Die Person bricht hier zu der Suche nach einer Vision in der Natur auf, tritt in der richtigen Weise in Beziehung zu all unseren Verwandten im ökologischen Atom und empfängt Visionen vom Großen Mysterium.

Von Jane Goodall, der britischen Verhaltensforscherin und Expertin für frei lebende Schimpansen, könnte man sagen, dass sie ihr Weg zuerst über den Kreis und dann über die Baumroute geführt habe. Im Sommer 1960 ging Jane Goodall in den entlegenen afrikanischen Dschungel, um mit einem Unterfangen zu beginnen, das zur längsten Feldstudie über Tiere in ihrem natürlichen Lebensraum geraten sollte. Nachdem sie mehr als fünfunddreißig Jahre in der Gesellschaft von Schimpansen, unseren nahen Verwandten im ökologischen Kreis, verbracht und von diesen gelernt hatte, hat sie ihr Bewusstsein innerhalb des Kreises erweitert und sich an ihre Baumarbeit gemacht. Sie erkennt den weiteren Kreis an, wenn sie sagt: »Während man sich innerhalb dieser unendlich weiter werdenden Kreise nach außen bewegt, erkennt man nach und nach, dass alles miteinander verknüpft ist.« Ihre fruchtbare Arbeit entlang der Baumachse ist ihr »Roots-and-Shoots«-Programm, das darauf ausgerichtet ist, Kinder zu lehren, inwieweit sie mit ihren Handlungen Einfluss nehmen auf die Welt. »Sein Ziel ist es, eine neue Generation heranzuziehen und junge Leute in die Lage zu versetzen, sinnvolle ehrenamtliche Hilfsprojekte in ihren eigenen Gemeinschaften zu initiieren.«

Philosophisch betrachtet hängt dieser Weg über Kreis und Baum mit der Aufnahme einer Verbindung zum Leben durch das Prinzip des Eros zusammen. Eros hat nichts mit Lüsternheit, Vulgarität oder purer Sinnlichkeit zu tun; er ist die magnetische Anziehung zwischen zwei göttlichen Funken, die Materie geworden sind. Sie verbinden sich mit dem Kreis, weil Sie sich an seiner Schönheit und seiner Geheimnishaftigkeit erfreuen, und Sie dienen ihm, weil er heilig ist.

Philosophisch gesehen hat der andere Weg, bei dem erst der Baum, dann der Kreis an die Reihe kommt, mit einer Aufnahme der Verbindung zum Leben zu tun, die sich durch das Prinzip des Logos vollzieht. Logos ist die »Weltvernunft«, das Denken, Wollen und die Struktur des Göttlichen. Er ist der zündende Funke auf dem Wege zur höheren Einsicht. Sie nehmen Verbindung mit dem Baum auf, weil Sie sich an seiner Klarheit und seiner Geheimnishaftigkeit erfreuen, und Sie dienen ihm, weil er heilig ist.

Beides sind legitime Wege zur Ganzheit. Der Kreis führt nach außen und durch die Welt hindurch zum Göttlichen, indem der Reisende vieles einschließt und seinen Radius erweitert; der Baum dagegen führt zum Göttlichen, indem der Betreffende sich in innerer Einkehr übt und durch den Kern Versenkung und Aufstieg vornimmt. Wer erst dem Kreis und dann dem Baum folgt, den führt seine Lebensreise durch Vernetzung und Mitfühlen über die höchste Stufe des Mitfühlens zur Weisheit; wer sich zuerst dem Baum und dann dem Kreis zuwendet, den führt die Reise über Wissen und Weisheit über die höchste Stufe der Weisheit zum Mitfühlen. *Letztendlich vereinen sich die beiden Pfade zu einem Pfad.*


## Wer sich ändert, ändert die Welt

Wer den Wandel erreichen will, muss ihn vorleben.
*Mahatma Gandhi*

Zu reifen sowie Kreis und Baum zu integrieren ist die Arbeit eines ganzen Lebens. C. G. Jung hat einmal bemerkt, der richtige Weg zur Ganzheit bestehe leider Gottes aus verhängnisvollen Umwegen und Irrwegen. Er sei eine *longissima via*, nicht gerade, sondern verschlungen, ein Pfad, der die Gegensätze in der Weise des leitenden Caduceus vereine, ein Pfad, dessen labyrinthische Windungen und Abzweigungen nicht der Schrecken entbehrten. Jung sagt an dieser Stelle auch, dass der Pfad zu einem voll entwickelten Kreis und Baum selbst die Form von Kreis und Baum besitze: gleich der Schlange, die sich um den Stab des Asklepios, den Caduceus, emporwindet. Schrittweise, durch zahlreiche wiederholte Lektionen in verschiedenen Höhen und Tiefen, lernen wir gegenseitige Verbundenheit und Autonomie, Fließen und Sein, und verinnerlichen so Kreis und Baum.

Wenn ich an den Pfad zu Kreis und Baum denke, stelle ich mir einen anstrengenden Weg in die Wildnis der Psyche vor. Nach Meilen harten Marschierens durch die Wüste, an einem Punkt, da ich nicht wirklich weiß, was ich erwarte oder erhoffe, zeichnet sich plötzlich, auf wunderbare Weise, der Umriss der innersten Sehnsucht ab.

Beginnen Sie dort, wo Sie gerade stehen. In den verschiedenen Mythologien, Religionen und psychologischen Schulen der Welt existieren ganze Büchereien voller Übungsanleitungen, um dem Kreis und dem Baum des ganzen Selbst zu begegnen und sie zu nähren. In diesem Buch habe ich lediglich ein paar dieser Verfahren erwähnt. Die wesentlichste Übung ist eine Art des Zur-Ruhe-Kommens: zuhören, sich öffnen, dem Göttlichen/dem Geist des Buddha/dem wahren Selbst Beachtung schenken, und dann die eigene Erfahrung der Ganzheit zusehends wirksam werden lassen, um allen Wesen zu helfen.

Erschaffen Sie Ihren Kreis, und nähren Sie ihn. Bauen Sie sich ein tragfähiges soziales Atom auf. Bauen Sie insbesondere Beziehungen zu Menschen auf, die Ihnen einen geschützten Raum bieten – jene, die in der Lage sind, Sie so zu sehen, zu hören, zu spüren und zu respektieren, wie Sie wirklich sind. Bauen Sie Beziehungen zu Menschen auf, die Ihre Grenzen achten. Sorgen Sie dafür, dass Ihre eigenen Grenzen halbdurchlässig sind: nicht zu starr, jedoch auch nicht so schwach, dass Sie in Verstrickungen mit anderen geraten. Strecken Sie Ihre Fühler aus, und treten Sie in Verbindung mit denen, die anders als Sie selbst scheinen.

Bauen Sie Beziehungen zu sämtlichen anderen Ringen des ökologischen Atoms auf. Finden Sie einen Weg, nicht nur mit der menschlichen Welt Kontakt zu knüpfen, sondern auch mit der Welt der Tiere, Pflanzen, Mineralien und den spirituellen Sphären. Suchen Sie sich Verbündete für die vier Himmelsrichtungen. Stellen Sie sich in die Mitte eines lebenden Mandalas in Ihrem eigenen unmittelbaren Ökosystem. Verhalten Sie sich, als seien Sie Teil des Netzes, des großen Kreises allen Lebens, denn Sie sind es tatsächlich. Leben Sie einfach und auf Nachhaltigkeit bedacht. Hören Sie auf den Puls, den Rhythmus des Lebens, dann wird die Musik Ihrer Handlungen sich in die umfassende Symphonie einfügen. Der Baum Ihres Selbst wird innerhalb dieses Kreises wachsen.

Nähren Sie Ihren Baum. Streben Sie nach einem hohen Ort. Beten Sie. Wagen Sie den Aufstieg. Empfangen Sie das Licht von einer hohen Warte aus.

Seien Sie gleichzeitig bereit, sich eingehend mit Ihren Wurzeln zu befassen. Erkennen Sie die Unterstützung von seiten Ihrer Vorfahren an, Ihres ganzen Geschlechts. Erschlagen Sie den Drachen, die Kröte, die Ihre Wurzeln vergiftet, oder die Maus, die an Ihnen nagt. Ringen Sie mit der Dunkelheit. Seien Sie bereit, den Boden der unterirdischen Kammer auf- und abzuschreiten, bis der Grund unter Ihren Füßen ganz glatt ist. Tun Sie die Arbeit, die Frau Holle von Ihnen verlangt. Entdecken Sie die in der Tiefe schlummernden Gaben.

Lassen Sie den nährenden Saft des Lebens durch Ihre Adern fließen. Wenn ein Baum wächst, greifen seine Äste ringsum aus. Strecken Sie sich zum Himmel hinauf, zur Transzendenz, und umspannen Sie die Welt.

Wenn Sie höher steigen, tragen Sie Früchte. Aus einer bestimmten Perspektive betrachtet, wird der Baum zum Lebenskreis. Der Baum wächst heran, reift, trägt Früchte. Die Früchte fallen hinunter, und die Samen (und Kerne) der Früchte versinken in der Erde, die aus morschen Bäumen und verrotteten Früchten entstanden ist. Auf diesem Erdreich sprießt die Saat, um zu einem neuen Baum heranzureifen, um in den Kreislauf des Wachsens, Reifens und Früchtetragens einzutreten und schließlich erneut zu verwesen. In der Fruchtbarkeit, in Verfall und Wachstum liegt eine weitere geheime Korrespondenz zwischen dem Kreis und dem Baum verborgen.

Den Baum oder den Kreis zu entfalten kann die Entwicklung des jeweils anderen voranbringen. Man kann möglicherweise Transzendenz erlangen (Baum), um die Welt zu umfassen (Kreis), oder man kann die Welt umfassen, um

Transzendenz zu erlangen. Ein echter, lebendiger Baum bildet im Zuge seines Wachstums Jahresringe aus. Der innere Baum fügt im Laufe seines Wachstums dem ökologischen Atom neue Ringe hinzu. Beim inneren Baum geht darüber hinaus das Wachstum Hand in Hand mit einer Öffnung der ringförmigen Chakras. Der innere Baum wächst, unterstützt von den nährenden Beziehungen, im Schutze des Kreises. Der Kreis nährt den Baum. Die Kreise sind zugleich die Früchte des Baumes. Der Früchte tragende Baum verkörpert Ganzheit, Gesundheit und Erleuchtung. Der fruchtbare Baum entspricht dem *chun-tzu* im Konfuzianismus oder der Figur des »Genius«.

Um ganz zu werden, brauchen wir sowohl den Kreis wie auch den Baum, sie müssen zusammen wirken und in einem dynamischen, lebendigen Gleichgewicht stehen. Das reife Miteinander von Kreis und Baum entspricht der reifen Androgynie, der Vereinigung männlicher und weiblicher Körpermerkmale und Wesenzüge in einer Person; dies ist keine seichte Mischung, sondern wahre »alchemistische« Arbeit, die es erfordert, sich mit Leib und Seele auf die Erfahrungen des Lebens einzulassen. Man könnte sagen, dass die Verfahrensweisen zur Entwicklung von Kreis und Baum dem traditionellen Lehrplan – Lesen, Schreiben und Rechnen – zwei weitere Grundfertigkeiten hinzufügen: Der Kreis bringt das Anknüpfen von Beziehungen mit ins Spiel, der Baum die Selbstverwirklichung.

Während wir alle an unserer eigenen Reise zur Ganzwerdung arbeiten, können wir im Kopf behalten, dass in jedem von uns – unserem Ehepartner, Elternteil, Kind, Freund oder Feind – latent dieselbe Form der Ganzheit schlummert. Jedes einzelne Wesen trachtet, wenn auch auf unvollkommene Weise, geleitet von seinem oder ihrem eigenem Licht, nach Ganzheit. Die gesammelte Weisheit der Welt weist dieselbe zugrunde liegende Struktur von Ganzheit und Gesundheit auf.

Denken Sie bei Ihrer Reise daran, dass Sie ein einzigartiger und wesentlicher Bestandteil des Lebensgefüges aus jenen sind, die Sie umgeben. Die Wesen um Sie herum sind auf Ihre Hilfe und die Gaben, die Sie zu verteilen haben, angewiesen. Denn Sie sind ein einzigartiger und wesentlicher Teil des kosmischen Gewebes, des Netzes von Großmutter Spinnenfrau. Sie sind hier, weil das Universum Ihre Schaffenskraft und Ihre köstlichen Früchte braucht.

Wenn Sie beginnen, den Baum und den Kreis zu verkörpern, werden Sie Wurzeln schlagen und Früchte hervorbringen, bescheiden und ganz. Sie sorgen dafür, dass Sie im Kosmos heimisch sind, im Fluss des Lebens und das große Geheimnis nähren, aufrechterhalten und würdigen und dass Sie Ihrerseits von diesem unterstützt werden. Ihr Leben wird zu einem Dankgebet.

# Dank

Mein tiefer Dank gilt: dem Kreis und den Wurzeln meines Baumes, insbesondere ...

Carl Hollander, der mich, vor allem in der allerersten, heiklen Phase, ermutigt und unterstützt hat; Bob Rehm, der mein Manuskript mehrfach gelesen hat, einschließlich des ersten Rohentwurfes. Seine Kommentare und sein Verständnis waren außerordentlich nützlich. Sein Glaube an mich und an das Modell halfen mir mehr, als ich mit Worten sagen kann; dem Zen-Meister Seung Sahn und Dae Soen Sa Nim; den Lehrern, die mich inspiriert und mir als Rollenmodell gedient haben – sei es, indem sie mich persönlich, sei es, dass sie mich durch ihre Bücher unterwiesen haben: Robert Bly, Joseph Campbell, Walker Evans, Ben Lo, Theodore Roszak und Robin Williamson.

Mein Dank gilt weiter Keith Andresen, Janice Bartholomew-Turner, Chip Clark, Randy Compton, Francesca Howell, Steve Jones und Susan Secord, die so aufmerksam das ganze Manuskript oder auch Teile davon in verschiedenen Phasen gelesen haben.

Mein gesonderter Dank gilt meiner Kollegin und Freundin Lola Wilcox, die mir dabei half, die ersten Gedanken zu Lebensbaum und Lebenskreis auf dem Jahrestreffen des ACI zu präsentieren, und die mich später einlud, am Naropa Institute über eben das Thema zu referieren. Außerdem hat sie mir, gemeinsam mit ihrem Ehemann Charles Wilcox, einem Shakespeare-Darsteller, nicht nur eine, sondern gleich zwei umfassende Kritiken zum Manuskript geliefert – in zwei verschiedenen Phasen der Ausarbeitung. Lolas fortlaufende Unterstützung war für mich ebenso wie ihre sachkundigen Vorschläge zu Inhalt und Stil von unschätzbarem Wert.

Ferner gilt mein Dank der Lektorin Brenda Rosen, die mich in den Momenten geleitet und einfühlsam ermutigt hat, in denen ich es am bittersten nötig hatte; der Dharma-Schwester Deborahann Smith, die mir zur Seite stand, als ich den Verlagen das Manuskript angeboten habe, und die mir gute Wünsche mit auf den Weg gegeben hat; dem Kreis und dem Baum meiner Familie: Susan Secord, Benjamin Sequoia Secord Hoffman; Charles Harry Hoffman, Louise Williams Hoffman, Jennifer Lee, Molly Watson und allen anderen, über Raum und Zeit Verstreuten; dem Personal der Norlin Library an der University of Colorado in Boulder und der Boulder Public Library. Ich bin dankbar für die öffentliche Förderung, die das Bestehen dieser Einrichtungen ermöglicht. Mein Dank auch der hilfsbereiten Belegschaft der Buchhandlung Tattered Cover in Denver.

Ich danke Mary Ann Hamm für einige kleine, aber äußerst wichtige Beiträge zur Recherche; meinem fähigen Lektor, Kevin Bentley, und all den anderen hilfreichen Geistern bei Council Oak Books; und schließlich weiteren Lehrern und Freunden, deren Erwähnung den Rahmen hier sprengen würde; genannt seien zumindest noch der Dharma-Bruder Stephen Mitchell, William Meredith, George Moffat, Casimir France, Herbert Hahn, Paul Oertel, Allegra Ahlquist, Sandra Ebling, Jed Swift, Pam Sherman, Barry Bloom, Evan Hodkins, Elizabeth Roberts, Cass Adams, Vivianne Crowley, Renee Kutash, Denise Kale, Loraine Masterton, der Kreis von Cloud Pond, der Baum, der mein Tai-Chi-Lehrer in Fresh Pond, Cambridge, war, und der hilfsbereite Fremde.

# Literaturhinweise

## Die Form aller Formen

Angyal, Andras: *Foundations for a Science of Personality*. Cambridge 1967.

Arenhoevel, Diego/Deissler, Alfons/Vögtle, Anton (Hrsg.): *Die Bibel. Deutsche Ausgabe mit den Erläuterungen der Jerusalemer Bibel*. Freiburg/Basel/Wien 1968. Alle Bibelzitate aus dieser Ausgabe entnommen.

Bandler, Richard und Grinder, John: *The Structure of Magic*. Palo Alto 1975.

Gautama Buddha: *Das hohe Lied der Weisheit. Dhammapada*. Freiburg 1992.

Dante Alighieri: *Die Göttliche Komödie*. München/Zürich/London 1994.

Eliade, Mircea: *Schamanismus und archaische Ekstasetechnik*. Frankfurt/M., 11. Aufl. 2001.

Erikson, Erik H.: *Kindheit und Gesellschaft*. Stuttgart, 13. Aufl. 1999.

Frazer, Sir James George: *Der goldene Zweig. Das Geheimnis von Glauben und Sitten der Völker*. Reinbek 1994.

Halifax, Joan: *Shamanic Voices*. New York 1979.

Harner, Michael: *Der Weg des Schamanen. Das praktische Grundlagenwerk zum Schamanismus*. Kreuzlingen 1999.

Jung, C. G.: *Gesammelte Werke. Bd. 13. Studien über alchemistische Vorstellungen*. Düsseldorf 1995.

Jung, C. G.: »Nachwort«. In: Dschuang Dsi, *Das wahre Buch vom südlichen Blütenland*. Herausgegeben von Richard Wilhelm. München, 8. Auflage 1994.

Katz, Richard: »Education for Transcendence. !Kia-Healing with the Kalahari !Kung.« In: *Kalahari Hunter-Gatherers*. Herausgegeben von Richard Lee und Irven De Vore, Cambridge, MA 1976.

Laszlo, Erwin: *Systemtheorie als Weltanschauung*. München 1998.

Neihardt, John: *Schwarzer Hirsch, Ich rufe mein Volk. Leben, Visionen und Vermächtnis des letzten großen Sehers der Ogalalla-Sioux*. Bornheim 1982.

Patnaik, Naveen: *The Garden of Life*. London 1993.

Polak, Fred: *The Image of the Future*. San Francisco 1973.

Ross, Anne/Robins, Don: *Der Tod des Druidenfürsten. Die Geschichte einer archäologischen Sensation*. Köln 1990.

Sharma, Arvind (Hg.): *Innenansichten der großen Religionen*. Frankfurt/M. 1997.

Starhawk (Miriam Simos): *Der Hexenkult als Ur-Religion der großen Göttin. Magische Übungen, Rituale und Anrufungen*. München 1998.

Waters, Frank: *Das Buch der Hopi*. München 1990.

Yeats, William Butler: *Brief an Lady Elizabeth Pelham vom 4. Januar 1939*.

Zolbrod, Paul G.: *Auf dem Weg des Regenbogens. Das Buch vom Ursprung der Navajo*. Augsburg 1993.

## Die Welt der Beziehungen:
## Der Lebenskreis

*Die Bhagavadgīta. Des Erhabenen Gesang*. Aus dem Sanskrit von Klaus Mylius. München 1997.

Bowlby, John: *Trennung. Psychische Schäden als Folge der Trennung von Mutter und Kind*. Frankfurt/M. 1986.

Buck, William: *Ramayana*. Berkeley 1976.

Campbell, Joseph: *Die Kraft der Mythen. Bilder der Seele im Leben des Menschen*. Zürich 1994.

Fire Lame Deer, John/Erdoes, Richard: *Tahca Ushte. Medizinmann der Sioux*. München 1997.

Harner, Michael: *Der Weg des Schamanen*. München 2002.

Hyde, Lewis: *The Gift*. New York 1983.

Hyemeyoshsts Storm: *Sieben Pfeile*, München 1990.

Ittelson, William A. u. a.: *Einführung in die Umweltpsychologie*. Stuttgart 1977.

Jung, C. G.: *Analytische Psychologie*. Düsseldorf 1995.

Kaptchuk, Ted J.: *Das große Buch der chinesischen Medizin. Die Medizin von Yin und Yang in Theorie und Praxis*. München 1994.

Kerenyi, Karl: *Die Mythologie der Griechen*. München 1992.

Levine, Stephen: *Wege durch den Tod*. Bielefeld 1991.

Matthews, John: *Der Artus-Weg. Einführung in die keltische Spiritualität*. München 1999.

Myers, David G.: *Psychology*. Holland, MI 1995.

Peck, Scott: *Der wunderbare Weg. Eine neue Psychologie der Liebe und des spirituellen Wachstums*. München 1997.

Perls, Frederick u. a.: *Gestalttherapie*. München 1992.

Rogers, Carl: *Entwicklung der Persönlichkeit. Psychotherapie aus der Sicht eines Therapeuten*. Stuttgart 1989.

Roszak, Theodore: *Ökopsychologie. Der entwurzelte Mensch und der Ruf der Erde*. Stuttgart 1994.

Sandner, Donald: *So möge mich das Böse in Scharen verlassen. Eine psychologische Studie über Navajo-Heilrituale*. Solothurn 1994.

Smith, Jean (Hg.): *Dem Lauf des Wassers folgen. Zen-Meditationen*. München 2001.

Tenzin Gyatso, XIV. Dalai Lama: *Die Lehre des Buddha vom abhängigen Entstehen*. Hamburg 1996.

Thich Nhat Hanh: *Innerer Friede, äußerer Friede*. Zürich 1987.

Waters, Frank: *Das Buch der Hopi*. München 2000.

Whitman, Walt: *Gesang von mir selbst*. Berlin 1946.

## Persönliches Wachstum: Der Lebensbaum

Altman, Nathaniel: *Sacred Trees*. San Francisco 1994.

Brinton Perera, Sylvia: *Der Weg zur Göttin der Tiefe. Die Erlösung der dunklen Schwester: eine Initiation für Frauen*. Interlaken 1985.

Donne, John: *Alchimie der Liebe. Gedichte*. Ausgewählt und übertragen von Werner von Koppenfels. Berlin 1986.

Erikson, Erik H.: *Kindheit und Gesellschaft*. Stuttgart 1982, S. 241.

Fordham, Frieda: *Eine Einführung in die Psychologie C. G. Jungs. Mit einem Vorwort von C. G. Jung*. Zürich 1959, S. 96 f.

Frankl, Viktor E.: *Der Mensch vor der Frage nach dem Sinn*. München, 8. Aufl. 1996.

Freud, Sigmund: *Vorlesungen zur Einführung in die Psychoanalyse und Neue Folgen*. Frankfurt/M. 1969.

Jung, C.G.: *Gesammelte Werke. Bd. 13. Studien über alchemistische Vorstellungen*. Düsseldorf 1995.

*Kinder- und Hausmärchen*. Gesammelt durch die Brüder Grimm. München o. J.

King, Martin Luther Jr.: *The Autobiography of Martin Luther King, Jr.*

Koestler, Arthur: *Das Gespenst in der Maschine*. Wien-München-Zürich 1968, S. 58.

Kurtz, Ron: *Hakomi. Eine körperorientierte Psychotherapie*. München 1994.

Leathers Kuntz, Marion/Grimley Kuntz, Paul: *Jacob's Ladder and the Tree of Life*. New York 1987.

Maslow, Abraham H.: *Motivation und Persönlichkeit*. Reinbek 1999.

Maslow, Abraham H.: *Psychologie des Seins. Ein Entwurf*. Frankfurt/M., 5. Aufl. 1994.

Ozaniec, Naomi: *Die Chakras*. Braunschweig 1993.

Perlman, Michael: *The Power of Trees*. Dallas 1994.

Pinkola Estés, Clarissa: *Die Wolfsfrau. Die Kraft der weiblichen Urinstinkte*. München 1993.

Sogyal Rinpoche: *Das tibetische Buch vom Leben und Sterben. Ein Schlüssel zum tieferen Verständnis von Leben und Tod*. München 1993.

Somé, Malidoma Patrice: *Vom Geist Afrikas. Das Leben eines afrikanischen Schamanen*. Düsseldorf 1996.

Walker, Barbara G.: *Das geheime Wissen der Frauen. Ein Lexikon*. München 1997.

Wilber, Ken: *Eine kurze Geschichte des Kosmos*. Frankfurt/M. 1997.

Zimmer, Heinrich: *Indische Mythen und Symbole. Schlüssel zur Formenwelt des Göttlichen*. München, 5. Aufl. 1993.

## Lebensbaum und Lebenskreis: Die verborgene Struktur des Selbst

Berenson, Bernard: *Entwurf zu einem Selbstbildnis*. Wiesbaden 1953.

Bowen, Murray: *Family Therapy in Clinical Practice*. Cambridge, MA 1978.

Cobb, Edith: *The Ecology of Imagination in Childhood*. NY 1977.

Csikszentmihalyi, Mihaly: *Flow. Das Geheimnis des Glücks*. Stuttgart, 3. Aufl. 1993.

Einstein, Albert, zitiert in: Sogyal Rinpoche, *Das tibetische Buch vom Leben und vom Sterben*. Bern, München, Wien 1992.

Eliade, Mircea: *Ewige Bilder und Sinnbilder*. Frankfurt/M. 1998.

Eliade, Mircea: *Mephistophes und der Androgyn*. Frankfurt/M., 3. Aufl. 1999.

Erikson, Erik H.: *Kindheit und Gesellschaft*. Stuttgart, 13. Aufl. 1999.

Goleman, Daniel: *Emotionale Intelligenz*. München 1996.

Heath, Douglas H./Heath, Harriet E.: *Fullfilling Lives: Paths to Maturity and Success*. San Francisco 1991.

Jung, C.G.: *Psychologie und Alchemie*. Gesammelte Werke Bd. 12. Olten 1995.

Kegan, Robert: *Die Entwicklungsstufen des Selbst. Fortschritte und Krisen im menschlichen Leben*. München, 3. Aufl. 1994.

Lakoff, George/Johnson, Mark: *Leben in Metaphern. Konstruktion und Gebrauch von Sprachbildern*. Heidelberg 1998.

Maslow, Abraham H.: *Psychologie des Seins*. München 1973.

Matarazzo, Joseph: *Die Messung und Bewertung der Intelligenz Erwachsener nach Wechsler*. Bearb. und hrsg. von Dietrich Eggert, Bern 1982, S. 121.

Minuchin, Salvadore: *Familie und Familientherapie*. Freiburg, 10. Aufl. 1997.

Monick, Eugene: *Phallos: Sacred Image of the Masculine*. Toronto 1987.

Real, Terrence: *I don't want to talk about it: Overcoming the Secret Legacy of Male Depression*. New York 1997.

Rilke, Rainer Maria: *Das Stundenbuch*. Frankfurt/M. 1972.

Shepard, Paul: *Nature and Madness*. San Francisco 1982.

Tannen, Deborah: *Du kannst mich einfach nicht verstehen. Warum Männer und Frauen aneinander vorbeireden*. München 1998.

Thoreau, Henry David: *Walden oder Leben in den Wäldern*. Zürich 1979.

Wegscheider-Cruse, Sharon: *Choicemaking*. Deefield Beach 1985.

Wordsworth, William: *Selected Poems*. Edited by Mark Van Doren. New York 1950.

# Der Weg zur Ganzheit

Angyal, Andras: *Foundations for a Science of Personality*. Cambridge, MA 1967.

Bly, Robert: *Die kindliche Gesellschaft. Über die Weigerung, erwachsen zu werden*. München 1997.

Eisler, Riane: *Kelch und Schwert. Von der Herrschaft zur Partnerschaft. Weibliches und männliches Prinzip in der Geschichte*. München 1993.

Hawken, Paul: *Kollaps oder Kreislaufwirtschaft. Wachstum nach dem Vorbild der Natur*. Berlin 1996.

Jung, C. G.: *Psychologie und Alchemie*. Gesammelte Werke Bd. 12. Olten 1995.

Lopez, Barry Holstun: *Of Wolves and Men*. New York 1978.

Magagnini, Steve: »If a tree falls ... A Monk's Blessing for Thailand's Forest«, in: *The Amicus Journal (Summer 1994)*.

Ryan, John C./Durning, Alan Thien: *Stuff: The Secret Life of Everyday Things*. Philadelphia 1988.

Seed, John/Macy, Joanna/Fleming, Pat/Nass, Arne: *Denken wie ein Berg. Ganzheitliche Ökologie*. Freiburg 1989.

Smith, Huston: *The World's Religions*. San Francisco 1991.

Stone, Christopher: *Umwelt vor Gericht. Die Eigenrechte der Natur*, München 1987, [2]1992 und Darmstadt (Wiss. Buchges.) 1992.

Wallace, Paul: *The White Roots of Peace*. Saranac Lake, NY 1986.

# Textnachweise

S. 153: Rainer Maria Rilke – »Ich lebe mein Leben in wachsenden Ringen« – mit freundlicher Genehmigung des Insel Verlags entnommen aus: *Gesammelte Gedichte*. Frankfurt a. M. 1962, S. 9. © Insel Verlag, Frankfurt a.M. 1962.

S. 166/167: Daniel Goleman – »Die eigenen Emotionen kennen« – mit freundlicher Genehmigung des Carl Hanser Verlags entnommen aus: *EQ. Emotionale Intelligenz*. München Wien 1995, S. 65, 66. © der deutschsprachigen Ausgabe Carl Hanser Verlag, München Wien 1995.

# Märchen – psychologisch gedeutet

Eugen Drewermann
**Lieb Schwesterlein, laß mich herein**
Grimms Märchen tiefenpsychologisch gedeutet
d̲t̲v 35050

Eugen Drewermann
**Rapunzel, Rapunzel, laß dein Haar herunter**
Grimms Märchen tiefenpsychologisch gedeutet
d̲t̲v 35056

Verena Kast
**Mann und Frau im Märchen**
Märchen psychologisch gedeutet
d̲t̲v 35001

Verena Kast
**Wege zur Autonomie**
Märchen psychologisch gedeutet
d̲t̲v 35014

Verena Kast
**Wege aus Angst und Symbiose**
Märchen psychologisch gedeutet
d̲t̲v 35020

Verena Kast
**Märchen als Therapie**
d̲t̲v 35021

Verena Kast
**Familienkonflikte im Märchen**
Märchen psychologisch gedeutet
d̲t̲v 35034

Verena Kast
**Vom gelingenden Leben**
Märcheninterpretationen
d̲t̲v 35157

Gerlinde Ortner
**Märchen, die Kindern helfen**
Geschichten gegen Angst und Aggression und was man beim Vorlesen wissen sollte
d̲t̲v 36107

Gerlinde Ortner
**Neue Märchen, die Kindern helfen**
Geschichten über Streit, Angst und Unsicherheit, und was Eltern wissen sollten
d̲t̲v 36154

# Daniel Goleman im dtv

## EQ. Emotionale Intelligenz
### dtv 36020

»EQ statt IQ« heißt die neue, griffige Erfolgsformel, mit der Daniel Golemans internationaler Bestseller einen Nerv unserer Zeit trifft.

## EQ$^2$
### Der Erfolgsquotient
### dtv 36211

Mit EQ$^2$, dem Erfolgsquotienten, hat Daniel Goleman den Schritt in die Arbeitswelt getan.

## Kreativität entdecken
### mit Paul Kaufman und Michael Ray
### dtv 36136

Originelle Denker sind gefragt wie nie zuvor. Und wo sie auftauchen, machen sie von sich reden. Kreativität fällt nicht vom Himmel. Aber wir alle können lernen, die schlummernden Ideen in uns zu wecken.

## Die heilende Kraft der Gefühle
### Gespräche mit dem Dalai Lama über
### Achtsamkeit, Emotion und Gesundheit
### dtv 36178

In einem spannenden Dialog zwischen westlichen Wissenschaftlern und dem Dalai Lama erfahren wir, wie die introspektiven Geisteswissenschaften des Ostens von bahnbrechenden Ergebnissen der experimentellen Naturwissenschaften des Westens bestätigt werden.

# Östliche Weisheit für unser westliches Denken

**Dem Lauf des Wassers
folgen**
**Zen-Meditationen**
Hrsg. von Jean Smith
<u>dtv</u> 36247

Daniel Goleman (Hrsg.)
**Die heilende Kraft der
Gefühle**
Gespräche mit dem Dalai
Lama über Achtsamkeit,
Emotion und Gesundheit
<u>dtv</u> 36178

Karl-Heinz Golzio
**Wer den Bogen
beherrscht**
Der Buddhismus
<u>dtv</u> 36061

Andrew Harvey
**Die Lehren des Rumi**
Weisheiten des Herzens
<u>dtv</u> 36235

Ayya Khema
**Meditation ohne
Geheimnis**
<u>dtv</u> 36138
**Sei dir selbst eine Insel**
Wege zur Emanzipation
des Geistes · <u>dtv</u> 36209

Rob Nairn
**Mit dem Drachen fliegen**
Ruhe und Klarheit durch
Buddhismus und Meditation
<u>dtv</u> 36070

Rob Nairn
**Auf den Spuren des
erleuchteten Drachen**
Buddhistische Meditation
<u>dtv</u> 36201

Drukpa Rinpoche
**Tibetische Weisheiten**
Lebensweisheiten eines tibe-
tischen Meditationsmeisters
<u>dtv</u> 36143

Arthur Sokoloff
**Die Kraft der
Gelassenheit**
Fernöstliche Weisheiten für
einen streßfreien Alltag
<u>dtv</u> 36090

Tinch Nhat Hanh
**Unsere Verabredung mit
dem Leben**
Buddhas Lehre vom Leben
im gegenwärtigen Augen-
blick
<u>dtv</u> 36145

# John O'Donohue im dtv

## Anam Ċara
Das Buch der keltischen Weisheit
dtv premium 24119

Anam ist das gälische Wort für Seele, Ċara heißt Freund. Anam Ċara bedeutet also »Seelenfreund«. Die Kelten besaßen eine tiefe Einsicht in das Wesen der Liebe und der Freundschaft. John O'Donohue enthüllt in diesem Buch keltische Geheimnisse, die die Leser in unserer hektischen Zeit in harmonischen Einklang mit der Welt bringen.

## Echo der Seele
Von der Sehnsucht nach Geborgenheit
dtv premium 24180

Noch nie war der Hunger nach Zugehörigkeit so quälend wie heute. Die Geborgenheit, die wir in der Zugehörigkeit erfahren, schenkt uns Kraft; sie bestätigt in uns eine Stille und Gewissheit des Herzens, und sie versichert uns des Bodens, auf dem wir stehen.

## Landschaft der Seele
dtv premium 24223

Die meditativen Texte und Gedichte John O'Donohues entfalten zusammen mit den eindrucksvollen Fotos des Iren Fergus Bourke eine wahrhaft magische Wirkung. Dunkle Wolken, einsame Weiten, rauhe Berge, zerklüftete Felsen, bewegtes Wasser, der Wind in den Gräsern – Landschaften so wechselhaft wie das menschliche Leben.

## Connemara Blues
dtv premium 24295

Die inspirierenden Verse John O'Donohues entführen in die grandiose irische Landschaft Connemara, deren Wechselspiel von Licht und Schatten die unendlichen Facetten von Sehnsucht und Erfüllung, Hoffnung und Geborgenheit widerspiegelt.